向雷锋同志学习

毛泽东

像雷锋那样

李玉上◎著

中国言实出版社

图书在版编目(CIP)数据

像雷锋那样 / 李玉上著. -- 2版. -- 北京：中国
言实出版社，2023.2
ISBN 978-7-5171-4391-8

Ⅰ.①像… Ⅱ.①李… Ⅲ.①学习雷锋—学习参考资
料 Ⅳ.①D648

中国国家版本馆CIP数据核字（2023）第032255号

像雷锋那样

责任编辑：张　丽
责任校对：张馨睿

出版发行：中国言实出版社
　　　　　地　址：北京市朝阳区北苑路180号加利大厦5号楼105室
　　　　　邮　编：100101
　　　　　编辑部：北京市海淀区花园路6号院B座6层
　　　　　邮　编：100088
　　　　　电　话：010-64924853（总编室）　010-64924716（发行部）
　　　　　网　址：www.zgyscbs.cn　　电子邮箱：zgyscbs@263.net

经　　销：新华书店
印　　刷：北京温林源印刷有限公司
版　　次：2023年2月第1版　　2023年2月第1次印刷
规　　格：880毫米×1230毫米　　1/32　　10.375印张
字　　数：220千字

定　　价：56.00元
书　　号：ISBN 978-7-5171-4391-8

致那个年逾古稀的叔叔

你，哭的时候，太阳还没有升起

你，笑的时候，太阳一直挂在天际

一腔情怀的水墨，染绿了江南的四季

一路远行的足迹，按响了北国的羌笛

你，被称为叔叔的你，二十二岁的年纪

如果健在，如今

当然属于古稀

古稀的叔叔啊，被叫得年轻的

不仅仅是你的年纪

我一直不愿意相信

公元一九六二年八月十五日的那一天

天气会倒霉成惨痛的消息，挂在头条

无声哭泣

老天的思维有点反常

明明温顺的车轮，突然乖戾

撞倒了木桩，撞痛了天地，撞得我

泪落如雨，风飘不去

庆幸，歌哭的日子

仍旧有你的笑容，照亮我的天地

目录

品读雷锋日记诗文

"保证"的保证

——雷锋 1958 年 6 月 × 日日记品读

读雷锋日记与雷锋诗文，我们惊奇地发现，雷锋有很多冠有"保证"头衔的"保证"，也有一些虽未冠以"保证"头衔但仍属于"保证"范畴的"保证"。这些"保证"看似寻常，实则很不寻常。它们记录了雷锋为做好未来工作而给自己提出的工作要求、标准或决心，从某种意义上说，正是因为有这些保证，才使雷锋思想不偏航、行动不偏向，始终行进在党指引的道路上，在客观上为我们研究雷锋思想、行为提供了大量的第一手材料。先请看他写于 1958 年 6 月 × 日的日记：

1958 年 6 月 × 日

一、保证克服一切困难，勤学苦练，早日学会技术。

二、保证破除迷信，大闹技术革命。

三、保证维护好机械，做到勤检查，勤注油；保证全年安全生产，不出机械和人身事故。

四、保证以冲天的革命干劲，以百战百胜的精神，苦干、实干、巧干，超额完成生产任务。

　　五、保证百分之百地参加学习和各种会议，以求得政治、文化、技术各方面的提高。

　　六、保证做好社会宣传工作，敢想、敢说、敢干，发挥一个共青团员应有的热能。

　　这则日记，雷锋标明的"保证"是六项，实际是七项，内容为：（1）"早日学好技术"，其前提是"克服一切困难，勤学苦练"；（2）"大闹技术革命"，其前提是"破除迷信"；（3）"维护好机械"，其措施是"勤检查，勤注油"；（4）实现"全年安全生产"，其期望的结果是"不出机械和人身事故"；（5）"超额完成生产任务"，其前提是"以冲天的革命干劲，以百战百胜的精神，苦干、实干、巧干"；（6）"百分之百地参加学习和各种会议"，其目的是"求得政治、文化、技术各方面的提高"；（7）"发挥一个共青团员应有的热能"，其基本做法是"做好社会宣传工作，敢想、敢说、敢干"。其中，第（1）（2）（3）是从技术的角度说的，第（4）是从安全的角度说的，第（5）是从完成生产任务的角度说的，第（6）（7）是从政治活动的角度说的。这就表明，雷锋的这个"保证"，既是为了保证技术的"专"，又是为了保证政治的"红"，是一项关于"又红又专"的"保证"。

　　雷锋是1958年2月26日"光荣地走上了劳动战线——到了团山湖农场，学习驾驶拖拉机"的，1958年3月10日就学会了开拖拉机。这则日记写于1958年6月×日，离他"学会开拖拉机了"已经过去了几个月的时间，但是从"早日学会技术""大闹技术革命""维护好机械""不出机械和人身事故""超额完成生产任务"等内容看，其写作缘由，仍然是与开拖拉机密切相关的。这就表明，雷锋在学会了开拖拉机、并且开了一段时间之后，仍然不忘给自己提要求，以保证工作的高质量。正是因为有这样的"保证"（尽管在这则日记出现之前未见他有文字表述，但我们完全可以相信他从到团山湖学开拖拉机的那一天起内心就有了这一类的"保证"），雷锋才成为优秀拖拉机手，1958 年 5 月底被团山湖农场推举为"全县下放干部先进生产者"，1958 年 6 月 6 日参加了望城县下放干部总结表彰大会并在会上发言（据后来雷锋每每在表彰大会等会议上发言、讲话时总要给自己提出"保证"的情况看，这则日记写作的具体日期应为"6 月 6 日"）。

这则日记之后，雷锋若干次写过自己的"保证"，如，1959 年 8 月 26 日、1959 年 10 月 × 日、1959 年 × 月 × 日、1960 年 1 月 8 日、1960 年 11 月 27 日、1961 年 1 月 1 日、1961 年 4 月 29 日、1961 年 5 月 14 日、1962 年 2 月 × 日、1962 年 2 月 14 日、1962 年 2 月 19 日、1962 年 4 月 17 日、1962 年 6 月 29 日、1962 年 8 月 1 日，雷锋或在日记中，或在讲话、发言中，或详细或简明、或单独或综合地提出了"保证"。综合起来看，这些"保证"主要提供了如下保证：

一是保证政治立场不动摇。如，1959 年 10 月 × 日，他在日记中说，"把自己的全部力量献给党的建设事业"。1960年 1 月 8 日，成为中国人民解放军的一名战士的第一天，他在日记中写道："听党的话，服从命令听指挥，党指向哪里，我就冲向哪里。"1962 年 2 月 14 日，他"保证"说："坚决听党的话，一辈子跟党走……永远忠于党，忠于人民，为共产主义事业奋斗终生。"1962年8月1日，在望花区军烈属、复员退伍军人代表大会上发言时，他说要"永远听党的话""牢固树立全心全意为人民服务的思想，保持蓬勃的革命朝气"。这些"保证"表明，做这些"保证"，就是为了使自己始终站在党的立场、人民的立场上，坚定自己对党、对人民、对共产主义的忠贞。

二是保证红色基因不褪色。如，1959年8月26日，他在日记中说，要"继续加强组织纪律性，向违法乱纪做斗争"。1960年11月27日，在被授予"模范共青团员"称号的表彰大会上发言时，他说要"发扬艰苦朴素、勤俭节约的优良传统，不乱花一分钱，不乱买一寸布，不掉一粒粮，做到省吃俭用，点滴积累，支援国家建设"。1962年2月19日，他在日记中说，"要密切联系群众，相信群众，虚心向群众学习，团结带领群众一同前进，永不自满，永不骄傲，永远谦虚谨慎"。这些"保证"表明，他要永远继承革命的优良传统。严守纪律、艰苦朴素、勤俭节约、谦虚谨慎、密切联系群众等红色基因是他的思想和精神的最亮丽的底色。

三是保证学习动力不减弱。如，1959年10月×日，他在日记中说要"加强修养，努力学习团纲、团章和有关团员修养的书籍""虚心向群众学习"。1961年5月14日，他在日记中说要"努力学习马克思列宁主义和毛泽东思想……组织大家更好地学习毛主席著作，用毛主席的思想指导一切行动"。1962年6月29日，出席共青团抚顺市委表彰少先队优秀辅导员大会发言时表示"决心听党的话，努力学习毛主席著作，用毛泽东思想武装自己的头脑"。这些"保证"表明，做这些"保证"，就是为了使自己永远处于对政治、对马克思列宁主义毛泽东思想、对人民群众、对科学技术和工作本领的学习状态。

四是保证思想进步不滑坡。如，1958年6月×日的日记中有"掌握批评与自我批评的武器，经常向支部汇报自己的思想情况，在支部的直接领导、监督下，努力改造自己的思想"的"保证"。1961年1月1日在沈阳军区《前进报》发表的《永远做毛主席的好战士》一文表示，"要做到联系实际，活学活用，用毛泽东思想来改造自己，把毛主席的思想真正学到手，永远做毛主席的好战士"。1961年4月29日，他"保证"："学习毛主席著作与改造自己的思想相结合，树立全心全意为人民服务的思想和辩证唯物主义世界观。"1962年4月17日，他说"要不断地加强学习，提高自己的思想觉悟，坚决听党和毛主席的话，经常开展批评与自我批评，随时清除思想上的毛病，在伟大的革命事业中做一个永不生锈的螺丝钉"。这些"保证"表明，用毛泽东思想武装头脑，接受党的领导和监督，拿起批评与自我批评的武器，理论联系实际，为的就是清除思想上的杂草，保持思想的先进性。

五是保证革命干劲不松懈。如，1958年6月×日的日记中有"保证以冲天的革命干劲，以百战百胜的精神，苦干、实干、巧干，超额完成生产任务"的"保证"。1962年2月19日，他参加沈阳部队召开的首届团代会后，写下日记，提出"保证"，其中的第四项是"我要积极肯干，做到说干就干，干就干好，脚踏实地、实事求是地干，千方百计地干，事事拣重担子挑，顺利时干得欢，受挫折时也要干得欢，扎扎实实地干，一定要把事情办好"。这些"保证"表明，做这些"保证"，就是为了能保持好冲天的革命干劲，把一切事情办好。

六是保证具体工作不落后。如，1959年10月×日，他"保证""把自己的全部力量献给党的建设事业，在生产中，一定完成任务"。1959年×月×日，他"保证""向科学堡垒进攻""百分之百出勤""按时参加各种会议和学习"。1960年11月27日，他"保证""工作上处处带头"。1962年2月14日，他"保证""忘我劳动，积极工作，完成党"交给他的任务。这些"保证"表明，做这些"保证"，就是为了出色地完成好党和组织交给的各项任务，使自己成为伟大的革命事业中的一颗永不生锈的螺丝钉。

无须再行列举。从上面的简述中，我们应该可以清晰地认识到，雷锋的"保证"朴实无华地表达了他"做毛主席的好战士"的"共产主义觉悟"，保证了他永远前进在"为共产主义奋斗终生"的道路上。

回到前面所述的1958年6月×日雷锋关于"保证"的日记上来。我们应该看到，他有了这第一个"保证"，接着就有了不同时间、不同背景下的若干的"保证"；直到牺牲前的第14天，他还写下了分别以"永远听党的话""要密切联系群众""发扬勤俭建国……勤俭办一切事业的精神"为起头的3项"保证"。这就意味着，当他认识到某个事情对自己的成长、对工作的推进、对革命事业的兴旺具有积极意义的时候，他就会持之以恒、坚持不懈地做下去。在实际行动上，他说出了自己的理想之后，就一辈子朝着这个理想目标奋进；他第一次读了毛主席著作之后，就一辈子学习毛主席著作；他第一次受到"螺丝钉精神"教育之后，就一辈子做革命事业的"螺丝钉"；他做了第一件好事之后，就一辈子为人民做好事，一辈子全心全意为人民服务。

总而言之，雷锋的进步与成长，有党的培养教育，有毛泽东思想的哺育，有革命队伍的养育，更有他自身的"保证"的保证。我们学习雷锋，是否也可以像他那样，或者在接受某种新的任务的时候，或者在进入某种新的工作阶段的时候，或者在被组织或集体提出某种工作要求的时候，或者在自己给自己提出某种期望的时候，或者在自己取得某种成绩与荣誉需要"百尺竿头、更进一步"的时候，主动自觉地给自己提出相应的"保证"呢？答案应该是肯定的。因为有"保证"的保证，我们立场的坚定、觉悟的提高、品德的淬炼、思想的进步、工作的推进、事业的兴旺，就多了一道护卫栏，多了一架助推器。愿我们也有像雷锋的"保证"一样的"保证"，保证我们在前行的路上演绎出精彩无限的"雷锋故事"！事在人为，走起！

想做的，已做的，应做的

——雷锋 1959 年 8 月 26 日日记品读

人生于世，除了吃饭、睡觉等，剩下的恐怕就是做事了。做事，必定要把想做的、已做的、应做的捋清楚、想明白，这样才能把事做好。在这个问题上，雷锋为我们做出了示范。请看他 1959 年 8 月 26 日的日记：

1959 年 8 月 26 日

自从由鞍山转到弓长岭以来，自己就抱定决心：一定要很好地工作、学习，争取加入中国共产党。对各种学习任务都能认真完成；自学较好，每天早晨学习一小时，晚上总是要自学到深夜 10 至 11 点钟。早晨坚持做早操，没有违反过纪律，都能按规定去做。今后，我应当继续加强组织纪律性，向违法乱纪做斗争，严守纪律，听从指挥，做好机器检查和保养，保证安全，消灭事故。努力学习政治，开展思想斗争和批评与自我批评，加强团结，虚心学习。

这则日记，是雷锋离开鞍钢总厂到弓长岭矿山参加新建焦化厂建设之后，也就是从工作、生活条件相对较好的地方转到条件更为艰苦、困难的地方之后不久写的，表现了雷锋进入新的生活环境、接受新的工作任务时候的所思所想。

从它朴实的语言中，可以看出，它说明了三个方面的内容：一是表明了想要做的事，那就是"一定要很好地工作、学习，争取加入中国共产党"。其中，"很好地工作、学习"是基础，"争取加入中国共产党"是目的。二是回顾了已经做过（做好了）的事，那就是"对各种学习任务都能认真完成；自学较好，每天早晨学习一小时，晚上总是要自学到深夜 10 至 11 点钟。早晨坚持做早操，没有违反过纪律，都能按规定去做"，其中涉及学习（尤其是自学）任务的完成情况、坚持做早操的情况和遵守纪律与规定的情况。三是明确了今后应做的事，那就是"继续加强组织纪律性，向违法乱纪做斗争，严守纪律，听从指挥，做好机器检查和保养，保证安全，消灭事故。努力学习政治，开展思想斗争和批评与自我批评，加强团结，虚心学习"，其中涉及严守组织纪律、维护保养机器、保证安全、政治生活、讲求团结、虚心学习等诸多方面。其思路十分清晰，结构十分完整。

在想做的、已做的、应做的事之间，雷锋的侧重点在应做的事上，所以日记中关于它的篇幅较其他两项更长一些。从后来的日记看，应做的事是他经常挂在心上的。例如，关于"严守纪律，听从指挥"，他在 1959 年 8 月 30 日的日记中就有"党和领导叫怎样去做，就不折不扣地按党的指示去做"的表述；关于"努力学习政治，开展思想斗争和批评与自我批评"，他在1959年10月×日的日记中就有"加强修养，努力学习团纲、团章和有关团员修养的书籍"和"掌握批评与自我批评的武器，经常向支部汇报自己的思想情况。在支部的直接领导、监督下，努力改造自己的思想"等表述；关于"加强团结，虚心学习"，他在1959年10月×日的日记中有"虚心向群众学习，并以团员的模范作用，带领群众前进"的表述，还有学习劳动模范张秀云、"坐在车间调度室里，看一本学习毛泽东同志的思想方法和工作方法的书"等实际行动。由此可见，凡是想做的而且是应做的事，一经定下来，雷锋就会付诸行动。

且说，1959年10月×日，他写下了"决心听党的话，听毛主席的话，永远忠于党，忠于毛主席，好好地学习，顽强地工作，为党和人民的事业贡献自己的一切，做一个毫无利己之心的人"的日记，这里所说的，就是他想做的而且是应做的事，故而用一生的行动完成了它，为党和人民的事业贡献了自己的一切直至生命。

在新时代，我们应该以雷锋为榜样，像雷锋那样，树立"确定坚定不移的革命人生观"，时刻"注意培养自己的思想道德品质，处处为党的利益、为人民的利益着想"，全心全意为人民服务，切实做好想做的和应做的事，为党和人民的事业做出自己应有的贡献。

充分发挥主观能动作用

——雷锋 1959 年 12 月 20 日日记品读

雷锋，一个仅仅只有 22 年短暂生命的共产党员，为什么能够成为亿万人民崇高而长久敬仰的学习榜样？一个普通的战士所表现的高尚品质，为什么能够激励几代人的健康成长并影响一个时代的社会风尚？读一读他 1959 年 12 月 20 日的日记，我们应该能够从中找到基本答案。

1959 年 12 月 20 日

一个人出生在世界上以后，除了早天的以外，总要活上几十年。每个人从成年一直到停止呼吸的几十年的生活，就构成各人自己的历史。至于各人自己的历史画面上所涂的颜色是白的、灰的、粉红的或者鲜红的，虽然客观因素起一定作用，但主观因素起决定性的作用。每个人每时每刻都在写自己的历史，每个共产党员和共青团员都应该好好地想一想，怎样来写自己的历史。每个共产党员和共青团员时时刻刻都要以马克思列宁主义、毛泽东思想来做自己思想行动的指导，真正做到言行一致。我要永远保持自己历史鲜红的颜色。

这则日记，从内容上看，有五个语义单元：第一，每个人都有一部属于自己的历史，每个人每时每刻都在写自己的历史。第二，这部历史的模样，虽有一定的客观因素的影响，但起决定作用的是主观因素。第三，每个共产党员和共青团员都要好好想一想怎样来写自己的历史。第四，在写自己的历史的时候时时刻刻都要以马克思列宁主义、毛泽东思想为指导，真正做到言行一致。第五，自己"要永远保持自己历史鲜红的颜色"。

从这则日记中，我们可以看到，它从一般到特殊（一般到个别），将语义重心定位为"要永远保持自己历史鲜红的颜色"，而支撑这个语义重心的便是"虽然客观因素起一定作用，但主观因素起决定性的作用"这个哲学认识。也正因为这个哲学认识，便构成了雷锋得以茁壮健康成长的动因之一，从一个侧面向我们展示了雷锋及雷锋精神得以永生的原因。

这里所说的"主观因素"，是指受人的意识支配的因素，如我们对上述日记做出分析判断，就属于主观的范畴；这里所说的"客观因素"，是指不受人的意识支配的因素，如上述日记就属于客观的范畴，不管你分析不分析、判断不判断，它都存在那里。主观与客观是一个对立的统一体。客观是不依赖于主观而独立存在的，主观是能能动地反映客观并对客观事物起影响作用的。人们认识或改造世界（包括主观世界和客观世界），既要尊重客观事物的内部规律性，更要发挥自身的主观能动性。所以，雷锋在日记中说："虽然客观因素起一定作用，但主观因素起决定性的作用。"

正因为有这样的认识，所以，雷锋能正确处理主观与客观的辩证关系，充分发挥自己的主观能动性，使自己的思想不断进步，感情不断升华。他 1958 年进入鞍钢时候的状况，如他自己所说，他"只是一个抱着感恩的思想埋头苦干的工人，在生产上只能做到完成自己的任务和达到每天的定额"。这表明他的思想认识处于自发的感性认识阶段，情感处于单纯的个人的阶级感悟状态。后来，到了部队，他说他"一定不辜负党"对他的"教育和期望……全心全意保卫国防，成为一名优秀的国防军战士"，并进一步表示"要把自己可爱的青春献给祖国最壮丽的事业，做一个真正的共产主义革命战士"，表示"决心永远和群众牢牢地站在一起，为人类最美好幸福的生活而斗争""全心全意为人民服务，永生为伟大的共产主义事业而奋斗"等，表明他的思想认识到了自觉的理性认识阶段，情感到了纯粹的人类的阶级觉悟状态。这种从自发到自觉、从感悟到觉悟的变化，一方面，是工厂、部队各级领导对他的培养教育和同志们帮助的结果，是革命队伍熔炉锻炼的结果；另一方面，是他发挥主观能动作用，主动学习马克思列宁主义、毛泽东思想，学习英模人物的结果，是他积极主动改造自己的主观世界的结果。

正因为有这样的认识，所以，雷锋能正确处理主观与客观的辩证关系，充分发挥自己的主观能动性，使自己在"全心全意为人民服务"的生动实践中淬炼成为伟大的共产主义战士。他孜孜不倦阅读毛主席著作，阅读红色书籍、报纸杂志，从中获取思想和精神营养；他鞠躬尽瘁为群众做好事、解难题，风雨中送人回家，列车上争当服务员，营房里为战友洗衣服，节假日为人民公社拾粪积肥，出差路上帮老太太找儿子，节约开支为集体或个人捐款；他满腔热情为少先队做辅导员，为同事或战友解决思想问题或生活困难；他奋不顾身参与火场救险，参与抗洪抢险；他勤学苦练学习技术，练习投弹，搞技术革新。所有这些实践，都显示了他充分发挥主观能动作用改造客观世界的崇高的共产主义觉悟。

综合上述观点，我们可以坚定地说，雷锋精神就是一种充分发挥主观能动作用改造自己的主观世界和自己所处的客观世界的精神。

我们应该注意，在1959年12月20日的这则日记中，雷锋特别强调每个共产党员和共青团员要想写好自己的历史，就要"时时刻刻都要以马克思列宁主义、毛泽东思想来做自己思想行动的指导，真正做到言行一致"，表明了"马克思列宁主义、毛泽东思想"在处理主观与客观之间关系时所具有的崇高的指导地位，也表明了"言行一致"在处理主观与客观之间关系中所具有的无限的实践价值。他说他"要永远保持自己历史鲜红的颜色"，这个"鲜红的颜色"就是党的宗旨和目标的"颜色"，就是全心全意为人民服务、奋不顾身为共产主义而奋斗终身的"颜色"。

穿上黄军装，再立大志向

——雷锋 1960 年 1 月 8 日日记品读

雷锋有两个梦想，一个梦想是见到毛主席，一个梦想是当上解放军战士。所以，在他穿上军装的那一天，心情格外激动，思绪万千，浮想联翩，写下了一则长达 700 多字的日记，尽情书写了自己的思想，抒发了自己的感情：

1960 年 1 月 8 日

这天是我永远不能忘记的日子，这天是我最大的荣幸和光荣的日子。我走上了新的战斗岗位，穿上了黄军装，光荣地参加了中国人民解放军。我好几年来的愿望在今天实现了，真感到万分的高兴和喜悦。这是我一生最大的幸福。

在党的正确领导下，在革命的大家庭里，我一定要好好地锻炼自己。在入伍的这一天，我提出如下保证：

一、听党的话，服从命令听指挥，党指向哪里，我就冲向哪里。

二、加强政治学习，多看报纸和政治书籍，按时参加部队各种会议和学习，积极宣传党的政策，密切靠近组织，及时向组织反映各种情况，不断提高自己的政治思想觉悟。

三、尊敬领导，团结同志，互帮互爱互学。

四、严格遵守部队一切纪律，做到虚心向老战士学习，刻苦钻研，加强军事学习，随时准备打击敌人。

五、克服一切困难，发扬先辈优良的革命传统。我要坚决做到头可断，血可流，在敌人面前决不屈服、投降。我一定要向董存瑞、黄继光、安业民等英雄学习。

六、我要努力学习政治、军事、文化，我要好好地锻炼身体。我一定要在部队争取立功当英雄，我一定要做一个毛泽东时代的好战士，我要把我可爱的青春献给祖国最壮丽的事业。

以上六条是我努力的方向和奋斗目标，今天我太高兴太激动，千言万语一下要写完是办不到的，因此写到这里告一段落。

我渴望已久的参加中国人民解放军的理想实现了，怎么叫我不高兴呢！我恨不得把我的心掏出来献给党才好。晚上我怎么也睡不着，我的心就像大海的浪涛一样，好久不能平静。

我，一个在旧社会受苦受罪的穷苦孤儿，现在成为一个国防军战士，得到党和首长的信任，受到战友们的热爱，我真不知说什么好……

在这个革命的大家庭里，首长胜过父母，战友亲过兄弟。这一切只有在党的领导下的人民军队里才能得到。

我一定不辜负党对我的教育和期望，我决心保持和发扬我们弓长岭矿全体职工的光荣，军政学习争优秀，全心全意保卫国防，成为一个优秀的国防军战士。

这则日记，概括起来，主要表达了 3 方面的内容：

一是表达了无限的"高兴和喜悦"。开篇第一句"这天是我永远不能忘记的日子，这天是我最大的荣幸和光荣的日子"，表明了 1960 年 1 月 8 日这一天在自己一生中的重要地位和重大意义。第二句"我走上了新的战斗岗位，穿上了黄军装，光荣地参加了中国人民解放军"，表明了将 1960 年 1 月 8 日这一天"定义"为"永远不能忘记的日子"和"最大的荣幸和光荣的日子"的原因。第三句"我好几年来的愿望在今天实现了，真感到万分地高兴和喜悦"直接表达了"高兴和喜悦"的心情。第四句"这是我一生最大的幸福"对前文做了总结，也从精神上表明了"高兴和喜悦"的原因。后面的文字，就是在这种"心就像大海的浪涛一样，好久不能平静"的"高兴和喜悦"的情感背景下书写的。这种"高兴和喜悦"，促使他不仅写下了这则日记，还写下了《穿上军装的时候》这首诗："小青年实现了美丽的理想，第一次穿上庄严的军装，急着对照镜子，心窝里飞出了金凤凰。党分配他驾驶汽车，每日就聚精会神坚守在机旁，将机器擦得像闪光的明镜，爱护它像爱护自己的眼睛一样。"足见其"高兴和喜悦"的热烈程度。

二是表达了强烈的"感激和决心"。翻身不忘共产党，幸福不忘毛主席。雷锋永远怀着对党和毛主席的感激之情。所以，当他"穿上军装的时候"，自然生发出对党的强烈感恩之情。他抄写并改编了《唱支山歌给党听》："唱支山歌给党听，我把党来比母亲。母亲只生了我的身，党的光辉照我心。旧社会鞭子抽我身，母亲只会泪淋淋。共产党号召我闹革命，夺过鞭子揍敌人。"在这则日记中，雷锋说，他是一个在旧社会受苦受罪的穷苦孤儿，现在在人民军队这个革命的大家庭里体会到了"首长胜过父母，战友亲过兄弟"等"只有在党的领导下的人民军队里才能得到"的幸福，所以他决心"好好地锻炼自己"，决心一定不辜负党对他的教育和期望，决心保持和发扬弓长岭矿全体职工的光荣，军政学习争优秀，全心全意保卫国防，成为一个优秀的国防军战士。十天后的 1960 年 1 月 18 日这一天，他还给自己写下了一句自我鞭策的话语："雷锋同志：愿你作暴风雨中的松柏，不愿你作温室中的弱苗。"始终不忘来时路，一心走好未来路，雷锋在"高兴和喜悦"之时，"恨不得"把自己的心"掏出来献给党才好"，可谓情也殷殷，意也殷殷。

三是表达了奋斗的"方向和目标"。这个奋斗的"方向和目标"集中表现在他提出的"六项保证"。这"六项保证"的内容，可以概括为政治上的忠诚、学习上的努力、纪律上的严明、传统上的继承等四个方面。他要"听党的话，服从命令听指挥，党指向哪里，我就冲向哪里""密切靠近组织，及时向组织反映各种情况，不断提高自己的政治思想觉悟""尊敬领导，团结同志"；他要"加强政治学习，多看报纸和政治书籍，按时参加部队各种会议和学习，积极宣传党的政策""努力学习政治、军事、文化""互帮互爱互学习""向董存瑞、黄继光、安业民等英雄学习"；他要"严格遵守部队一切纪律"；他要"发扬先辈优良的革命传统""克服一切困难""坚决做到头可断，血可流，在敌人面前决不屈服、投降"。总之，他"一定要在部队争取立功当英雄""一定要做一个毛泽东时代的好战士"，一定要把"可爱的青春献给祖国最壮丽的事业"。也许有人会说，这些内容，从逻辑上看，在原文的表述中稍稍有点"重复"或"散乱"，但是，我们应该看到，这是在他"心就像大海的浪涛一样，好久不能平静"的情况下"记"下来的，也正好从一个侧面反映了他当时"高兴和喜悦"的极端程度。

穿上黄军装，立下大志向。言行相一致，永远跟着党。雷锋，不愧为"党的忠实儿女"！

怎样对待困难

——雷锋 1961 年 1 月 18 日日记品读

在生活、学习和工作中，我们时常会遇到这样那样的困难，于是，如何对待困难，也就成了我们必须面对和解决的问题。在如何对待困难的问题上，雷锋有很多的思考，也有很多战胜困难的行动。他的日记，提到或专论"困难"这个问题的，不少于 14 则，其写作时间先后是：1958 年 6 月 20 日，1958 年 6 月 × 日，1959 年 8 月 30 日，1960 年 1 月 8 日，1960 年 1 月 12 日，1960 年 12 月 27 日，1961 年 1 月 18 日，1961 年 4 月 × 日，1961 年 4 月 28 日，1961 年 9 月 11 日，1962 年 1 月 14 日，1962 年 1 月 × 日，1962 年 2 月 12 日，1962 年 5 月 2 日。此外，他还于 1961 年 1 月 18 日写有《怎样对待困难》一文，于 1961 年某日写下《困难不可怕》一诗。所有这些，足以表明雷锋对"困难"的极端重视。下面我们来读一读他 1961 年 1 月 18 日的日记：

1961 年 1 月 18 日

在我们前进的道路上，不可能不遇到一些暂时的困难，这些困难的实质，"纸老虎"而已。

问题是我们见虎而逃呢，还是"遇虎而打"？

"哪儿有困难就到哪儿去"——不但"遇虎而打"，而且进一步"找虎而打"，这是崇高的共产主义风格。

这则日记，篇幅相对简短，连标点在内，也只有 107 字，但内涵十分丰富。第一，它表明了困难的普遍性，说"在我们前进的道路上，不可能不遇到"困难。第二，它表明了困难的暂时性，说"不可能不遇到一些暂时的困难"，意为困难只是暂时的，是可以战胜的。第三，它表明了困难本质的虚弱性，说"困难的实质，'纸老虎'而已"。第四，它表明了对待困难应有的基本的态度，说不能"见虎而逃"而要"遇虎而打"。第五，它在表明了对待困难应有的基本态度的基础上进一步表明了对待困难的"共产主义风格"，那就是"'哪儿有困难就到哪儿去'——不但'遇虎而打'，而且进一步'找虎而打'"。其中的"遇虎而打"的思想表明了对待困难应有敢于斗争的斗争精神，而"找虎而打"的思想则从更高的思想层面表明了对待困难应有的主动斗争的斗争精神，显示了崇高的思想高度和强大的思想力量，更显示了雷锋全新的思想创新成果，令人叹服。

就行文思路而言，短短的一则日记，先以"在我们前进的道路上，不可能不遇到一些暂时的困难"提出问题，再以"这些困难的实质，'纸老虎'而已"分析问题，最后以"不但'遇虎而打'，而且进一步'找虎而打'"解决问题，可谓思维严密，环环相扣，层层推进，步步提高，显示了强大的逻辑力量，同样令人叹服。

除此之外，雷锋对"不但'遇虎而打'，而且进一步'找虎而打'"的克服困难的问题还有一系列深刻的认识。

他认为，克服困难需要把握矛盾的性质。他说，世界上有两种不同性质的困难：一种是不能克服的困难，那就是旧事物在衰亡过程中遇到的困难；一种是可以克服的困难，那就是新事物在发展过程中遇到的困难。他说，可以克服的困难要靠行动与实践去克服。对此，他以小孩子学走路为例做了论证，说，刚开始学走路，是十分困难的，但是小孩子不停地走来走去，跌倒了又爬起来，这样反复多次，终于学会走路了，原来困难的事，现在就丝毫不困难了。

他认为，克服困难需要坚持党的领导。他说，党是我们的领路人，是我们的鼓舞者和组织者，是我们的力量源泉，我们要时时刻刻听党的话，执行党的指示，主动自觉地依靠党的领导，依靠本单位的党组织。只有真正做到这一条，我们就能征服困难。又说，党和领导叫我们怎样去做，我们就要不折不扣地按党的指示去做。这样就是有再大的困难，也有办法克服；再艰巨的任务，也能完成。

他认为，克服困难需要坚定信念、决心和信心。他引用一篇文章的观点说："困难里包含着胜利，失败里孕育着成功。革命战士之所以伟大，就是他们能透过困难看到胜利，透过失败看到成功。因此他们即使遇到天大的困难，也不会畏怯逃避；碰到严重的失败，也不至气馁灰心，而永远是干劲十足，勇往直前。"他还曾直截了当地说，要有克服困难的决心和信心。

他认为，克服困难需要把握主观条件和客观条件。他说，克服困难，不仅要在主观上认识困难的规律，而且要在客观上具备战胜困难的条件，条件具备了，如果没有我们主观上的努力，困难仍然不能克服，反之，如果条件还没有具备，单有主观上的努力仍然是不能取得效果的；又说，不能超越客观条件所许可的范围去做那些现实不能做到的事情，又不能被客观条件缚住手脚，而要充分发挥主观能动作用，做好一切经过努力可以做好的事情。这就是我们应该具有的正确的态度，有了这种态度，我们才能有成效，克服我们前进道路上的一切困难。

他认为，克服困难需要调动有利因素。他说，靠什么战胜困难？把一切有利因素调动起来用以克服不利因素。有利因素发扬了，不利因素克服了，困难也就被战胜了。

他认为，克服困难需要继承和发扬优良传统。这个传统，一个是革命传统。他说，要发扬先辈的优良传统，克服一切困难。要有头可断、血可流，在敌人面前决不屈服、投降的气概。他说，他在最困难、最艰苦的工作中，想起了黄继光，浑身就有了力量，信心百倍，意志更坚强；要学习革命先辈"不怕饥饿，不怕寒冷，不怕危险，不怕困难"的精神。一个是文化传统，如学习愚公不怕困难、敢于斗争、敢于胜利的精神。

他认为，克服困难需要讲究方法。他说，克服困难的方法包括"深入调查研究""相信群众，依靠群众""抓住关键，彻底解决""开动机器，苦思多想""依靠党的领导"等，还有勤学苦练、早日学会技术、练好本领等。

他认为，克服困难需要严守纪律。他说，当我们在最困难、最危险甚至威胁自己生命之时，也能严格地遵守纪律，那就是好党员。

他认为，帮助人民克服困难是应尽的责任、是最幸福的。他说，一个共产党员是人民的勤务员，应当把别人的困难当成自己的困难，把同志的愉快，看成是自己的幸福。又说，人民的困难，就是他的困难。帮助人民克服困难，贡献自己的一点力量，是他应尽的责任。他是主人，是广大劳苦大众当中的一员，能帮助人民克服一点困难，是最幸福的。

在上述认识或思想的指导下，雷锋克服了无数的困难，我们甚至可以毫不夸张地说，雷锋的成长过程就是他不断地克服困难——要么是克服自身的困难，要么是帮助别人（个人或集体）克服困难——的过程。例如，为了克服学习上的困难，他充分发挥主观能动性，发扬"钉子精神"，刻苦学习毛主席著作，学习科学文化知识和拖拉机、推土机、汽车驾驶技术，使自己成为又红又专的人。为了克服在帮助战友理发中遇到的"手不顺心"的困难，他坚定信心，鼓足勇气，多次到理发店学习理发，终于能得心应手。为了帮助灾区人民克服洪灾中遇到的困难，他继承和发扬优良传统，带病冲上上寺水库抗洪抢险的前线，连续奋战七天七夜。为了帮助战友解决工作中出现的拈轻怕重、怕脏怕累的问题，他组织大家学习毛主席"什么叫工作，工作就是斗争……越是困难的地方越是要去"的教导，提高了大家的认识，统一了大家的思想，激发了大家的斗志，收到了良好的效果。

事例不胜枚举。我们应该从雷锋对待困难的态度和行为中提高对困难的认识，坚定战胜困难的信念，激发战胜困难的勇气，寻找战胜困难的方法，既"遇虎而打"又"找虎而打"，做到"下定决心，不怕牺牲，排除万难，去争取胜利"。

在动机与效果之间

——雷锋1961年7月2日日记品读

在人们的行为中，动机与效果是一个矛盾体。这个矛盾体有它的统一性特征，即，一般情况下，动机与效果是一致的，也就是，有什么样的动机就有什么样的效果，所谓"如愿以偿""从心所欲""求仁得仁"，就是这个原理。但是，这个矛盾体又有其对立性，也就是，有的时候，动机与效果不一致，甚至是背道而驰，也就是，好的动机产生坏的效果，所谓"事与愿违""大失所望"就是这个原理；也可能是不好的动机产生好的效果，所谓"歪打正着"就是这个原理。那么，在管理或教育等工作中，如何运用好"动机与效果"原理，使我们的工作能够"如愿以偿"收到应有的效果呢？请看雷锋1961年7月2日日记：

1961年7月2日

今天，战友×××在队列当中稀稀拉拉，九班长看见后就发了火，好一顿批评，可是×××同志置之不理。下操后，×××同志说："九班长态度粗暴，我懒得听他的。"

这件事引起了很多人的议论。有人说："九班长的脾气不好，有事爱发火，他的心可是好的。"我认为这种说法不够正确。毛主席说过："真正的好心，必须顾及效果。"抱着好心而又好对同志发脾气的人，常常是效果不好。既然效果不好，这好心又表现在哪里呢？这好心给革命、给同志又带来了什么好处呢？

这件事，我认为九班长应该对×××同志进行耐心说服教育才对，在队列中对×××发态度，达不到教育目的。我们都是阶级兄弟，应该互相帮助，共同进步。

这则日记，记录了一个事件：战友×××在队列当中（据下文的"下操后"推断，应该是在队列训练或操练当中——引者注）稀稀拉拉，表现很不严肃、很不规范，九班长看见后就发了火，对他进行了一顿严厉的批评。可是战友×××不以为然、置之不理，还在下操后说九班长"态度粗暴"，自己"懒得听"。对这件事，很多人发表了议论，有人说九班长"脾气不好，有事爱发火，他的心可是好的"。也记录了雷锋对这个事件的看法：一是对有人关于九班长"脾气不好，有事爱发火，他的心可是好的"的看法，认为"这种说法不够正确"，认为"真正的好心，必须顾及效果"，否则效果不好，对革命、对同志没有好处；二是对九班长的做法的看法，认为九班长对同志应该采取"耐心说服教育"的方法，因为"在队列中""发态度，达不到教育目的"，因为"我们都是阶级兄弟，应该互相帮助，共同进步"。

从上面的分析中我们可以看出，雷锋先摆了一个事实，即九班长对"稀稀拉拉"者发了态度，有人认为九班长的做法的动机是好的。然后提出了一个问题，这个问题有两个方面，一是如何看待有人的这个"说法"的问题，一是如何看待九班长的"做法"的问题。最后分析了有人的"说法"所存在的问题的原因，提出了九班长的"做法"中应有的"耐心说服教育"的做法，解决了提出的问题。

显然，在提出问题、分析问题、解决问题的过程中，雷锋运用了"动机与效果"的原理。运用这个原理时，雷锋引用了毛主席的教导"真正的好心，必须顾及效果"，意在表明要保持动机与效果的一致性。雷锋引用的这句教导出自毛泽东《在延安文艺座谈会上的讲话》，与之相关的文段是："关于动机和效果的辩证唯物主义观点，我在前面已经讲过了。现在要问：效果问题是不是立场问题？一个人做事只凭动机，不问效果，等于一个医生只顾开药方，病人吃死了多少他是不管的。又如一个党，只顾发宣言，实行不实行是不管的。试问这种立场也是正确的吗？这样的心，也是好的吗？事前顾及事后的效果，当然可能发生错误，但是已经有了事实证明效果坏，还是照老样子做，这样的心也是好的吗？我们判断一个党、一个医生，要看实践，要看效果；判断一个作家，也是这样。真正的好心，必须顾及效果，总结经验，研究方法，在创作上就叫作表现的手法。真正的好心，必须对于自己工作的缺点错误有完全诚意的自我批评，决心改正这些缺点错误。共产党人的自我批评方法，就是这样采取的。"在这里，毛泽东强调的是要看

"效果"而不能光看"动机"。雷锋的引用，意义重点也就在这里。上述日记中"抱着好心又好对同志发脾气的人，常常是效果不好。既然效果不好，这好心又表现在哪里呢？这好心给革命、给同志又带来了什么好处呢"这段话，就是从效果的角度"驳斥"了有人认为"九班长的脾气不好，有事爱发火，他的心可是好的"的"不够正确的"说法。这种"驳斥"，应该说是十分有力的，一是有毛主席的教导做理论依据，一是有他自己的分析，可谓有理有据。反问句的使用，无疑增强了这种"驳斥"的力量。至此，我们应该明白，在动机和效果这两个行为要素中，我们更应该看重的是效果，而不是动机。从矛盾论的角度看，效果是主要矛盾或者说是矛盾的主要方面，动机是次要矛盾或者说是矛盾的次要方面，抓住了主要矛盾或矛盾的主要方面，也就抓住了问题的实质，问题也就迎刃而解了。

那么，九班长应该如何做才能避免"有好心而没好效果"的问题呢？雷锋提出的做法是"耐心说服教育"。"耐心"说的是态度问题（同时更是情绪把控问题），"说服"说的是方法问题。有了"耐心"的态度，加上"说服"的方法，这样才能收到"教育"的效果，达到"教育目的"。至此，我们应该明白，在动机和效果之间，还有态度和方法，动机好，态度和方法不好，效果就不会好；动机好，态度和方法好，效果就会好。这应该可以算作管理、教育等一切工作的"铁律"，不可以不严守的。

关于这个问题，雷锋有一篇"写在日记本上"（时间是1961年7月2日）的"文章"，其中一段话是："我们工作方法的特点是：也用纪律也用说服。但是占比重很大的，占绝对优势的，是说服而不是纪律，说服是主要的方法，纪律是次要的方法。以说服为主，不以惩办为主。"还有一段话是："严格要求是目的，耐心说服是方法，不能离开目的去讲究方法，这样就会舍本求末，也不能只顾目的而不讲究方法，这样目的也难于达到。"由此可见，"耐心说服"在雷锋心目中有着十分重要的地位。

其实，这种在动机和效果之间应该采取"耐心说服教育"方法的思想不是雷锋"一时心血来潮"的突发"灵感"，而是"蓄谋已久"的一贯主张。例如，1961年5月14日，他被宣布担任副班长的当天，就在日记中说："我会坚决按毛主席的指示办事，努力学习马克思列宁主义和毛泽东思想，事事以身作则，关心每个同志；以自己的实际行动，去影响和帮助同志，时时严格要求自己……耐心帮助同志们提高共产主义觉悟……"在这种思想指导下，他坚持"耐心帮助同志们提高共产主义觉悟"，对班上进行管理和教育。

1961年10月，战士×××调入雷锋所在班。他过去受过苦，现在革命热情高，工作能吃苦。但由于他来自农村，学习少，政治觉悟比较低，对各种问题的看法有时片面……和同志们比较起来是落后了。针对×××的实际情况，雷锋一方面组织大家学习毛主席"共产党员对于落后的人们的态度，不是轻视他们，看不起他们，而是亲近他们，团结他们，说服他们，鼓励他们前进"的教导，统一大家对×××的认识；另一方面，在×××生病时主动关心体贴他，请卫生员给他看病，给他打开水吃药，打洗脸水，做病号饭给他吃，到澡堂去给他擦澡等，使他思想和行为发生了极大的转变，不仅嘴上说"我再不好好干，也说不过去了"，而且第四天一早就主动地打豆子去了。这是雷锋对个人进行"耐心帮助"的范例。

1961 年 12 月，一次淘厕所，雷锋听到有的同志说："这活不是咱们干的，我们是开车的，应该叫其他连队来淘。"在干的过程中，他发现有个别战友怕脏怕累，站在一旁瞅着。为了解决这个问题，经过思考，他当天晚上就组织全班同志学习了毛主席"什么叫工作，工作就是斗争。那些地方有困难，有问题，需要我们去解决。我们是为着解决困难去工作、去斗争的。越是困难的地方越是要去，这才是好同志"的教导，提高了大家的认识，统一了思想。第二天本来是星期天，大家提出不休息，积肥支援农业。睡觉前，××× 和 ××× 等同志就把粪桶等工具都准备好了。第二天天刚亮，他发现战友不见了，原来是都为集体积肥去了。从那以后，扫厕所、淘大粪，成了大家的自觉行动。冬训中，他们班利用课余和假日休息时间积肥 3500 多斤。这是雷锋对集体进行"耐心帮助"的范例。

可以说，上述两个事例是雷锋运用动机与效果的原理指导自己工作实践、以良好的态度和良好的方法达成"动机与效果"的一致性的典型。

总之，动机决定着要做什么，态度和方法决定着做得怎么样。在动机和效果之间，架起正确态度与良好方法的桥梁，我们的管理或教育工作就能收到应有的效果，就能"如愿以偿"而不会"事与愿违"。

愿做"高楼大厦"的"一砖一石"

——雷锋 1961 年 10 月 16 日日记品读

关于人生的价值所在，雷锋有一个十分深刻的认识，那就是如他在 1961 年 10 月 3 日的日记中所说的："人生总有一死，有的轻如鸿毛，有的却重如泰山。我觉得一个革命者活着就应该把毕生精力和整个生命为人类解放事业——共产主义全部献出。我活着，只有一个目的，就是做一个对人民有用的人。当祖国和人民处在最危急的关头，我就挺身而出，不怕牺牲。生为人民生，死为人民死。"在这种人生观、价值观的指引下，他对"螺丝钉"与"机器"、"滴水与大海"等一系列问题的认识就显示出异乎寻常的远见卓思。例如，关于"零碎小事"与"革命大业"之间的关系问题，他就有一则十分精彩的日记。请看该日记全文：

1961 年 10 月 16 日

高楼大厦都是一砖一石砌起来的，我们何不做这一砖一石呢！我所以天天都要做这些零碎事，就是为此。

这则日记，与春秋末期思想家老子的"合抱之木，生于毫末；九层之台，起于累土；千里之行，始于足下"的思想和战国末期思想家荀子的"积土成山，风雨兴焉；积水成渊，蛟龙生焉；积善成德，而神明自得，圣心备焉。故不积跬步，无以至千里；不积小流，无以成江海"的思想是一脉相承的。

　　细心的读者一定会看出，雷锋的这则日记与鲁迅的一句名言是十分相似的。这句名言所在的文章是《致赖少麟信》，所在的文段是：

　　　　太伟大的变动，我们会无力表现的，不过这也无须悲观，我们即使不能表现它的全盘，我们可以表现它的一角，巨大的建筑，总是一木一石叠起来的，我们何妨做做这一木一石呢？我时常做些零碎事，就是为此。

　　与老子、荀子的上述思想相类，这"高楼大厦都是一砖一石砌起来的"的思想闪烁着辩证法的量变到质变的思想光辉，即事物的质变是由事物的量变而来，事物的量变能够引起事物的质变，量变是质变的前提条件，质变是量变的必然结果。雷锋1962年3月×日的日记中"生活中一切大的和好的东西全是由小的、不显眼的东西累积起来的"，同样体现了对量变到质变规律的认识。

　　正因为有这种认识，所以他说"我们何不做这一砖一石呢"，意思是愿意做"一砖一石"，为"高楼大厦"的建成贡献自己的力量；而且"天天都要做这些零碎事"，同样是想通过"零碎事"的积累，促成革命事业的成功。

那么，"这些零碎事"主要是指什么呢？根据"这些"所具有的已经做过的事的指代义，我们从1961年10月16日稍微往回看看，就会发现，"这些零碎事"指的是：1961年10月15日为战友洗褥单、补被子的事，协助炊事班洗白菜的事，打扫室内外卫生的事，"还做了一些零碎事"的事；1961年10月14日日记中记录的帮助一位新来的"政治觉悟比较低，对各种问题的看法有时片面"的同志的事；1961年10月13日帮战友洗衬裤、袜子的事；1961年10月12日听说某战友没有日记本了、手中无钱买就立即把自己一本新的日记本送给了那个战友的事；等等。原来，"这些零碎事"是雷锋所做的"小的、不显眼的"为他人、为集体服务的事。从上述事例中，我们可以看出，他在日记中说的"天天都要做这些零碎事"并非虚言，"天天"表明了他做"零碎事"的经常性、持久性。

事实上，我们的革命事业就是由无数的"零碎事"累积起来的，没有这"零碎事"的"一砖一石"的积累、组合，就不可能有革命事业"高楼大厦"的拔地而起，做"零碎事"实际就是在为革命事业的"高楼大厦"添加"一砖一石"。愿我们不忘初心，不厌其烦，不嫌其细，把"零碎事"越做越多，越做越好。

学习英雄黄继光

——雷锋 1962 年 4 月 15 日日记品读

　　雷锋是学英雄的英雄，他的内心充满了对英雄的崇敬和学习英雄的决心，他的行动中无数次地表现出学习英雄的动人故事。"黄继光"这三个字，在他的日记诗文中出现的次数远远超过了其他英雄人物。1960 年 1 月 8 日、1960 年 3 月 10 日、1961 年 11 月 26 日、1962 年 1 月 14 日、1962 年 4 月 14 日、1962 年 4 月 15 日的日记中，1960 年《一辈子学习毛主席著作》、1960 年《永远学习黄继光》、1960 年 9 月《解放后我有了家，我的母亲就是党》、1961 年 1 月 5 日《在辽宁省实验学校的讲话》等诗文中，雷锋对黄继光都有提及或专论，光1960 年就有 5 次说到黄继光。那么，问题来了，雷锋为什么对黄继光如此心心念念呢？读一读他 1962 年 4 月 15 日的日记，或许能明了个中缘由。请看该日记全文：

1962 年 4 月 15 日

　　《黄继光》这本书，我不只看过一遍，而且是含着激动的眼泪，一字字一句句地读了无数遍，甚至我能把这本书背下来。我每当看完一遍，就增加一分强大的力量，受到的教育也一次比一次深刻。它对我的启发和鼓舞极大。英雄黄继光之所以能为人类的解放事业做出伟大的贡献，是因为他有高度的阶级觉悟，对敌人恨之入骨，对党、对人民、对革命事业无限忠诚。

我要学习黄继光那种坚定的无产阶级立场；学习他勇敢坚强的革命意志；学习他的高贵品质；学习他关心别人比关心自己为重；学习他兢兢业业为党工作的精神；学习他勤劳朴实的性格；学习他谦虚好学渴求进步的精神；学习他为祖国人民英勇战斗的精神。

现在我是普通一兵，对党和人民没做出什么贡献，但是我有决心，永远听党和毛主席的话，紧紧跟着党和毛主席走，永远忠于党，忠于人民，兢兢业业为党工作一辈子，老老实实为人民服务，坚决完成黄继光未完成的事业。我随时准备献身祖国。必要时，我一定像黄继光那样，贡献自己的生命，做祖国人民的好儿子。

这则日记一开篇就说了自己读《黄继光》这本书的情况：一是读书的次数，他说是"不只看过一遍"，而是"读了无数遍"；二是读书的态度，他说他读得特别认真，是"一字字一句句"地读的，甚至"能把这本书背下来"；三是读书的情感，他说是"含着激动的眼泪"读的；四是读书的效果，他说是

"每当看完一遍，就增加一分强大的力量，受到的教育也一次比一次深刻"，受到的"启发和鼓舞极大"。

为什么会出现这种情况（尤其是"含着激动的眼泪"）呢？这大概是雷锋与黄继光有着惊人相似的生活经历。

黄继光，原名黄积广，1931年一月八日（农历）出生于四川省中江县一个山村。他祖祖辈辈受尽地主阶级的压迫，父亲去世很早。他10岁时就给地主打工，受尽了残酷剥削和压迫，在苦难中挣扎，直到1949年11月解放才获得新的生活。解放后，他积极参加清匪反霸斗争，被选为村儿童团团长，曾带领民兵活捉逃亡地主，搜出伪保长私藏的枪支弹药，被评为民兵模范。1951年3月，中江县征集中国人民志愿军新兵时，黄继光是村里第一个报名的。体检时，他因身材较矮开始并未被选中。后来，来征兵的营长被黄继光强烈的参军热情感动，同意破格录取。到朝鲜前线后，黄继光被分配到第十五军第一三五团二营六连任通讯员。他本想上前线阵地去多杀敌人，可是，他却与副指导员被留在后勤，心里很不是滋味。他见一起入伍的老乡战友打死了不少的敌人，很是羡慕。于是，向副指导员请假三天。副指导员得知他是想跟老乡一起去前沿杀敌，就严肃地对他说："你看我这只手表，时针、分针、秒针不停地在转，它为什么在转？是什么在推动它？"副指导员用小刀把手表背面打开，露出许多零件，继续说道："这是发条、齿轮、小螺丝，如果缺一样，或者它们其中的一件停止运作，那另一面的针还会转吗？我们的战场就像这块手表，每个战士就是其中的小零件，虽然分工不同，但他们的作用是一样的。"黄继光听完副指导员的谈话，心里明亮了许多，深刻认识到了自己思想的片面性，决心发挥好"小零件"的作用，为连队、为整个战场贡献自己应有的力量。后来，黄继光在抗美援朝的艰苦惨烈的上甘岭反击战中，英勇无畏，用胸膛堵住了地堡里敌人的枪眼，为部队开辟了胜利前进的道路，自己却英勇牺牲，年仅21岁。后来，他被追记特等功、追授"中国人民志愿军特级英雄""模范团员"称号、追认为中国共产党党员；被授予"朝鲜民主主义人民共和国英雄"称号、金星奖章等。

雷锋祖祖辈辈受尽地主的压迫和剥削，不到7岁便沦为孤儿，虽有叔祖父母收养，但仍未摆脱流浪乞讨的命运。在苦难中挣扎，直到1949年8月长沙和平解放才获得新的生活。1957年秋，雷锋在望城县委任公务员期间，受到县委书记对他的"一颗螺丝钉，别看东西小，机器上缺了它不行呀！我们每一个同志，不也都是革命这个机器上的一颗螺丝吗"的教育。1958年11月，在鞍钢，因为对组织上分配他当推土机手有点不理解，他又受到了车间于主任的教导："你刚到，还不了解炼钢的复杂过程，让你开推土机就是为了炼钢啊！拿洗煤车间来说，如果不把煤炼成焦炭，炼铁厂的高炉就炼不出铁来。如果不把炼焦时生产的煤气输送到炼钢厂去，就炼不出钢来。所以，大工业生产就像一架机器，每个厂，每个车间，每个工种，都是这部机器上的零件和螺丝钉，谁也离不开谁。你想想，机器缺了螺丝钉能行吗？"后来，雷锋甘当"螺丝钉"，成了"一颗永不生锈的螺丝钉"。报名参军时，因个子"才一米五四，是矮了点"，体重"还不够五十公斤"等原因而几经周折，最终被"破格"录取入伍。

同样是出生在山村贫苦农民家庭，同样是受尽剥削和压迫，同样是亲人很早去世，同样是在困难中迎来解放，同样是担任儿童团团长，同样是挫败过反动势力的阴谋，同样是因为身材矮小等原因而被"破格"入伍，同样是在集体分工、接受工作任务受到过"小零件""小螺丝钉"的教育，同样是追慕英雄人物，同样是希望自己身处在工作、战斗的第一线，两人的经历、思想、愿望何其相似！"同是天涯沦落人，相逢何必曾相识"。所以，雷锋读到黄继光事迹的时候，一定会在内心产生共鸣，萌生惺惺相惜的情感。所以，他在读《黄继光》时"含着激动的眼泪"，也就是情理之中的事了。

　　当然，雷锋在学习、工作中，也取得了一些成绩，获得了一些荣誉，但是，和黄继光相比较，还有很大的"差距"，正如他在日记中说的自己是"普通一兵，对党和人民没做出什么贡献"，所以，他要学习黄继光，要成为黄继光那样的英雄。同时，在他看来，黄继光是"为人类的解放事业做出伟大的贡献"的英雄，所以，他的"激动的眼泪"里还含有对黄继光的无限的崇敬。他要"永远学习黄继光"！为激励自己，他还曾于1960年某一天从《解放军画报》上剪下黄继光的照片贴在自己的日记本上，并且在日记本的扉页上写下了《永远学习黄继光》的誓言："我永远向您学习，英雄的战士黄继光！我是党的儿子，人民的勤务员，为了全人类的自由、幸福、解放，哪怕高山、大海、巨川！为了党和人民的事业，就是入火海进刀山，我甘心情愿！断头骨粉，身红心赤，永远不变！"着着实实把黄继光作为自己的"偶像"来崇拜。

　　至此，雷锋心心念念黄继光，异乎寻常地表示要学习黄继光，原因应该是可以明确的了。这是为什么要学习黄继光的问题。

在这则日记中，雷锋十分深刻地分析了"英雄黄继光……能为人类的解放事业做出伟大的贡献"的根本原因，那就是黄继光"有高度的阶级觉悟，对敌人恨之入骨，对党、对人民、对革命事业无限忠诚"。找到了这个原因，也就找到了学习黄继光的方向，于是黄继光"坚定的无产阶级立场""勇敢坚强的革命意志""高贵品质""关心别人比关心自己为重""兢兢业业为党工作的精神""勤劳朴实的性格""谦虚好学渴求进步的精神""为祖国人民英勇战斗的精神"就成了雷锋向黄继光学习的基本内容。原文8个排比句，将学习内容列写得详尽而具体。这是向黄继光学什么的问题。

为什么要学黄继光、向黄继光学什么的问题解决了，剩下的是怎么学的问题。怎么学呢？雷锋说："永远听党和毛主席的话，紧紧跟着党和毛主席走，永远忠于党，忠于人民，兢兢业业为党工作一辈子，老老实实为人民服务，坚决完成黄继光未完成的事业。我随时准备着献身祖国。必要时，我一定像黄继光那样，贡献自己的生命，做祖国人民的好儿子。"这段话，从政治态度、工作态度、献身观念等角度进行言说，站位高，目光远，措施实，具有鲜明的共产主义风格。这在其他日记诗文中同样有明确的表述。例如，1960年1月8日，他说要学习黄继光等英雄，克服一切困难；1961年11月26日，他说要学习黄继光等英雄，做一个热爱祖国、热爱人民，永远忠于党、忠于人民革命事业的人。

事实证明，雷锋学习黄继光是切切实实落到行动中且取得良好实效的。例如，在最困难、最艰苦的工作中，他想起了黄继光，浑身就有了力量，信心百倍，意志更坚强。1960 年 8 月 3 日，雷锋奋不顾身参加上寺水库的抗洪抢险，完完全全是受到黄继光英雄事迹的鼓舞的。

雷锋学习英雄，自己成了英雄。我们学习雷锋，也应该使自己成为雷锋。

群众利益无小事

——雷锋 1962 年 8 月 8 日日记品读

雷锋日记中有很多日记常常被人提及，但也有些日记常常不被人提及。那些常常不被人提及的日记不应该被我们忽视，有的还应该被我们高度重视。比如，雷锋 1962 年 8 月 8 日的日记就是一则常常不被人提及而理应受到我们极端重视的日记，请看该日记全文：

1962 年 8 月 8 日

今天给一营二连拉粮食。上午 8 时从下石碑山出车，9 时半左右就到达了抚顺粮站。这趟是副司机开的。因他缺乏驾驶经验，遇到紧急情况，就手忙脚乱起来，因此，轧死了老乡的一只鸭子。我立即叫他停车，向老乡道歉，并给老乡赔偿了两元钱，使老乡没意见，很受感动。

这种日记的不被重视，最大的可能是它的"平淡无奇"，你看它，既没有"满怀豪情"，也没有"深刻哲理"，更没有"优美语言"，根本谈不上雷锋日记的"佼佼者"。但是，我们认为，就是在这"平淡无奇"中，蕴含着我们党"群众利益无小事"的深切情怀，关乎我们党"以人民为中心"的工作导向，关乎我们党的"群众观点、群众立场、群众路线"。

日记中所说的"故事"其实很简单。背景是"给一营二连拉粮食"，时间是1962年8月8日上午8时至9时半左右，地点是下石碑山到抚顺粮站的路上，人物是雷锋和副司机。路上发生了一次副司机驾车时"轧死了老乡的一只鸭子"的事故，事故的原因是副司机"缺乏驾驶经验，遇到紧急情况，就手忙脚乱起来"。雷锋对这起事故的处理办法是"立即叫他停车，向老乡道歉，并给老乡赔偿了两元钱"。结果是"使老乡没意见，很受感动"。

在一般人看来，轧死一只鸭子，是一件"小而又小"的事情，但是，在雷锋看来，是一件"大而又大"的事情，所以他"立即"采取了措施：停车，道歉，赔钱，最终不仅使"老乡没意见"，而且使老乡"很受感动"。雷锋的做法，实际上就是"群众利益无小事"的具体表现。

毛泽东同志曾经指出："我们应该深刻地注意群众生活的问题，从土地、劳动问题，到柴米油盐问题。"《三大纪律八项注意》中有"损坏东西要赔"的条款。显然，雷锋在这次事故中采取的措施是遵循着毛主席的教导、遵守着我军的纪律的，是为着维护群众的利益的。假设，轧死鸭子之后，雷锋和副司机"一脚油门溜之大吉"，会是什么结果呢？这个结果，那就不仅仅给老乡（群众）造成了损失，还会给党和军队造成恶劣的影响。所以，笔者认为，雷锋的这则日记具有非同寻常的意义和价值，理应受到我们的极端重视，因为它彰显了我党的"群众观点"，坚持了我党的"群众立场"，贯彻了我党的"群众路线"，体现了我党、我军"以人民为中心"的工作导向，维护了群众利益。

在维护人民群众利益的问题上，雷锋有太多的"故事"值得我们传说、颂扬。这里且举一例以为确证：1960年8月，抚顺郊外的上寺水库因为暴雨有可能决堤。3日那天，雷锋所在运输连接到抗洪抢险命令时，雷锋正在拉肚子，加上前些天扑火时手上受的伤还没有好，连长决定把他留在营房值勤，雷锋说，这正是需要人手的时候，他不能在家，最后雷锋"犟"赢了。刚到水库，雷锋他们就看到洪水咆哮翻滚，很快就要漫过大堤，情况万分紧急。在挖掘溢洪道的过程中，雷锋被塌方的黏土砸倒，铁锹也被埋在塌下来的黏土下面。没有工具的雷锋并没有停下来，更没有浪费时间去挖铁锹，而是用自己的双手继续挖掘溢洪道。前些天烧伤的手磨出了鲜血。连长看到后，就让他搞宣传鼓动工作，于是他就马上收集连里的好人好事，进行口头广播，带领大家唱歌、喊口号，鼓舞大家的干劲。一连干了四天后，雷锋病了，晕倒在堤坝上，被送到老乡家里休息。但他在黄继光事迹的鼓舞下，再次跑上了水库工地……

群众利益无小事，一枝一叶总关情。所以，关于"党员的含意或任务"，邓小平同志指出："中国共产党党员的含意或任务，如果用概括的语言来说，只有两句话：全心全意为人民服务，一切以人民利益作为每一个党员的最高准绳。"关于

"党的工作"和"群众利益",习近平总书记更是明确指出:"党的一切工作必须以最广大人民根本利益为最高标准。我们要坚持把人民群众的小事当作自己的大事,从人民群众关心的事情做起,从让人民群众满意的事情做起,带领人民不断创造美好生活!"我们应该始终遵循党的群众路线,像习近平总书记教导的那样,像雷锋所做的那样,把群众的小事当作自己的大事,自觉维护群众利益,在夺取新时代中国特色社会主义伟大胜利的征程中呈现新气象,展现新作为。

雷锋那些信都写给了谁

雷锋的作品，除了日记外，还有诗歌、散文、小说、讲话稿等，当然还有不为一般人所熟知的书信。这些书信，是我们学习雷锋、研究雷锋时不能不细读、不能不深研的。那么，问题来了，雷锋写了多少书信？雷锋书信写给了谁？雷锋书信的主要内容是什么？雷锋书信对我们有哪些启示呢？解决好这些问题，对我们学习雷锋大有裨益。

一、雷锋写了多少书信

雷锋到底写过多少书信，囿于多种局限，我们无从知晓具体的数量，但我们可以断定，雷锋所写的书信一定多于我们现在所能见到的。例如，冯健在其《雷锋，从这里起步》一书中介绍，当年雷锋离开望城后陆续给家乡的老领导和亲朋好友写过信，有的还随附照片，其中有给县委书记张兴玉、赵阳成同志的，有给被雷锋称为"姐姐"的冯健的，有给被雷锋称为"父亲"的堂叔雷明光的，也有给雷锋的老师夏柳以及其他亲友或同事的。具体多少，难以计算。

现在我们所能见到的雷锋书信，陕西师范大学出版总社2018年10月出版的《雷锋日记》载有14封，它们是：1958年的《给王佩玲的信》《致化工总厂党委的信》，1959年的《致姑嫂城公社领导的信》，1960年的《致中共辽阳市委的信》，1961年的《给战友的信》《给建设街小学全体少年朋友的信》《给工农人民公社党委和全体社员们的信》《给西部医院全体休养员同志们的信》《给曹进财等同学的信》，1962年的《给郑树信的信》（3月10日）、《给文淑珍的信》《给郑树信的信》（4月12日）、《给王元朝的信》《给雷明义的信》。

二、雷锋书信写给了谁

从现在所能见到的雷锋书信来看，其对象，可以分为3类。

第一类是写给集体的。这些集体是鞍钢化工总厂党委和全体师傅以及青年朋友、姑嫂城公社党委、中共辽阳市委、抚顺市望花区工农人民公社党委和全体社员等。这些集体中，鞍钢化工总厂是雷锋工作的单位，姑嫂城公社、工农人民公社是雷锋送捡来的大粪用以支援农业生产的单位，辽阳市委是雷锋捐款100元用以救灾的单位。

第二类是写给群体的。这些群体是战友们、抚顺市建设街小学全体少年朋友、抚顺市西部医院休养员、天津市红桥区西于庄小学六年级曹进财、邱金娥等9名同学。这些群体，可以概括为战友群体、小学生群体和在医院休养的同志群体。

第三类是写给个人的。这些个人是王佩玲、郑树信、文淑珍、王元朝、雷明义。这些个人，王佩玲是雷锋在团山湖工作时结交的至亲好友，郑树信是与雷锋一起出席过沈阳军区首届共青团代表大会的代表，文淑珍是大连长海县我国第一位女渔船船长、曾多次受到毛泽东等党和国家领导人接见、且以民兵共青团员代表身份出席沈阳军区首届共青团代表大会的代表，王元朝是与雷锋一起作为特邀代表参加沈阳军区首届共青团代表大会的战友，雷明义是雷锋的三叔。

三、雷锋书信的主要内容是什么

雷锋书信有些内容是大致相同的，如开头表达激动的心情，结尾表达祝福的心愿，中间部分对工作、取得的进步的回顾等，很多都大同小异。概而言之，主要内容如下：

一是表达感谢之情。如在《给战友的信》《给郑树信的信》《给王元朝的信》中，都有"您的话对我的工作、学习各方面都有很大的启发和帮助，同时给了我莫大的鼓舞和力量，为此我表示衷心的感谢"之类的语句。

二是表达感恩之情的。如在《给战友的信》《给西部医院全体休养员同志们的信》等书信中，回顾了自己从旧社会过凄苦生活到新社会过幸福生活且在党的教育下不断成长的过程（这一内容篇幅往往较长），并借此表达对党和毛主席的感恩之情。

三是表达谦敬之情的。如在《致化工总厂党委的信》《给战友的信》等书信中，回顾自己取得的成绩和进步，把功劳归结到党的培养教育、同志们的帮助。他给郑树信、文淑珍、王元朝等同志写信，根本原因应该是出于对先进典型人物的敬佩，他们同为沈阳军区首届共青团代表大会的代表或特邀代表，"英雄惜英雄"，自是佳话。

四是表达奋进之情的。这在他的书信中表达得最为频繁、最为充分。如，他在《给西部医院全体休养员同志们的信》中说"要永远忠于党，永远做人民的勤务员""愿为党和阶级的最高利益牺牲自己的一切直至生命"，在《致化工总厂党委的信》中说要"以实际行动，以出色的成绩来感谢党和师傅们的亲切关怀和照顾""要继续努力，克服困难，为完成党提出的炼钢任务而贡献出我们的一切力量"，并且做出了"保证听党的话，服从组织调配"等"六项保证"。

五是表达激励之情的。如在《给建设街小学全体少年朋友的信》中，他激励小朋友"好好学习，天天向上，听党的话，做毛主席的好孩子"；在《给郑树信的信》中，他激励自己和战友"紧紧地携起手来，互相帮助，互相鼓励，共同进步"。

四、雷锋书信对我们有哪些启示

雷锋书信总是洋溢着青春的灵气、蓬勃的朝气、奋进的锐气，给我们的启示是多方面的，概括而言，主要有：

一是对他人要真诚。从雷锋的书信中，我们可以看到，无论是对熟知的亲朋好友还是对刚认识的会议代表抑或不认识的青少年学生、公社社员，都充满真心、真情，信中所言所述，或亲切问候，或衷心感谢，或真心祝福，或热情激励，无不充满暖人的温情。我们学习雷锋同志，就要像他那样，以真心待人，以真诚处世，对同志像春天般的温暖，对群众像亲人般地照顾，在真诚中营造良好的人际关系，给人提供强大的正能量。

二是对自己要清醒。雷锋的书信中，不乏对自己工作的回顾和对自己成绩的汇报，但是他并不是以此来炫耀自己，而是始终把自己的成长进步和工作业绩归功于党的领导和同志们的帮助，并表示要继续努力。我们学习雷锋同志，就要像他那样，有成绩不夸耀，有进步不骄傲，而要时刻保持清醒头脑，时刻警醒自己是从哪里来要到哪里去，时刻告诫自己应该做什么应该做好什么，时刻保持谦虚谨慎的态度，只有这样，人生的路，才能行得正、走得稳、迈得远。

三是对集体要关心。写信，一般人往往是一对一写给个人，很少有个人写给集体的，但是雷锋不同于常人，他的信既有写给个人的更有写给集体的，表现出对集体的无限关心。这是他的集体主义精神的亲身实践。我们学习雷锋同志，就要像雷锋那样，把个人放小，把集体放大，把对集体的热爱之情挂在心头，把对集体有益的事做在手头，切不可自私自利、损公肥私，而要在舍己为公、大公无私的奉献中彰显人间大爱。

四是对工作要负责。雷锋担任少先队辅导员，从一般意义上讲，他给少先队员们讲讲课、讲讲故事也就算称职了，但是，他还觉得不够，不能见面时还给他们写信予以鼓励，这就是非同寻常的负责任的表现了。雷锋写信，每每都要谈自己已有的工作情况，也必谈未来的工作打算，足以见出工作在他心目中至高无上的地位。我们学习雷锋同志，就要像雷锋那样，发扬对工作极端负责的精神，切实做到明职责、守职责、尽职责，在勇于承担中显精神，在善于承担中出业绩，以高质量的工作完成党和人民赋予我们的使命。

书信，历来是记录事实、传递信息、交流思想、表达感情的载体。"烽火连三月，家书抵万金"，战乱之时，一封信承载着悲鸣慨叹；"驿寄梅花，鱼传尺素"，羁旅之途，一封信牵惹了别恨离愁；"坚持革命继吾志，誓将真理传人寰"，革命年代，一封信传递了坚定意志；"携起友谊的手来，共同建设社会主义和实现共产主义社会"，和平时期，一封信表达着美好心愿。好好读一读雷锋的信吧，相信一定能从中获得奋进的智慧和力量。

雷锋那些诗都写给了谁

据华文出版社 2012 年 1 月出版的《雷锋全集》和 2018 年 10 月陕西师范大学出版总社出版的《雷锋日记》记载，雷锋有诗歌 31 首。这些诗歌有的写于农场，有的写于机关，有的写于工厂，有的写于军营。其中，1958 年有《南来的燕子啊》《歌颂领袖毛泽东》《台湾》《啄木鸟》《党救了我》《以革命的名义》《人定胜天》《排渍忙》《我的感想》等 9 首，1959 年有《荒山荡绿波》《可爱的工厂》《翻车机》《诉苦会》《誓言》等 5 首，1960 年有《自题》《穿上军装的时候》《力量从团结来》《唱支山歌给党听》《学好主席书》《永远学习黄继光》《练兵》《一家人》《新旧社会对比》《还有后来人》等 10 首，1961 年有《跟着党走》《参加人代会有感》《困难不可怕》等 3 首，1962 年有《一颗红心献给党》《永远是党的优秀儿女》《百炼成钢》《宁愿》等 4 首。从感情倾向和抒情对象看，雷锋的诗歌大略可以分为三类。

一、颂歌写给了伟大的党和祖国山河

雷锋从旧社会走来。旧社会是什么样子的？毛泽东同志1939年的《中国革命和中国共产党》一文有一段话概括得十分全面："由于帝国主义和封建主义的双重压迫，特别是由于日本帝国主义的大举进攻，中国的广大人民，尤其是农民，日益贫困化以至大批地破产，他们过着饥寒交迫的和毫无政治权利的生活。中国人民的贫困和不自由的程度，是世界所少见的。"雷锋的童年生活正是这种苦难状况的缩影。

雷锋的童年可谓是血泪斑斑的童年、苦难深重的童年、暗无天日的童年。就在雷锋"真不想活在人间"的生死关头，他的家乡解放了。是人民的救星共产党、伟大的领袖毛主席把他从火坑中拯救出来，送他上学，给他吃的穿的，分给他田地，把他培养成一个有知识、有觉悟的青年，使他政治上翻了身、经济上有保障、文化上有进步，实现了做好农民、好工人、好战士的理想，生活得无限幸福。所以，他无限感恩党和毛主席，感恩社会主义制度，他把颂歌唱给了伟大的党和毛主席。

1958年，他在望城县委机关工作时，满怀激情地写下《党救了我》，歌颂党的救命之恩、关怀之情。全诗8节58行550多字，前5节写自己所处的苦难环境和亲人惨死、到处流浪、吃无饱饭、穿无衣裳、住无居所、痛不欲生的苦难生活，后3节写自己得救和得救后受抚养、上学堂、得关怀、入队入团的幸福生活并表示听党的话的决心。强烈的对比中，感激之情、颂扬之意，汩汩滔滔，滚滚烫烫。

这类诗歌还有 1958 年的《我的感想》，1959 年写于鞍钢的《诉苦会》，1960 年写的《新旧社会对比》和对原陕西铜川矿务局焦坪煤矿职工姚筱舟（笔名焦萍）《唱支山歌给党听》一诗的删改，1961 年 4 月写的《跟着党走》，以及 1961 年 8 月 5 日参加抚顺市第四届人民代表大会期间写的《参加市人代会有感》等。这些诗歌中，经雷锋删改后的诗歌《唱支山歌给党听》经上海音乐学院作曲家朱践耳谱曲后传遍大江南北、唱红长城内外，成为经久不衰的经典。

除此之外，雷锋还满怀激情地歌颂祖国的大好河山，如，1958 年在团山湖写的《台湾》。该诗中，他插上想象的翅膀，"越过那起伏的高山峻岭，飞过那碧波万里的海洋，飞向那遥远的地方——台湾"，抒发对台湾的热爱："台湾，自古来就是我国的领土，是我们最可爱的家乡。那里有着无限的珍宝，埋藏在那宽大的胸膛。一片黑黝黝的森林呀，可以盖上那千万座高大的楼房；遍地耸立着粗壮的甘蔗，制造出许多雪白的方糖；那鲜嫩的乌龙茶叶，驰名于国际市场；那盛产菠萝和香蕉的园林啊，吐露着扑鼻的清香；那一年两熟的蓬莱米啊，做起饭来焦黄喷香；煤呀、铁呀更是不可计量……"其中，对台湾物产的描述较为详尽，热情地抒发了对台湾的赞美之情。

二、欢歌写给了伟大的社会主义建设和火热的工农业生产劳动

迈入新的生活，雷锋逐渐长大，通过学校学习和党的教导，先后到安庆乡政府、望城县委、望城县治沩工程指挥部、

团山湖农场、鞍钢参加工作。尤其在农业、工业生产实践中，感受到了社会主义建设的突飞猛进，感受到了工农业生产劳动给祖国和人民生活带来的日新月异的变化，他欢欣鼓舞，1958年写下了《南来的燕子啊》《人定胜天》《排渍忙》，1959年写下了《荒山荡绿波》《可爱的工厂》《翻车机》等诗歌。

1958年8月1日写的《南来的燕子啊》是雷锋诗歌篇幅最长的一首，也是可以称为雷锋诗歌代表作的一首。它热情洋溢，洋洋洒洒，共计6节70多行680多字。它以拟人的手法，通过"我"与"南来的燕子"的独白，展现了团山湖由旧日的"湖草丛生，满目荒凉，洪水一到，一片汪洋。十年前有人三次收款，三饱私囊，围垦团山湖只是一个梦想"，到今日的"良田万顷，满垄金黄，微风吹过一片稻香。新修的长堤像铁壁铜墙，洪水已再不能逞凶逞狂。红旗插在社会主义的农场，到处是谷满仓、鱼满舱，祖国又添了一个'鱼米之乡'"的翻天覆地的变化，展现了社会主义建设的强大力量和丰功伟绩。为什么会有这种变化和如此巨大的成就？雷锋在诗中也做了明确的回答，答案是："是由于党的巨大的力量，才围垦成一个新的农场。是他们——农场的工人们，用勤劳的双手，给团山湖换上了新装。"这个答案，揭示了一个真理，社会主义建设一要靠党的巨大的力量来领导，二要靠人民勤劳的双手来劳动。诗中，劳动者是"生龙活虎般的健将""有的是双手拿惯了锄头，有的是才放下笔杆才放下枪"。他们有豪迈的情怀，说团山湖农场"是一所新的国营农场，也是一所露天工厂，还是一个培养红透专深人才的学堂"。他们用拖拉机耕耘，用抽水机排水，在草坪内牧马放羊。景象是那么美丽，生产是那么繁荣，生活是那么幸福，连南来的燕子也"闪着惊异的眼光"，"再也找不着""从前住过的地方"。最后，诗歌扩大了境界，表明像团山湖这样的新建农场不知有多少，凸显社会主义建设的巨大成就。

与《南来的燕子啊》歌颂农业建设不同，1959年的《可爱的工厂》则写工业建设伟大实践。诗中，雷锋以自己工作的鞍钢为对象，奋笔书写鞍钢"为了祖国的工业化，永远不知疲倦地繁忙"的景象："那高大的厂房，建筑在数十里的土地上。红彤彤的铁流，像滚滚的长江水一样，昼夜不停地奔忙，如果谁要是在远处瞭望，就能看到鞍钢全部的景象：从森林般的大烟囱里，吐出一股股黑黑的浓烟；夜晚像无数条火龙在闪闪发亮，把浓烟映得像五彩缤纷的彩云一样。"也颂扬了"英姿焕发的工人"，说"这里的工厂主人，都在夜以继日地繁忙，热情地歌唱。歌唱我们的新生力量，歌唱我们的厂房——鞍钢焦化厂"。1959写的《翻车机》，以翻车机为对象，表达了对新型工业生产工具翻车机无穷力量的惊异和对翻车机的爱惜，并浪漫地对翻车机说："翻车机呀翻车机！我在你身旁工作是多么的骄傲。我愿意在你身旁尽忠效力，伸出你的友谊的手吧——翻车机，你我共同走向共产主义！"

1961年3月16日，雷锋在他的日记中说"世界上最光荣的事——劳动。世界上最体面的人——劳动者"，表明了他对劳动和劳动者的最深刻、最崇高的理解。其实，这种观念在他的诗歌中早有吐露。1958年写的《人定胜天》中的"人定胜天是真话，鼓足干劲力量大。多快好省齐向前，决心要把英美赶"，《排渍忙》中的"垅中清水似汪洋，英雄排渍日夜忙。

稻田绿遍水排尽，活活气死老龙王"，表现的是新中国农业生产者的信心、决心以及英勇奋战的事迹；1959年写的《荒山荡绿波》中的"一群小伙笑呵呵，背起锄头上山坡。只听一声锄头响，笑看荒山荡绿波"，表现的是新中国工业生产者朝气蓬勃的精神面貌和劳动场景。也正因为如此热爱劳动和劳动者，所以，在《啄木鸟》（1958年作）中，他热烈而深情地呼唤："把自己当作啄木鸟吧！用辛勤而艰苦的劳动……造福人类！"

以欢天喜地之心书写新中国社会主义建设事业，以欢欣鼓舞之情书写新中国工农业生产劳动与劳动者，似可算作雷锋的一个伟大的创举。

三、战歌写给了坚定的理想信念和奋斗的人生

雷锋有很多的诗如一首首战歌，吹响了理想信念的号角，唱响了奋斗人生的最强音。他坚信《困难不可怕》《力量从团结来》，并《以革命的名义》《自题》《誓言》说，自己《永远是党的忠实儿女》，要《一颗红心献给党》，要《学好主席书》，要《跟着党走》；特别是《穿上军装的时候》，要《永远学习黄继光》，《宁愿》在《练兵》场上《百炼成钢》。

坚定的理想信念和艰苦奋斗的人生追求，是雷锋最耀眼的本色。他在1959年10月×日的日记中说他"决心听党的话，听毛主席的话，永远忠于党，忠于毛主席，好好地学习，顽强地工作，为党和人民的事业贡献自己的一切"，在1960年2月8日的日记中说他要"时刻准备着为了党和阶级的最高利

益牺牲个人的一切，直至最宝贵的生命”，在1961年1月1日的日记中说他"要永远忠于党，保卫党的利益，为党的事业奋斗终生”，在1962年2月27日的日记中说他要把青春"献给世界上最壮丽的事业——为人类解放而斗争”。他在学习毛主席著作的书眉笔记上写过"生为人民生，死为人民死”。

他始终"觉得自己活着，就是为了使别人过得更美好""就要做一个对人民有用的人""人的生命是有限的，可是，为人民服务是无限的”，所以，他"把有限的生命，投入到无限的为人民服务之中”。这些思想（或行动）投射到诗歌中，同样展现了坚定不移、昂扬奋发的风貌。

他说他"永远是党的忠实儿女，人民的勤务员”（《永远是党的忠实儿女》）。他说他"为了全人类的自由、幸福、解放，哪怕高山、大海，巨川""为了党和人民的事业，就是入火海进刀山"也"甘心情愿！断头骨粉，身红心赤，永远不变”（《永远学习黄继光》）。

在农村，他以革命者的姿态宣示："以革命的名义，想想过去；以革命的精神，对待现在；以革命的态度，创造未来。"在工厂，他誓言："跃进战鼓响咚咚，钢铁任务不放松。誓夺一千八百万吨，不获全胜不收兵。培养生产多面手，技术革命要领先。红专学校又成立，'文化革命'将实现。百年大计质量第一，产量任务也要提前完。誓言决心齐下定，各项任务保证能完成！"（《誓言》）表现了"结缘钢铁，勇当先锋"的豪情。

刚入伍，他就愿自己"做暴风雨中的松柏"，不"做温室中的弱苗"（《自题》）。"党分配他驾驶汽车"，他"每日就聚精会神坚守在机旁，将机器擦得像闪光的明镜，爱护它像爱护自己的眼睛一样"（《穿上军装的时候》），表现出爱岗敬业的职守精神。他"精神抖擞"地"练兵"，说"月儿当头亮光光，战士握枪上靶场。哪怕冰霜寒刺骨，坚决要打靶中央"（《练兵》），表现出吃苦耐劳的拼搏精神。

参加人代会时，他说"衷心拥护党，革命永继承。哪怕进刀山，永远不变心"（《参加市人代会有感》），表现了顽强的意志。参加党代会时，他"要更好地读毛主席的书，大踏步前进，坚决完成党交给的一切任务"，表现了"迎接新的任务，争取更大的胜利"（《一颗红心献给党》）的进取之心。

正因为如此，所以，1962年8月7日（牺牲前8天），他在日记本上庄严地写下他一生的最后一首诗《宁愿》："宁愿失掉生命，不愿失去自由。宁愿洒尽鲜血，决不投降敌人。宁愿折断筋骨，不做人民的罪人。"

白居易在《与元九书》中说"文章合为时而著，歌诗合为事而作"，不知雷锋是否读到过这句话或者受到过这句话所表达的思想的指引，但是不管怎样，我们可以断言，雷锋的诗歌继承了这一现实主义传统，无论是他的"颂歌"还是"欢歌"抑或"战歌"，都表现了对他所处时代生活的深切关注与关切，并以一种强烈的责任与使命担当，连同他的日记，为我们留下了一位伟大战士的内心独白，为我们树起了一座永不褪色的精神丰碑。人生自古谁无死？留取丹心照汗青。我们在读雷锋时，也请读一读他的诗歌吧！

觉解雷锋精神内涵

雷锋的哲学思想是从哪里来的

1963 年 5 月 2 日至 12 日，毛泽东在杭州召集有部分中央政治局委员和大区书记参加的小型会议。会上，毛泽东谈到了哲学问题，要求各级党委在日常工作中要讲哲学，要对干部进行马克思主义认识论的教育，要让哲学从哲学家的课堂上和书本里解放出来，变成群众手里的尖锐武器。谈到哲学并不难、不要把哲学看得那么神秘、哲学是可以学到的时，毛泽东讲到了雷锋。他说，他看过雷锋日记的一部分，看来雷锋是懂得一点哲学、懂得一点辩证法的。

的确，雷锋是懂得一点哲学、懂得一点辩证法的，他关于"螺丝钉与机器""生命有限与服务无限""个体与群体""个人与集体""个人利益与革命利益""滴水与大海""主观与客观""先生与学生""车头与车厢""动机与效果""一朵鲜花与整个春天""一砖一石与高楼大厦""红与专""理论与实际""单丝与线""独木与林"等问题的辩证思考，充满了哲学思想的光辉。

雷锋的哲学思想是从哪里来的？是从天上掉下来的吗？

不是。是雷锋的头脑里固有的吗？不是。雷锋的哲学思想是从毛泽东思想中来的，是从党领导的革命队伍中来的，是从丰富多彩的社会生活实践中来的。

一、雷锋的哲学思想来源于毛泽东思想的哺育

众所周知，毛泽东思想是中国化了的马克思主义，其辩证唯物主义、历史唯物主义思想如太阳光辉照亮了人们的心灵，更照亮了中国革命和建设的道路。

关于自己与毛泽东思想（毛主席著作）的关系，雷锋在1961年4月×日的日记中说："毛主席著作对我来说好比粮食和武器，好比汽车上的方向盘。人不吃饭不行，打仗没有武器不行，开车没有方向盘不行，干革命不学习毛主席著作不行！"在这里，他以形象生动的比喻，诠释了学习毛主席著作对自己的极端重要性的深刻认识。基于这种认识，从1958年夏天（18岁）开始，到1962年8月（22岁）因公殉职，4年时间里，雷锋一刻也没有停止过对毛主席著作的学习。经过学习，他"提高了阶级觉悟，武装了头脑，增强了本领"，懂得了"我们每一个革命同志，必须认真用它（指'阶级分析这个马克思主义的斗争武器'——引者注）来武装自己的头脑，做一个真正自觉的无产阶级革命战士"和"一个人只要听党和毛主席的话，积极工作，就能为党做很多好事情"等无数道理。

学习过程中，雷锋以日记、书眉笔记等多种形式，记录着毛泽东思想中的哲学观点和辩证法思想。例如，1960年2

月 15 日，学习了《纪念白求恩》之后，他写下了一则日记，表明了自己对"一个人能力大小"与能否做一个"毫不利己，专门利人"的人的关系的认识。1960 年 12 月，学习了《整顿党的作风》以后，他写下了"对于马克思主义的理论，要能够精通它、应用它，精通的目的全在于应用……做到理论联系实际，改造思想，做好各种工作"的日记，表明了对"理论联系实际"这一哲学命题的认识。在学习《矛盾论》（单行本）之后，他在该书的第 1 页上做了"矛盾存在于一切事物的发展过程中，贯穿于一切过程的始终，这就是矛盾的普遍性。不同的事物，有着不同的矛盾，这就是矛盾的特殊性"的书眉笔记，强化了对矛盾的普遍性和特殊性的认识。总之，雷锋在学习毛主席著作中，不断地吸取其哲学思想的营养，并使之在自己的头脑中生根发芽开花结果，使自己的思想充满了哲学的力量。

1961 年 10 月 2 日，雷锋发动带领全班的同志打扫卫生，"由于大家一齐动手，很快就把室内外打扫得干干净净"。当天，他在日记中写道："我做事，老好一个人去干，不爱叫别人，生怕人家不高兴。就拿扫地来说，我每天早上忙得不可开交，有的同志却闲着没事，自己累得够呛，可是扫的地段不大。有时室外卫生没有及时打扫，首长看了不满意，我为这个问题真有点着急。今天连长找我谈话，句句打动了我的心。他说：'火车头的力量很大，如果脱离了车厢，就起不到什么作用。一个人做工作，如果脱离了群众，就会一事无成……'连长的话给了我很大的教育和启发，使我懂得了一个人只有和集体结合在一起才能最有力量。"这则日记中，关于"车头和车厢"（领导者个人与被领导者群众）的思想，蕴含着辩证法中主要矛盾和次要矛盾、矛盾的主要方面和矛盾的次要方面的原理。

毛泽东在《矛盾论》中指出："在矛盾特殊性的问题中，还有两种情形必须特别地提出来加以分析，这就是主要的矛盾和主要的矛盾方面。在复杂的事物的发展过程中，有许多的矛盾存在，其中必有一种是主要的矛盾，由于它的存在和发展，规定或影响着其他矛盾的存在和发展。"从认识论的角度看，我们既要看到主要矛盾，又要看到次要矛盾；既要看到矛盾的主要方面，也要看到矛盾的次要方面。

常言说，"火车跑得快，全靠车头带"。车头和车厢是一个矛盾的整体，互为存在，车头离不开车厢，车厢离不开车头。在这个矛盾的整体中，车头是主要矛盾或矛盾的主要方面，决定着整个车体速度的快慢；车厢是次要矛盾或矛盾的次要方面，它的快慢受车头的制约，但，它又反作用于车头，没有了车厢或者车厢不与车头相接配合，车头的奔跑或存在就毫无意义。因此，车头不能只重视自身的作用，而忽视车厢的作用。正因为受到毛主席这种"矛盾论"观点的教育，所以，雷锋才改变了"单打独斗"打扫卫生的做法，带领全班同志一起行动。在该则日记的末尾，雷锋说"今后我无论做什么，一定要走群众路线，依靠群众，发动群众，团结群众，一道为社会主义建设和实现共产主义而贡献力量"，彰显了他哲学思想的"群众观念"或"群众路线"成果。

基于上述分析，我们可以确信，雷锋哲学思想的第一个来源是毛泽东思想，是毛泽东思想哺育了雷锋的哲学思想。

二、雷锋的哲学思想来源于革命队伍的养育

雷锋是在党的培养教育下成长起来的，是在革命队伍中锻炼成长起来的，是在领导、同事的帮助和支持下成长起来的。解放前夕，身为地下党员的彭德茂把孤苦伶仃的孤儿雷锋引上了革命道路，让小小的雷锋帮助"播撒"革命传单，树立雷锋迎接解放曙光的信心，教导雷锋识认"毛主席万岁"。解放后，身为乡长的彭德茂送雷锋上学，后又让雷锋到乡上担任通讯员，把雷锋推荐到望城县委当公务员。县委书记张兴玉对雷锋则是"像父亲一样"地关爱和教导，从生活上关心他，政治上培养他，通过"互诉苦难家史""提高对阶级仇恨的认识""讲述英雄故事""赠送红色书籍""螺丝钉的启示""鼓励学习文化""借读毛选"等一系列行动，使雷锋得以一帆风顺茁壮成长。后来，雷锋到了望城县治沩工地，到了团山湖农场，到了鞍钢，到了部队，同样受到领导、同事、战友的关怀、帮助和教育。例如，1960年11月6日，辽阳市武装部于政委听取了雷锋的工作和学习情况汇报后，鼓励雷锋"好好干，把自己的力量献给党的事业"；1961年9月10日，在部队，陈排长找他谈了一番话，要他"办事多和群众商量，注意工作方法"，要他"抓紧时间努力学习，提高政治和技术水平"；1962年7月29日，指导员找他谈话，谈话内容虽然与事实真相有误差，但也使雷锋受到了"无论到什么地方，都要严格要求自己，不要违法乱纪"、自己"是个共产党员，对别人的反映和意见不能拒绝，哪怕只有百分之零点五的正确，也

要虚心接受"和"有则改之，无则加勉"的教育。

在这样的教育中，雷锋自然也受到了哲学思想的熏陶。1957年秋，雷锋随县委书记张兴玉下乡。路上，雷锋随意踢走了一颗螺丝钉，张书记却把那颗螺丝钉捡起来装进了口袋。不久，雷锋要到农机厂去，张书记把那颗螺丝钉交给雷锋，嘱咐说把螺丝钉送到工厂去，又说，别看螺丝钉小，但是机器缺不了它，我们每个同志，都是革命机器上的螺丝钉。1958年11月，雷锋到了鞍钢，组织上安排他开推土机，但他不是很理解，犯嘀咕，车间于主任对他说，大工业生产就像一架机器，每个厂、车间、工种，都是这部机器上的零件和螺丝钉，谁也离不开谁，机器不能缺了螺丝钉。1960年1月12日，他看到一篇文章中有"机器缺不了细小的螺丝钉""再好的螺丝钉，若离开了机器这个整体，就不免要当作废料"之类的文字，便把它抄在了日记本上。这些关于螺丝钉的话语和论述，无一不给了雷锋深刻的哲学思想启示，所以，他在1962年4月17日的日记中写道："一个人的作用，对于革命事业来说，就如一架机器上的一颗螺丝钉。机器由于有许许多多的螺丝钉的连接和固定，才成了一个坚实的整体，才能够运转自如，发挥它巨大的工作能力。螺丝钉虽小，其作用是不可估量的。"体现了他关于"个体与集体""局部与整体""小物件与大作用"之间相互依存关系的哲学认识。不仅如此，他还进一步升华了这种认识，说"螺丝钉要经常保养和清洗，才不会生锈。人的思想也是这样，要经常检查，才不会出毛病"，说他"要不断地加强学习，提高自己的思想觉悟，坚决听党和毛主席的话，经常开展批评与自我批评，随时清除思想上的毛病，在伟大的革命事业中做一颗永不生锈的螺丝钉"。

再如，1960年11月21日，沈阳工程兵部队政委对雷锋说，做出成绩，什么时候都是应该的。我们革命者不能满足，要更加虚心。对领导要尊敬，对同志要团结，要努力做毛泽东时代的好战士，要做一个好的共产党员。这对当时即将被工程兵党委授予"模范共青团员"光荣称号（1960年11月27日被正式授予）的雷锋来说，无疑是一声及时的警示钟、一服良好的清醒剂。所以，他在1960年12月×日的日记中说，虚心使人进步，骄傲使人落后；自己只是沧海之一粟，更应该虚心向群众学习；一定紧紧依靠党，依靠群众，永远做群众的小学生。1961年6月29日的日记中，他说"一定要更加虚心，尊重大家……永远做一个人民的小学生"。他牺牲前的最后两则日记（1962年8月9日、1962年8月10日）仍然是关于"虚心与骄傲"的话题，他告诫自己，"要更加热爱人民和尊敬人民，永远做群众的小学生，做人民的勤务员"。

当然，革命队伍中还有一类人对雷锋哲学思想的凝成产生了极为重要的影响，那就是张思德、白求恩、郑春满、王若飞、黄继光、郅顺义、董存瑞、向秀丽等英雄模范人物。他们为雷锋的共产主义世界观、人生观、价值观的形成树立了光辉的榜样。这里不再赘述。

基于上述分析，我们可以确信，雷锋哲学思想的第二个来源是革命队伍，是革命队伍养育了雷锋的哲学思想。

三、雷锋的哲学思想来源于为人民服务的实践的孕育

关于雷锋的哲学思想来源于为人民服务的实践的命题，实际是毛泽东提出来的。在杭州的小型会议上，他说雷锋懂得一点哲学、懂得一点辩证法之后，接着说，雷锋的哲学思想是从哪里来的？还不是从为人民服务的丰富多彩的具体实践中来的！雷锋为群众办了那么多好事嘛！这一论断，为我们探寻雷锋哲学思想的来源指明了最为明确的方向。

雷锋经历了从旧社会到新社会的历史变化，经历了从地方生活到部队生活的环境变化，经历了从公务员到农民到工人到士兵的职业变化，还有学校辅导员、人大代表、党代会代表、团代会特邀代表、副班长、班长等各种不同身份，还拥有节约标兵、模范共青团员、优秀校外辅导员等众多荣誉称号，所有这些，都为他的哲学思想的形成提供了广阔的社会实践空间。同时，雷锋也在这个实践空间充分发挥自己的主观能动性和创造性，力求思想的进步与提升。这个实践空间的核心则是全心全意为人民服务的生动实践。

举例来说吧！1960 年 6 月 × 日，他在沈阳火车站看到一位老太太非常焦急，像是有什么困难，一问，知道老太太是从山东来部队找儿子，路费花光了。于是他请老太太吃了饭，还给老太太买了到她儿子驻地的火车票，使老太太找到了儿子。1961 年 2 月 2 日，出差途中，大北风刺骨地刮，天气很冷。他见到一位老太太没戴手套，冷得不得了，就立即取下了自己的手套，送给了那位老太太，他自己的手虽冻得像针扎一样也

不觉得苦。1961 年 4 月 23 日，到旅顺海军部队作报告时，见列车上旅客多，服务员忙得不可开交，他就当起了义务服务员，让座位给一个老大娘，帮服务员打扫车厢，擦玻璃，给旅客倒开水，还当起了旅客安全代表。1962 年 5 月 2 日，他冒着大雨护送艰难赶路的母子三人回到樟子沟的家里，然后不畏刮风下雨天黑回到部队驻地。1962 年 6 月 22 日，首长指示他立即出车护送一个重病号到卫生连，当时已经是下午一点钟了，他还没吃中饭，感觉有点饿，恰好炊事员送来了一盒午饭，大家叫他吃了饭再走，可他想到，紧要关头，抢救同志要紧，饭都没吃就出发了。这些事例，是雷锋以"助人为乐"且"乐于助人"实践的最好明证。它们或帮人解难，或帮人去苦，或帮人出力，或帮人释困，或帮人救急，表现出无限的善心、爱心与诚心。

正是在这样的实践中，他有了一个人无论能力大小，只要有"毫不利己、专门利人"的精神，就能使自己成为"一个高尚的人，一个纯粹的人，一个有道德的人，一个脱离了低级趣味的人，一个有益于人民的人"的崇高认识。正是因为有这样的实践，所以，他有了"人的生命是有限的，可是，为人民服务是无限的，我要把有限的生命，投入到无限的为人民服务之中去……"这样闪烁着共产主义思想光辉、能够深刻诠释出党的宗旨的哲学表达。

他的哲学思想，不仅来自为人民群众个人服务的实践中，还来自对集体利益、人民利益、革命利益坚决维护的实践中。1957 年 9 月，为了保护用于新农场建设的水泥免受雨水淋湿，他脱下了自己的棉大衣盖在水泥上，并急忙跑回指挥部找到雨布，和民工一起将水泥盖好。1959 年的一天晚上，突然下起大雨，工厂运到的 7200 多袋水泥找不到东西盖，他立即从床上抱着自己的被子跑到工地盖上了水泥，使国家的财产免遭重大损失。1960 年 8 月，为了抗洪抢险，保护人民生命财产安全，他不顾自己正在拉肚子、前几天因为救火手被烧伤还未痊愈的身体状况，毅然请战，到上寺水库抗洪前线，连续奋战七天七夜。诸如此类的工作实践，是他能够正确处理个人利益与集体利益的辩证关系，视党和人民、国家利益高于一切思想的具体表现。

正因为如此，所以，他的日记中有大量的关于"个人与集体""个人利益与革命利益"之间辩证关系的表述。如，1959 年 12 月 8 日，他说"要能够为党的利益，为集体的利益不惜牺牲自己的利益"；1960 年 2 月 × 日，他说"为了忠于党的事业……我一定要更好地听从党的教导，党叫我干什么，我就干什么"；1960 年 12 月 8 日，他说要"处处为党的利益、为人民的利益着想"；1961 年 4 月 17 日，他说"决心为党和阶级的最高利益斗争到底"；1962 年 1 月 × 日，他说"无论什么时候都要关怀、爱护人民群众的利益，为人民群众的利益而战斗不息"。

基于上述分析，我们可以确信，雷锋哲学思想的第三个来源是为人民服务的实践，是为人民服务的实践孕育了雷锋的哲学思想。

至此，我们可以坚定地说，雷锋的哲学思想是毛泽东思想哺育、革命队伍养育、为人民服务的实践孕育的结果。当我们自觉接受革命领袖的教导、党的教育和革命队伍锻炼，自觉为人民服务的时候，我们的世界观、人生观、价值观就会是具有共产主义风格的世界观、人生观、价值观。当我们把握了马克思列宁主义、毛泽东思想哲学思想的武器，把自己的思想和行动定位在"自己活着，就是为了使别人过得更美好"价值坐标的时候，我们的人生和事业才会是最有价值的。

"雷锋精神"内涵探析

　　学习雷锋同志，弘扬雷锋精神，必定要对雷锋精神的具体内涵做全面而深刻的把握，以解决"学什么"的问题。

　　毛泽东同志号召"向雷锋同志学习"。周恩来同志将雷锋精神概括为"憎爱分明的阶级立场，言行一致的革命精神，公而忘私的共产主义风格，奋不顾身的无产阶级斗志"，邓小平同志说"谁愿当一个真正的共产主义者，就应该向雷锋同志的品德和风格学习"，江泽民同志说"雷锋精神的实质，是全心全意为人民服务，为了人民的事业无私奉献"，胡锦涛同志说雷锋精神是"中华民族传统美德与共产主义光辉思想相结合的时代精神"，习近平总书记说"雷锋精神是永恒的，是社会主义核心价值观的生动体现"。中共中央办公厅《关于深入开展学雷锋活动的意见》指出：雷锋精神是热爱党、热爱祖国、热爱社会主义的崇高理想和坚定信念，是服务人民、助人为乐的奉献精神，是干一行爱一行、专一行精一行的敬业精神，是锐意进取、自强不息的创新精神，是艰苦奋斗、勤俭节约的创业精神。所有这些题词或论述，都给我们探析雷锋精神的具体内涵指明了行动方向，提供了根本遵循。

有定义称，雷锋精神是以雷锋的名字命名的，以雷锋的精神为基本内涵在实践中不断丰富和发展着的革命精神。我们认为，雷锋身上所体现的"雷锋精神"至少包含以下 10 个方面的内容。

一、理想崇高、胸怀远大的思想灵魂

革命理想高于天。雷锋同志从小就有远大理想，远大的理想成为雷锋的思想灵魂。

1949 年，雷锋家乡解放时，他在与解放军的接触中，就"志愿当兵"，并"缠"着解放军的连长带他去当兵。1956 年，他小学毕业时，更是明确了"决心做个好农民""做个好工人""做个好战士"的宏伟理想。1958 年，他在日记中写道：要为未来人类的生活付出自己的劳动，使世界一天天变得美丽。最后，他把自己的理想定位在为实现共产主义而奋斗。

他深情地说："我觉得一个革命者活着就应该把毕生精力和整个生命为人类解放事业——共产主义全部献出。我活着，只有一个目的，就是做一个对人民有用的人。当祖国和人民处在最危急的关头，我就挺身而出，不怕牺牲。生为人民生，死为人民死。"他还坚定地说："从我参加革命那天起，就时刻准备着为了党和阶级的最高利益牺牲个人的一切，直至最宝贵的生命。"思想是行动的指南。雷锋的一生始终朝着宏伟理想不懈奋斗，在农村，他成了优秀的拖拉机手；在工厂，他成了百炼成钢的好工人；在部队，他成了"毛主席的好战士"。

他以 22 岁短暂而年轻的生命之光点燃理想之火，照彻道德殿堂，为我们树立了人生的路标、光辉的榜样。

二、信念坚定、对党忠诚的政治热忱

雷锋同志出生在"万恶的旧社会"，深受苦难，直到共产党来了才政治上"翻身得解放"，生活上"日子苦变甜"。

他充满了对党的感恩之情，他说："党和毛主席救了我的命，是我慈祥的母亲……当我想起党的恩情，恨不得立刻掏出自己的心……当党和人民需要我的时候，我愿意献出自己的一切。"

他充满了对党的忠诚之情，他说："我就是长着一个心眼，我一心向着党，向着社会主义，向着共产主义。"又说："我要永远忠于党，保卫党的利益，为党的事业奋斗终生。"政治上，他始终朝着党指引的方向前进，为我们留下了一条永不褪色的"红色"：即将解放时，他为地下党撒传单、贴标语；刚刚解放时，他担任儿童团团长；1954 年，他加入少先队；1955 年，他把土改分得的全部土地加入农村合作社；1957 年，他加入共青团；1960 年，他加入中国共产党，出席了沈阳军区工程兵政治工作会议；1961 年，他出席了沈阳军区工程兵第六届团代会、抚顺市第四届人代会；1962 年，他出席了工程兵十团党代会、沈阳军区首届团代会。在所有的政治活动中，他都能"满腔热忱地去参加"各种工作。

三、刻苦钻研、终身学习的进取锐气

热爱学习，善于学习，终身学习，这是雷锋同志一生光辉事迹的重要组成部分。

从在戏班子听六叔祖父讲"桃园结义"等传统文化故事到在望城县委机关工作时听张兴玉书记讲"螺丝钉"所蕴含的革命道理，从向地下党员彭大叔学习识认"毛主席万岁"到牺牲前仍在学习毛主席著作，从在团山湖时学开拖拉机到在部队时学开汽车，雷锋的一生从来没有离开过学习。

他心明眼亮，学习意义明了；学以为用，学习目的明确；谦虚好学，学习态度端正；广采博取，学习内容丰富；坚韧不拔，学习动力强劲；持之以恒，学习过程扎实；随机应变，学习方法灵活；学以致用，学习实效卓著。

他向中华传统文化学，向毛主席著作学，向上级领导学，向英雄模范人物学，向老师同事朋友战友学。学习，使他懂得了为人处世的道理，使他懂得了艰苦奋斗的真理；学习，使他掌握了为人民服务的本领，使他掌握了锐意进取的思想武器；尤其是对毛主席著作的学习，使他思想开阔，理想远大，胸怀广阔，立场坚定，斗志旺盛，品德高尚。

他刻苦钻研的"钉子精神"被人们奉为求得学习进步的"秘钥"。

四、团结友爱、助人为乐的高尚情操

"对待同志要像春天般的温暖"是雷锋对自己的严格要求，"雷锋出差一千里，好事做了一火车"是人们对雷锋同志团结友爱、乐于助人高尚情操的热情赞美。

在团山湖农场，他曾坐在塘边陪伴摸黑洗衣服的几个女同志以为她们壮胆，也曾在堤坝被冲垮的危急时刻拼命将人疏散到安全地带。在部队，他曾饿着肚子把自己的盒饭送给了没有带盒饭的战友吃，也曾在农忙时节帮村民犁田，风雨中送母子三人回家；他曾在火车上把自己的座位让给别人、帮乘务员打扫卫生，也曾义务为建设街小学、本溪路小学担任校外辅导员，参加人代会时为同是人代会代表的六位六七十岁的老大娘提供帮助。

"好事"不胜枚举，"深情"全付他人。他说："一个共产党员是人民的勤务员，应当把别人的困难当成自己的困难，把同志的愉快，看成是自己的幸福。"又说，他是"人民的勤务员，自己辛苦点，多帮人民做点好事"，就是他"最大的快乐和幸福"。这种幸福观，既是对"同胞共气，家国所凭"优良传统的继承，更是对我党"全心全意为人民服务"宗旨和我军"军民团结一家亲"作风的生动实践。

五、言行一致、爱岗敬业的实干作风

雷锋从来都言行一致，说到做到。

小学毕业时，他说他要响应党的号召，去当新式农民，驾驶拖拉机耕耘祖国大地，将来如果祖国需要，他就要做个好工人建设祖国，做个好战士保卫祖国。后来，这些志愿都一一得到实现。

他说"生活上要向水平最低的同志看齐"，于是他处处节俭，把节省下来的钱捐给了新成立的人民公社和辽阳灾区。他说他要做人民的勤务员、党的忠实的儿子，于是他时时不忘为人民服务，一辈子做好事。

雷锋爱岗敬业，兢兢业业。他在日记中写道："一个人的作用，对于革命事业来说，就如一架机器上的一颗螺丝钉。机器由于有许许多多的螺丝钉的连接和固定，才成了一个坚实的整体，才能够运转自如，发挥它巨大的工作能力。螺丝钉虽小，其作用是不可估量的。我愿永远做一颗螺丝钉。"于是，他干一行爱一行精一行，无论在乡政府当通讯员还是在县委机关当公务员，无论是在治沩工程指挥部当通讯员还是在团山湖农场当拖拉机手，无论是在鞍钢当推土机手还是在部队当汽车驾驶兵，他都能扎扎实实干好自己的本职工作，在平凡的岗位干出了不平凡的业绩。

六、勤俭节约、艰苦奋斗的革命意志

雷锋深知，真正的青春永远只属于那些力争上游的人，永远只属于那些忘我劳动的人，永远只属于那些艰苦奋斗的人。他说要"发扬艰苦朴素、勤俭节约的优良传统，不乱花一分钱，不乱买一寸布，不掉一粒粮，做到省吃俭用，点滴积累，支援国家建设"。

他曾应邀到一所中学作报告，希望同学们立下"发奋图强，建设社会主义强国""全心全意为人民服务，把一生献给共产主义事业""艰苦奋斗、勤俭建国""刻苦学习，攻克现代科学文化堡垒"等"四个志气"，其实，这也是他为自己立下的"志气"。

从实际情况看，他一直在"处处为国家着想，事事精打细算"。1957年，他在治沩工地抢护水泥；1958年，他捐款20元用于建设拖拉机站；1959年，他在弓长岭抢护水泥7200袋；1960年，他忍渴节约3.5角钱，给新成立的人民公社和遭受洪灾的灾区捐款200元，在街道工厂奋力扑火，在上寺水库奋力抗洪；1961年，他少领军衣、衬衣各1套，以减少国家开支；他还曾设立"节约箱"以避免浪费。

所有这些都深刻地表明，雷锋始终保持着我党我军艰苦奋斗的优良传统和作风。

七、谦虚谨慎、不骄不躁的谦逊品格

雷锋认识到，自己只是党的事业机器上的一颗"螺丝钉"、大海里的"一滴水"，故而常怀"谦虚谨慎、不骄不躁"之心。他说他要"永不自满，永不骄傲，永远谦虚谨慎""处处以整体利益为重，全心全意为革命工作……在平凡细小的工作当中，干出不平凡的业绩"。

他坚持"多做事，少说话"，不以夸夸其谈对待自身工作事务；坚持"高标准，严要求"，不以自由散漫对待自身缺点错误；坚持"不骄傲，不自满"，不以骄傲轻狂对待自身荣誉地位。取得成绩和进步时，他把一切归功于党的领导，毛主席的教导和领导、同事、战友的帮助，进而不断地鞭策自己、督促自己"永远戒骄戒躁，不断前进"。发现缺点和不足时，他能自我反省，时刻检查问题，进行自我警告、自我约束、自我修正。遭到误会受到委屈时，他能"有则改之，无则加勉"，自觉接受组织考验。读书学习时，他能对照毛主席著作和英模人物的先进事迹激励自己。最为难能可贵的是，他能时刻注重自身的思想品德修养，能时刻运用"自我批评"的武器，对自己的思想行为进行"保养和清洗"，以"提高自己的思想觉悟"。

八、舍己为人、大公无私的集体观念

雷锋的集体主义思想十分牢固，集体主义思想就是他的人生观。他在日记中写道："一个革命者，当他一进入革命的行列的时候，首先要确立坚定不移的革命人生观。……树立这样的人生观，就必须培养自己的思想道德品质，处处为党的利益，为人民的利益着想，具有大公无私、舍己为人的风格。……要能够为党的利益，为集体利益不惜牺牲自己的利益，否则就是个人主义者，是资产阶级的人生观。"他深刻认识到"一滴水只有放进大海里才能永远不干，一个人只有当他把自己和集体事业融合一起的时候才能有力量""行动从思想来，荣誉从集体来"，认识到"单丝不成线，独木不成林。一个人是办不了大事的，群众的事一定要发动群众、依靠群众自已来办"。正因为如此，所以，他在生活和工作中处处以集体利益为重，以党和人民的利益为重。

他意气风发参加新农村建设、参加工业化建设、参加中国人民解放军，党指向哪里他就战斗到哪里，哪里有困难他就冲向哪里。他爱岗敬业做"机器的螺丝钉"，勇担责任做"人民的勤务员"，热爱集体做"革命的傻子"，他把有限的生命投入到了无限的为人民服务之中。

九、奋不顾身、见义勇为的英雄气概

贫苦的出身，坚定的立场，党的教育，英雄人物的影响，使雷锋浑身充满奋不顾身、见义勇为的英雄气概。

解放前，他勇斗欺压他的地主婆。即将解放时，他冒着危险为地下党张贴红色标语。刚刚解放后，他"勇助乡农会智擒顽敌"。小小年纪的雷锋，已然是"革命斗争的闯将"。

在 1960 年的抗洪斗争中，雷锋更是表现出强烈的大无畏精神。去上寺水库参加抗洪前，雷锋犯了肠炎，且参加街道工厂救火时手也受了伤，连长考虑到他的身体情况决定留他在家值班，但雷锋一再坚持，最后上了抗洪前线。开掘溢洪通道时，他的铁锹被垮下来的泥土打掉找不到了，他就徒手挖泥，受过伤的手指被磨出了血也不停歇。连长让他去广播站宣传好人好事，他完成任务后又回到溢洪道继续挖泥，直到干到昏眩被送到卫生室。在卫生室稍稍觉得轻松些，他又不顾卫生员的阻拦，顶风冒雨回到了抗洪的阵地。经过七天七夜的连续奋战，洪水被驯服了，他受到了战友的赞扬和团党委的奖励。这种不避艰险、不怕困难的行为，正是他"积极工作，勇敢战斗，保持和发扬人民军队的优良传统"思想的具体体现。

十、全心服务、无私奉献的忘我境界

无私奉献是雷锋最鲜明的品格，全心全意为人民服务是雷锋精神最本质的特征。

雷锋在日记中说："人的生命是有限的，可是，为人民服务是无限的，我要把有限的生命，投入到无限的为人民服务之中去……"又说："我觉得要自己活着，就是为了使别人过得更美好。"

他的心里装着的，只有党的宗旨和人民的期盼，只有群众的困难和工作的需要，从来没有他自己。他从来没有考虑过自己的利害得失，他的全部奉献行为，都是发自内心的、主动而自觉地完成的。

他把祖国大地当作自己的"家"，把人民大众视为自己的"亲人"，把自己视为党的"儿子"，人民的"勤务员"，走到哪里就服务到哪里。他"关心他人比关心自己为重""把别人的困难当成自己的困难"，无限付出却不图任何回报，他说"我觉得一个真正的革命者，他是大公无私的，所作所为，都是对人民有益的"。

他心诚体勤，不怕苦不怕累不怕脏，"一辈子做好事"，没有空间的阻隔和时间的阻滞，不惧条件的好坏顺逆，不分对象的男女老幼，表现出无私奉献的自觉性、主动性、广泛性、持久性和纯粹性。他遗形藏志，达到忘我境界。

雷锋精神是十分丰富而深刻的，其具体内涵还需要我们不断挖掘和总结。我们应该深刻地认识到，雷锋精神是共产主义理想召唤和社会主义事业激励下产生的，是毛泽东思想哺育和党的教导下产生的，是中华民族传统美德滋润和中国革命精神滋养出来的，是我党我军我国人民的优秀代表雷锋在社会主义建设实践中展现出来的，雷锋精神的内涵必将在新时代中国特色社会主义建设事业中得到进一步的丰富与发展。

我们应该坚信"雷锋精神是永恒的"，更应该坚信"雷锋精神，人人可学；奉献爱心，处处可为"。让我们高举雷锋精神的旗帜，"做雷锋精神的种子，把雷锋精神广播在祖国大地上"，使雷锋精神世世代代得到传扬。

"螺丝钉精神"内涵探析

雷锋日记中有个最为著名的词汇叫"螺丝钉","雷锋精神"中有个最为著名的词汇叫"螺丝钉精神"。"螺丝钉"这个物件意象随着雷锋日记的传播和雷锋精神的传承已经深深刻入人们的头脑。《学习雷锋好榜样》一歌中有句歌词叫"学习雷锋好榜样，艰苦朴素永不忘，愿做革命的螺丝钉，集体主义思想放光芒"，很多人就因此把"螺丝钉精神"理解为"集体主义精神"。也有人把"螺丝钉精神"理解为"干一行、爱一行，专一行、精一行"的"爱岗敬业精神"。这些理解，都很精准，但未涉及"螺丝钉精神"内涵的全部内容。本文拟对雷锋"螺丝钉精神"内涵问题做些探讨，以图"螺丝钉精神"得到较为全面的呈现。

在马克思列宁主义思想体系中，最早采用"螺丝钉"这个词论述革命工作的，应该是列宁同志。1905 年 11 月，他在《党的组织和党的出版物》（一译为《党的组织与党的文学》）一文中说："写作事业应当成为无产阶级总的事业的一部分，成为由全体工人阶级的整个觉悟的先锋队所开动的一部巨大的社会民主主义机器的'齿轮和螺丝钉'。写作事业应当成为社会民主党有组织的、有计划的、统一的党的工作的一个组成部分。"很显然，列宁在这里用"齿轮和螺丝钉"比喻的是"写作事业"，用"机器"比喻的是"整个无产阶级事业"，意思是"齿轮和螺丝钉"（写作事业）是"机器"（整个无产阶级事业）的一部分，它们间的关系是个体与集体的关系、局部与整体的关系。

列宁同志这一思想在中国得以引用并发挥的应该是毛泽东同志。他在《在延安文艺座谈会上的讲话》一文中说："革命文艺是整个革命事业的一部分，是齿轮和螺丝钉，和别的更重要的部分比较起来，自然有轻重缓急第一第二之分，但它是对于整个机器不可缺少的齿轮和螺丝钉，对于整个革命事业不可缺少的一部分。如果连最广义最普通的文学艺术也没有，那革命运动就不能进行，就不能胜利。不认识这一点，是不对的。"这句话有三层意思，第一层是从正面引述列宁的思想，第二层是从反面强调"革命文艺"这个"螺丝钉"对"革命事业"这个"机器"的"不可缺少"的价值，第三层还是从反面强调要充分认识前述两个观点。在这里，"螺丝钉"（革命文艺）与"机器"（整个革命事业）之间的关系仍然是个体与集体的关系、局部与整体的关系。

雷锋同志 1958 年开始学习毛主席著作，对毛泽东同志关于"螺丝钉"与"机器"间的关系的论述应该有较为充分的理论认识。他在 1962 年 4 月 17 日的日记中说过："一个人的作用，对于革命事业来说，就如一架机器上的一颗螺丝钉。机器由于有许许多多的螺丝钉的连接和固定，才成了一个坚实的整体，才能够运转自如，发挥它巨大的工作能力。螺丝钉虽小，其作用是不可估量的。"这个思想，完全是对毛泽东同志关于"螺丝钉"与"机器"之间关系论述的再版。但是，雷锋将"螺丝钉"与"机器"之间的局部事业与整体事业之间的关系转到了"个人"与"革命事业"之间的关系，思考的是"人生价值"和"人生位置"问题，他说的是"一个人的作用，对于革命事业来说，就如一架机器上的一颗螺丝钉"，这就赋予了"螺丝钉"新的内涵。在对"螺丝钉"含义探讨的过程中，我们可以发现，"螺丝钉"含义的这种变化，不是凭空而来的，自有其现实生活基础。

第一个基础是当时的望城县委书记张兴玉同志的教导给他夯筑的。"螺丝钉"的故事最流行的版本是：1956 年 11 月，雷锋到望城县委机关当公务员。1957 年秋，雷锋陪望城县委书记张兴玉下乡，路上看到一颗螺丝钉，雷锋不经意把它踢到了路边。张书记却把这个螺丝钉捡起来装进口袋。过了几天，雷锋要去县农机厂送文件，张书记把那颗螺丝钉交给雷锋，说："把它送到工厂去吧！咱们国家底子薄，要搞社会主义建设，就得勤俭奋斗啊！"又说："一颗螺丝钉，别看东西小，机器上缺了它可不行呀！我们每一个同志，不也都是革命这个机器上的一颗螺丝钉吗？就像你这个公务员，虽然职务不高，我们的工作少了你也不行啊！"在这里，雷锋得到的教育是：要珍惜螺丝钉，要勤俭奋斗；每个同志都是革命机器上的螺丝钉，不管职务高低，都能平等地发挥作用。在这里，"螺丝钉"蕴含了"小物件大作用"的道理，"螺丝钉精神"具有"勤俭主义精神""奋斗主义精神"和"平等主义精神"的内涵。

第二个基础是当时望城县团山湖农场建设的火热生活给他垒建的。1958年2月6日，雷锋到了团山湖农场学开拖拉机。3月10日，试车考核合格，第一次学会开拖拉机。随后，雷锋满怀兴奋，写下《我学会开拖拉机了》。农场建设中，雷锋发现个别青年伙伴嫌条件差、收入低、没前途，不安心农场工作时，就找他们谈心，谈他自己对这些问题的看法。6月7日那天，他用《治沩工地报》的红格稿子写下著名的"雷锋七问"（实际是"七问一答"），其中的"如果你是一颗最小的螺丝钉，你是否永远坚守着你生活的岗位上"，表达了爱岗敬业的思想主张和职业品质。在这里，"螺丝钉精神"具有了"爱岗主义精神""敬业主义精神"的内涵。螺丝钉，必须在自己的岗位上发挥作用，不能离岗，不能串位，不能懒惰，不能无为；具有"螺丝钉精神"的人就必须"干一行、爱一行，专一行、精一行"。

第三个基础是鞍山钢铁厂的工人师傅给他搭建的。1958年11月，雷锋到了鞍钢，对组织上分配他当推土机手有点不理解，车间于主任对他解释说："你刚到，还不了解炼钢的复杂过程，让你开推土机就是为了炼钢啊！拿洗煤车间来说，如果不把煤炼成焦炭，炼铁厂的高炉就炼不出铁来。如果不把炼焦时生产的煤气输送到炼钢厂去，就炼不出钢来。所以，大工业生产就像一架机器，每个厂，每个车间，每个工种，都是这部机器上的零件和螺丝钉，谁也离不开谁。你想想，机器缺了螺丝钉能行吗？"在这里，雷锋关于"螺丝钉"的认识得到了进一步的强化：任何工作都是革命工作的组成部分，任何人都要安心本职工作，做好本职工作。在这里，"螺丝钉精神"具有了"本职主义精神"的内涵。当然，雷锋也因此安心于推土机手的工作，并且很快掌握了推土机的驾驶技术，并于1959年2月24日写下《我学会开推土机了》一文，与1958年3月16日在《望城报》发表的《我学会开拖拉机了》一文构成姊妹篇。

以上三个事例表明，在机关、农村、工厂，所到之处，雷锋都有对"螺丝钉"的认识和思考。"螺丝钉"这个意象，成为雷锋思想中一个极其重要的表意符号。正因为如此，所以，雷锋对"螺丝钉"极为敏感。1960年1月12日，他看到"一篇文章"中有"虽然是细小的螺丝钉，是个细微的小齿轮，然而如果缺了它，那整个的机器就无法运转了，漫说是缺了它，即使是一枚小螺丝钉没拧紧，一个小齿轮略有破损，也要使机器的运转发生故障的""尽管如此，但是再好的螺丝钉，再精密的齿轮，它若离开了机器这个整体，也不免要当作废料，扔到废铁料仓库里去的"这样两段话，便把它们抄在日记本上。显然，在这里，雷锋所取的是螺丝钉与机器所蕴含的个体与集体相互依存关系的内涵。也正因为如此，所以雷锋日记中记载的"我愿永远做一个螺丝钉""听从党的教导，党叫我干什么，我就干什么，决不讲价钱"之类的誓言就有了深厚的思想基础。

时间来到1962年2月。被授予"毛主席的好战士"称号的雷锋和被授予"一颗不生锈的螺丝钉"称号的沈阳军区炮兵5040部队炊事班班长刘思乐在19日召开的沈阳军区首届共青团代表大会期间相遇。会上，刘思乐作了《做一颗不生锈的

"螺丝钉"》的演讲。会后，雷锋、刘思乐、雷凯、任连付等同志组成了沈阳军区青年演讲团，为军民作巡回演讲。在沈阳军区第二招待所，刘思乐与雷锋同住一个房间。一天晚上，刘思乐请雷锋修改演讲稿，雷锋认真地读了稿子后，说："在标题中加一个'永'字。"刘思乐欣然接受。于是，原题变成了《做一颗永不生锈的"螺丝钉"》。在这里，雷锋加一个"永"字，加出了"做不生锈的螺丝钉"的革命意志的坚定性和长久性，加出了语言的铿锵和情感的豪迈。"螺丝钉精神"具有了"坚定主义精神"的内涵。从此，"做一颗永不生锈的螺丝钉"这句话就成了永远的经典。

当晚，他们还就人生价值问题做了长时间的探讨。在谈到"怎样当好螺丝钉"的问题时，雷锋说："要做一个品格如螺丝钉一样的人，最重要的是要牢记我党全心全意为人民服务的宗旨，树立毛主席教导的全心全意为人民服务的思想。把热爱党、热爱人民的一腔热血倾注在自己所担负的工作上，在岗位上创一流，多做贡献。"在谈到"怎样摆正自己在生活工作中的位置的问题"时，雷锋说："世界上一切大的和好的东西，全是由小的、不显眼的东西组成的。社会上大量的事是要做那些看来很平凡的工作，热爱平凡岗位的人，同样是最光荣的人。如同工人做工，农民种地，服务行业的补鞋、理发、养猪做饭，如果要是没有这些平凡而艰巨的劳动，如果没有千百万人民群众的革命实践，就没有伟大的事业。伟大出于平凡，平凡孕育伟大。我们所做的行行业业，都和伟大的共产主义事业紧密相连。依我看，只有热爱自己岗位的人才能把阶级的利益、革命的利益看得高于一切，把为人民服务看作最大的幸福和快乐。无保留地把自己的青春献给人民的人，才配得上'螺丝钉'称号，甘当螺丝钉的人，是属于那些为共产主义自觉奋斗的人。"在这里，雷锋道出了"伟大出自平凡，平凡孕育伟大"的真理，表明了"螺丝钉精神"应有的情感观、归属观、宗旨观、奉献观、幸福观和自觉奋斗观。"螺丝钉精神"的内涵得到了进一步升华，"螺丝钉精神"具有了"自觉奋斗主义精神"的内涵。1962年2月24日临别时，雷锋给刘思乐留下了"让我们携起手来，做一颗永不生锈的螺丝钉"的赠言。

怎样才能做一颗永不生锈的螺丝钉呢？雷锋对此也有深刻的思考。他在1962年4月17日的日记中还写道："螺丝钉要经常保养和清洗，才不会生锈。人的思想也是这样，要经常检查，才不会出毛病。我要不断地加强学习，提高自己的思想觉悟，坚决听党和毛主席的话，经常开展批评与自我批评，随时清除思想上的毛病，在伟大的革命事业中做一个永不生锈的螺丝钉。"他强调，螺丝钉，必须经常进行保养，否则就会生锈，就无法发挥作用，人不学就落后，人应该经常修养、不断修养，具体措施是加强学习提高思想觉悟、用党的理论和毛泽东思想武装自己、经常开展批评与自我批评、随时清除思想上的毛病等。只有这样，"螺丝钉"才能永葆青春、永葆斗志。在这里，"螺丝钉精神"具有了"修养主义精神"的内涵。

从以上分析中，我们可以看出，"螺丝钉精神"包含着集体主义、爱岗敬业、勤俭奋斗、劳动平等、固守本职、坚定信仰、甘于平凡、无私奉献、不断修养等丰富内容。一枚小小的螺丝钉，一个工业化背景下的机器零件，在雷锋的思想中，已经内化为一个精神符号和一种生命存在，蕴含了正确而丰富的社会关系观念、精神追求观念和生产生活观念，蕴含了高尚的社会公德、职业道德和个人品德要求，蕴含了强烈的岗位意识、奋斗意识、幸福意识和修养意识等。"螺丝钉精神"一经形成，便以其强大的生命力注入人们的思想和行动的血脉之中，为人生的价值追求和社会的发展进步提供了强大的正能量。

伟大的时代产生伟大的精神。雷锋"螺丝钉精神"来源于马克思列宁主义、毛泽东思想，来源于轰轰烈烈的社会主义建设实践，是我们永远需要继承的精神财富。让我们循着习近平总书记"我们要见贤思齐，把雷锋精神代代传承下去。学习雷锋精神，就要把崇高的理想信念和道德品质追求融入日常的工作生活，在自己岗位上做一颗永不生锈的螺丝钉"重要讲话指引的方向奋勇前进！

"钉子精神"内涵探析

问到什么是雷锋精神，很多人就会脱口而出回答说"雷锋精神就是钉子精神"。这个回答很不全面，因为雷锋精神的内涵十分丰富，它包含了"钉子精神"，"钉子精神"只是雷锋精神的一个组成部分。但是，这个回答又反映出"钉子精神"在人们心目中的深刻印象，说明"钉子精神"已深入人心。问到什么是"钉子精神"，很多人也会脱口而出回答说"钉子精神就是善于挤和善于钻"，这个回答基本正确，因为雷锋就是这么说的，他说"钉子有两个长处：一个是挤劲，一个是钻劲。我们在学习上，也要提倡这种'钉子'精神，善于挤和善于钻"，但是这个回答也是不全面的，因为它未能涉及"钉子精神"内涵的全部内容，或者说没有涉及"钉子精神"的隐含内容。所以，我们觉得有必要对雷锋的"钉子精神"做些探讨，以提高对"钉子精神"的认识。笔者认为，雷锋的"钉子精神"至少包括以下 5 个方面的内涵。

一、基于"坚"

钉子为什么敢于挤、能够钻？关键在于它自身的坚硬。打铁必须自身硬、钻木必须自身坚，这是最基本的道理。钉子，如果是坚硬的铁钉、钢钉，那么它挤起来、钻起来就会所向无敌；如果是软懦的木头钉、橡皮钉，那么它就挤也挤不动、钻也钻不进。所以，"钉子精神"首先得有基于"坚"的本质。

雷锋同志理想信念坚定，革命意志坚毅，战士情怀坚贞，阶级立场坚固，进取意识坚锐，奋进步履坚实，故而，在生活、学习和工作中他才能挤和钻，才能"善于挤和善于钻"。他有"是一滴水就要滋润一寸土地、是一线阳光就要照亮一分黑暗、是一颗粮食就要哺育有用的生命"的坚定信念，所以他"一辈子做好事而不做坏事"。他有"人民的困难，就是我的困难，帮助人民克服困难，贡献自己的一点力量，是我应尽的责任"的坚毅意志，所以他总是能够迎难而上，"就是有再大的困难，也有办法克服；再艰巨的任务，也能完成"。

无须再多举例，我们应该可以坚信，钉子精神首先是基于"坚"的。我们弘扬雷锋的"钉子精神"，首先就要不断锤炼自己，使自己立场过硬、思想过硬、本领过硬、作风过硬，否则，一切都是天方夜谭。

二、源于"压"

雷锋说："一块好好的木板，上面一个眼也没有，但钉子为什么能钉进去呢？这就是靠压力硬挤进去的硬钻进去的。"
这里说了一个道理，那就是，钉子要钉进木板，必定要有压力，没有压力就无法挤进、钻进木板。这里的压力实际就是动力。我们无论做什么事，都是需要动力的。所以，"钉子精神"中隐含着"动力精神"，动力越足，挤劲、钻劲也就越大。

　　雷锋的一切工作，均有强大的动力支撑，所以他挤劲、钻劲十足。他的动力，一是来自远大理想、坚定信念，二是来自工作的具体目标、具体要求，三是来自自身的主观愿望。他说要"永远听党的话，忠于党的事业，做毛主席的好战士"，所以，为了改造思想、提高觉悟，《纪念白求恩》一文他学了20多遍。他说他"无论什么时候，都要关心爱护人民群众的利益，为人民群众的利益而战斗不息"，所以他奋不顾身参与扑救火灾、抗洪抢险，利用休息时间为公社捡粪积肥、为战友洗衣补衣。正因为他要"生为人民生，死为人民死"，所以他"处处以整体利益为重，全心全意为革命工作"。

　　我们弘扬雷锋的"钉子精神"，就要不断给自己加压力，添动力，增马力。

三、善于"挤"

　　"善于挤"是雷锋"钉子精神"的基本内涵。在雷锋日记的表述中，"善于挤"就是要善于挤出时间来进行学习。比如，他学习毛主席著作时，给自己规定了"一项制度"：每天早晨学习一小时，晚上要学到十点至十一点。其实，它还有挤出空间来学习的含义。他给自己的学习规定了"六点"："早起点，晚睡点，饭前饭后挤一点，行军走路想着点，外出开会抓紧点，星期假日多学点。"在鞍钢的露天煤场里，他有空就翻开《毛泽东选集》；刚到部队后，在给演出队烧开水的土灶旁，他读完了《毛泽东选集》第三卷。

不仅在学习上"善于挤"，他还在"做好事"上"善于挤"，善于"见缝插针"。例如，1960年6月上旬某天，他从沈阳坐火车回抚顺，"照顾一位老太太"上车、找座位，送老太太面包吃，最后又费尽周折帮老太太找到儿子。又如，1960年7月的某个星期天，看病回来的路上，看到团部前面的空地上在建筑楼房，他想着要发扬拥政爱民的传统，马上就跑到工地找了一辆手推车，帮助工人同志推起砖来，一干就干到快吃晚饭了才回连队。

我们弘扬雷锋的"钉子精神"，就是要"善于挤"，以延长学习和工作的"生命长度"。

四、勤于"钻"

勤于"钻"也是雷锋"钉子精神"的基本内涵。"钻"主要体现为深入钻研所学内容的本质，既注重广度还重深度，更注重实际运用。

例如，他学习了《纪念白求恩》之后，钻研出了怎样才能做一个有益于人民的人、怎样才能做一个道德高尚的人、怎样才能更好地为人民服务、如何对待同志对待人民等许多道理。又如，他学习了《党的好儿子龙均爵》之后，钻研总结出龙均爵同志"不畏艰难困苦，敢于斗争"等 6 种值得学习的精神、品质或思想，并决心贯彻于实际行动中。雷锋学习毛主席著作的最大特点就是，学了就用，活学活用。每当遇到一些解不开的难题、想不通的问题时，他就翻开毛主席的著作，从中汲取精神力量。他说，他们班以前不团结，有意见开会不提，背后乱议论。他学习了《反对自由主义》以后，看到哪位同志有缺点，就在每次开会的时候大胆提出，还把《反对自由主义》的文章给大家念。他还严厉批评了一个趁班长不在、乱议论班长的战士。后来，大家都开展了批评与自我批评，由原来的不团结达到了新的团结。

我们弘扬雷锋的"钉子精神"，就是要"勤于钻"，以拓展学习和工作的"质量深度"。

五、成于"韧"

"韧"就是有"韧性"、有"韧劲"，就是坚韧不拔、持之以恒地学习和工作。"钉子精神"必然有"韧"的内涵，否则，所谓的"挤和钻"就会半途而废，或者功亏一篑。可以说，雷锋是学习的一生、战斗的一生，更是持之以恒的一生、充满韧性的一生。

例如，上级号召大家"读毛主席的书，听毛主席的话，按毛主席的指示办事，做毛主席的好战士"。他把这句话抄在《毛泽东著作选读》扉页的空白处，还在"读毛主席的书"这句话的前面加上"天天"两字，用来鞭策自己加强学习的经常性、恒久性。他说"时间紧，可是看一页是一页，积少成多。

学习，不抓紧时间不行"，足见其十足的"韧性"。他从1958年开始学习毛主席著作、开始写日记，直到牺牲前的第6天（1962年8月10日）还在学毛主席"虚心使人进步，骄傲使人落后"的教导并写下当天的日记。1960年1月至1962年8月，他连续在毛主席著作中做书眉笔记58则，而且没有一则不是经典性言论。如果没有"韧性"，这是断然做不到的。至于工作方面的"韧性"，这里就不举例了。

我们弘扬雷锋的"钉子精神"，就要学习他坚韧不拔的精神，从而走向成功的彼岸。

基于上述分析，我们应该认识到，雷锋的"钉子精神"包含着"坚、压、挤、钻、韧"等诸多要素，包含着自身条件（"坚"）、动力来源（"压"）、基本方法（"挤和钻"）和行为意志（"韧"），这些要素是有机的整体，缺一不可。弘扬雷锋精神，"钉子精神"一定要落实到我们的行动中。

"傻子精神"内涵探析

　　"傻子",本是智力低下的俗称,是痴痴呆呆、傻里傻气的人的代名词,却因雷锋而发生了反向180度的词义转换,形成了"傻子精神",并且扬名天下,受到亿万人的尊崇。对雷锋的"傻子精神",我们可以从以下6个方面进行解读。

一、"傻子精神"是"一心一意向着党的忠诚精神"

　　1960年8月,抚顺望花区一个人民公社成立。雷锋在街上看到到处红旗招展,锣鼓喧天,成千上万的人穿着节日的盛装,庆贺人民公社的诞生。受到全民欢腾景象的鼓舞,雷锋决定表达一下自己的心意,于是把自己两年来在工厂和部队积蓄起来的200元钱全部从储蓄所取出来,送到人民公社,公社不肯收,经他再三恳求,才收了100元。当时,辽阳遭受了特大洪水灾害,雷锋想到自己是人民的子弟兵,灾区人民有困难,他决不能袖手旁观,一定要大力支援灾区人民,和灾区人民同甘共苦,于是就把公社没收的那100元连同一封他自己写的慰问信，一起寄到了辽阳市委。对此，有人说雷锋是"傻子"，意思是雷锋傻里傻气，把自己好不容易积攒下来的钱就这么白白送了出去。对此，雷锋态度鲜明，表明了自己的立场和看法。他说："有些人说我是'傻子'，是不对的。我要做一个有利于人民、有利于国家的人。如果说这是'傻子'，那我是甘心愿意做这样的'傻子'的。革命需要这样的'傻子'，建设也需要这样的'傻子'。我就是长着一个心眼，我一心向着党，向着社会主义，向着共产主义。"原来，之所以无偿捐钱给人民公社和辽阳灾区，是因为他只"长着一个心眼""一心向着党，向着社会主义，向着共产主义"，因为他"要做一个有利于人民、有利于国家的人"。"傻子"雷锋的心里怀着的是对党和人民的无限忠诚。

二、"傻子精神"是"哪里需要去哪里的奋进精神"

1956年7月雷锋小学毕业后，先是在社里担任秋征员，后来因为工作需要于1956年9月到乡上担任通讯员，又因为工作需要先后于1956年11月到县委当公务员，1957年夏到治沩工程指挥部当通讯员，1958年春到团山湖农场当拖拉机手，1958年11月到鞍钢当工人，1960年1月到部队当士兵。有资料显示，雷锋在县委工作时的月收入是29元，在团山湖时的月收入是32元，在鞍钢时的月收入是36元，到了部队他的月津贴只有6元。从经济角度看，雷锋为什么要放弃每月36元的"高薪"而去拿每月6元的"低薪"呢？回顾他小学毕业典礼上的发言，我们就可以找到答案，原来他的"三个理想"中的最后一个是，"如果祖国需要"，他就要"参军做个好战士"，原来他的从军选择是服从祖国需要，根本就没有考虑什么经济收入多少的问题。到鞍钢后，随着钢铁生产不断增长的需要，鞍钢总厂决定在弓长岭矿山建设一个焦化厂，需要调集一批人到那里去搞基本建设。当时，弓长岭条件十分艰苦，所以当车间领导找人谈话说想要调他们去弓长岭时，有人很不情愿去。雷锋见是工作需要，立即主动报名说愿意去。事后，有个别觉悟低的青年说，去弓长岭的是傻子，吃住和工作条件远远比不上鞍钢总厂，又不加工资给奖励。雷锋听了，说："党教导我们，哪里艰苦就到哪里去，哪里需要就到哪里去。我情愿做这种'傻子'。"

三、"傻子精神"是"春天般温暖他人的友爱精神"

雷锋日记中摘录过这样一段名言："对待同志要像春天般的温暖，对待工作要像夏天一样的火热，对待个人主义要像秋风扫落叶一样，对待敌人要像严冬一样残酷无情。"生活实际中，他是如何"对待同志"的呢？有资料显示，1957年至1962年，雷锋至少10次给9人捐款共计133元（另有粮票8斤），帮助解决困难。其中有群众1人、同学1人、同事2人、战友3人、朋友1人、亲友1人。在望城县委工作期间，他捐款10元给困难社员刘少先买猪。在鞍钢工作期间，他听说同事张建文的母亲病了，就偷偷寄去20元给予治病；同事刘大兴给母亲寄去的50元，其中30元是雷锋给他的。在部队，他给战友乔安山捐款两次共30元。1961年9月，他接到河南省巩县驻驾庄公社干沟民办小学一位老师的来信，希望他给予他们经济援助以克服自然灾害带来的困难，他就寄去了 100 元。1959 年 2 月，他帮兄弟厂带了一个学员，厂里要给他 36 元师傅费，他拒绝了。他还帮助战友缝补衣服、帮战友理发、把午餐让给战友吃、送新日记本给战友、给少先队当辅导员。常人看来不必捐的他慷慨地捐了，不必做的他热心做了，该收的他却坚决不收，这是为什么呢？雷锋说："人民的困难，就是我的困难，帮助人民克服困难，贡献自己的一点力量，是我应尽的责任。我是主人，是广大劳苦大众当中的一员，我能帮助人民克服一点困难，是最幸福的。"

四、"傻子精神"是"越是艰难越向前的革命精神"

雷锋乳名"庚伢子"，正名"雷正兴"。后改名为"雷峰"，意在激励自己奋发图强、攀登高峰。后又在去鞍钢前改名为"雷锋"，意在结缘钢铁，为建设祖国打冲锋、当先锋。立志为祖国建设打冲锋、当先锋的雷锋发扬了"越是艰险越向前"的革命精神，生活和工作中时刻表现出一股使不完的"傻"劲。1960 年 8 月，他带伤参加上寺水库的抗洪抢险，奋战七天七夜。1961 年 9 月 20 日，他在哨所周围来回流动，守卫着汽车、油库、国家的许多财产以及全连的安全，长时间得不到休息，非常辛苦，但他想到，自己是人民的子弟兵、祖国的保卫者，他宁愿站岗到天亮。1962 年 5 月 2 日下午，他在保养汽车时，突然下起了大雨，见到路上有一个妇女怀里抱着一孩子、手里牵着一个孩子、肩上还背着两个行李包，正吃力地赶路，急忙上去了解了情况，然后跑回连队，拿了雨衣，并脱下自己的衣裳给冷得发抖的孩子穿上，走了1小时40分，将她们母子送回了家，又谢绝挽留，冒雨摸黑赶回连队。1962年5月6日，星期天，他没有休息。上午修路200米，把几个坑洼的地方填好了，受到了过路司机的赞扬。下午帮老百姓种地。他向老乡学习犁地，开始不熟练，慢慢就顺手了，两小时过去也不肯休息。他之所以这么做，是因为他认为自己"是人民的勤务员，自己辛苦点，多帮人民做点好事"就是他"最大的快乐和幸福"。

五、"傻子精神"是"大公无私为人民的忘我精神"

时时关心集体、处处帮助别人，大公无私是雷锋"傻子精神"最鲜明的特征。他在一则书眉笔记中说："一个人，只要大公无私，处处从党和人民的利益出发，兢兢业业地为党工作，老老实实为人民服务，就是一个有益于人民的人。"又有一则笔记说："一个人，只要他不存私心，时时刻刻考虑人民的利益，全心全意去为人民服务，他就能成为一个道德高尚的人。"有一天，雷锋从弓长岭回鞍山开会，路上看到一个放羊的老人，那个老人穿着一身很薄的棉衣，他觉得老人年纪很大了，天气那么冷一定抗不住，就把一件棉上衣脱下来送给了那个老人。后来，他有时间就去看望那个老人，把他当作自己的父亲一样，帮他打柴、挑水，做些零活。在弓长岭建设厂房期间，他看到工地上到处都有大粪，心想，这些大粪是肥料，再说到处是大粪也不卫生，要是把它拾起来，既积了肥又搞了卫生，于是他每天早起捡大粪、中午不休息捡大粪、下班后大家都走了他还捡大粪，一个多月后，捡了800多斤大粪。一个星期天，他到附近的安平人民公社，说准备将800多斤大粪送给他们，一个副主任问他要多少钱，他说这是利用业余时间捡的，人民公社建立，就把这个当作礼物。当天，就把大粪送到了公社的大门口。诸如此类的事例不胜枚举。他之所以这么做，是因为他认识到革命先烈换来了我们的幸福生活，我们没有理由忘记了整个无产阶级的最大利益。

六、"傻子精神"是"肯干苦干抢着干的实干精神"

有责必担，知责思干，雷锋用极端负责、干就干好的态度对待革命工作。1962年2月19日，他参加沈阳部队召开的首届团代会，万分激动地写下了一篇长达600多字的日记，其中一段是："我要积极肯干，做到说干就干，干就干好，脚踏实地、实事求是地干，千方百计地干，事事拣重担子挑，顺利时干得欢，受挫折时也要干得欢，扎扎实实地干，一定要把事情办好。"事实上，在他短暂的一生中，无论干什么，他都积极肯干、踏实苦干，千方百计把事情干好，表现出强烈的实干精神。1954年汛期，洞庭湖区遭受洪灾，全省人民捐钱捐物支援抗洪，身为小学四年级学生的雷锋无以为捐，便学着编草鞋，然后把编织好的草鞋送到乡政府捐给治湖民工。这是一件不为常人所知的小事，但体现了雷锋的实干精神，面对救灾，他没有喊口号声援，而是以行动支援。至于为人熟知的他在安庆乡当社里秋征员时的忙上忙下、在县委当机要员时的吃苦耐劳、在团山湖学开拖拉机时的勤学苦练、在鞍钢学开推土机时的潜心钻研、在去弓长岭工作时的积极主动、在部队练习投弹学开汽车时的不达目的不罢休、在学习毛主席著作时的如饥似渴严肃认真、在执行党的增产节约号召时的不折不扣、在对待工作困难时的千方百计、在参加上寺水库抗洪抢险时的连续奋战、在担任少先队辅导员时的满腔热忱等，没有一件事不是在彰显着他脚踏实地的实干精神。

"聪"与"傻"相对而立。何谓"聪"，何谓"傻"，答案并不复杂。有道是：聪不聪，要看人在为谁"聪"；傻不傻，要看人在为谁"傻"。雷锋以其"我要为人民的利益而死"的铮铮誓言和"做一个对人民有用的人"的切实行动，给了我们最好的回答。

"集体主义精神"内涵探析

吴洪源作词、生茂作曲的歌曲《学习雷锋好榜样》中有一段歌词是："学习雷锋好榜样，艰苦朴素永不忘，愿做革命的螺丝钉，集体主义思想放光芒，集体主义思想放光芒。"其中的"集体主义思想放光芒"一句强调的就是雷锋精神中的"集体主义精神"。那么，雷锋的"集体主义精神"包含哪些具体内容呢？下面，对此做简要的探讨。

一、雷锋"集体主义精神"是一种"永远忠于党，忠于人民"的政治观

透过雷锋的日记诗文，我们不难发现，在雷锋的表述中，"集体"既是一个"大"概念，又是一个"小"概念，"大"则指抽象的"党""祖国""人民"或"革命事业"，"小"则指具体的组织、团体或群体。不管是"大"集体还是"小"集体，雷锋都表现出无限忠诚的政治态度。1959 年 10 月 × 日，他在日记中说，要"把自己的全部力量献给党的事业"。1960

年 1 月 8 日，他在日记中给自己提出的第一个"保证"就是
"听党的话，服从命令听指挥，党指向哪里，我就冲向哪里"。
1961 年 1 月 1 日，他在日记中写道："我要永远忠于党，保卫
党的利益，为党的事业奋斗终生。"1962 年 2 月 14 日，他在
日记中说："永远忠于党，忠于人民，为共产主义事业奋斗终
生。"这种忠诚，不仅表现为他心里所想，更是表现为他身体
力行。例如，1956 年，党号召大办农业、发展农业生产时，
他毅然放弃继续升学的机会，写下"党的需要就是我的志愿"
的志愿，回到农村，参加农业生产。1958 年，响应党的号召，
捐款 20 元建设望城县拖拉机站，到团山湖农场担任拖拉机手；
后又响应党的工业化建设的号召，到鞍钢当了一名推土机手。
1959 年，鞍钢要新建弓长岭矿区，他又主动申请到了条件更
为艰苦的弓长岭；为抢护集体的 7200 袋水泥，他把自己的被
褥拿来苫水泥；年底，部队征兵，他写下入伍申请书和决心
书。1960 年 1 月，他终于成为一名解放军战士。纵观雷锋的
职业选择和具体言行，其忠诚的政治观是显而易见的。

二、雷锋"集体主义精神"是一种"事事大公无私，处处从党和人民的利益出发"的道德观

1961 年 11 月 × 日，雷锋学习了毛主席的《纪念白求
恩》，说"决心听毛主席的话……事事大公无私，处处从党和
人民的利益出发，全心全意为人民服务，决不让有一点肮脏
的个人利益低级趣味的东西来玷污自己"，并说"一个人只要
他不存私心，时时刻刻考虑人民的利益，全心全意地去为人

民服务，他就能成为一个道德高尚的人"。这种"事事大公无私"的道德观，无数事例可以证明。例如，1960 年 8 月，抚顺发生特大洪水，雷锋所在连接到上级命令，到郊外上寺水库去抗洪抢险。因雷锋几天前在扑救营房附近加工厂火灾时被烧伤的手还没好，连长让他在营区留守执勤。雷锋却跟连长讲起了"价钱"，坚决表示要上抗洪前线。到了现场，雷锋与战友们一起顶着暴雨，拼力地挖掘溢洪通道。正挖着时，他手中的铁锹被塌下的土方打掉了，天黑雨大没找见，他就用双手当铁锹挖泥，手指被磨破了皮。连长让他去搞宣传鼓动工作，于是他马上收集连里的好人好事，进行口头广播，带领大家唱歌、喊口号，使大家越干越欢。一连四天，他病倒了，晕倒在堤坝上，被送到一个老乡家里治病。他躺在老乡的炕上，外面的暴风雨撕裂了他的心，日记本上的黄继光像鼓舞着他的斗志，于是，他说服卫生员，又跑到水库工地上去继续战斗。这个事例中，为了集体的利益，为了抗洪抢险的胜利，他没有考虑自身的病痛，而是一心为着保卫人民的生命财产安全，充分表现了他"事事大公无私，处处从党和人民的利益出发"的高尚道德。

三、雷锋"集体主义精神"是一种"一个人只有和
　　集体结合在一起才能最有力量"的力量观

雷锋在日记中说，他（以前）做事，总喜欢一个人去干，不爱叫别人，生怕人家不高兴。就拿扫地来说，他每天早上忙得不可开交，有的同志却闲着没事，而自己累得够呛，可扫

的地段不大，有时室外卫生没有及时打扫。有一天，连长跟他说："火车头的力量很大，如果脱离了车厢，就起不到什么作用。一个人做工作，如果脱离了群众，就会一事无成。"于是，他进一步懂得了"一个人只有和集体结合在一起才能最有力量"的道理，注重发挥集体的力量，于是他发动了全部的同志打扫卫生，大家一齐动手，很快就把室内外打扫得干干净净。有一天下大雨，雷锋看到车场上放了两堆玉米，虽然用雨布盖上了，但还是不放心，跑去一看，发现玉米被雨淋湿了不少，便立刻组织全班的同志拿大筐、麻袋，装的装，抬的抬，很快就把两千多斤玉米收拾好，使人民财产免受损失。有一次淘厕所，有的同志说这活应该叫别的连队来干，有的同志则怕脏怕累袖手旁观。针对这种情况，雷锋当即组织全班学习毛主席著作，使大家懂得"什么叫工作，工作就是斗争……我们是为着解决困难去工作、去斗争的。越是困难的地方越是要去"的道理，引导大家提高了认识，统一了思想。第二天，大家放弃了星期天的休息，主动淘厕所积肥支援农业生产，干得热火朝天。从此，扫厕所、淘大粪，雷锋都发动大家一起行动。把自己融入集体，充分发挥集体的力量干好革命工作，这是雷锋"集体主义精神"的一个重要特征。1960年3月×日，他在日记中说"一滴水只有放进大海里才能永远不干，一个人只有当他把自己和集体事业结合一起的时候才能有力量"，又说"力量从团结来，智慧从劳动来。行动从思想来，荣誉从集体来"，充分体现了他正确的力量观。

四、雷锋"集体主义精神"是一种"做一颗永不生锈的螺丝钉"的定位观

人之于世，无论生活、学习、工作，无论在家庭、在单位、在社会，无论于个人职业、革命事业，尤其是在个人与集体的关系上，都应有正确而且准确的定位，明确"我是何许人，我从何处来，我向何方去"的人生布局，唯其如此，才能书写好"我该干什么，我该干得怎么样，我该怎样去干"的人生篇章。在这个问题上，雷锋的认识十分深刻。他说"一个人的作用，对于革命事业来说，就如一架机器上的一颗螺丝钉。机器由于有许许多多的螺丝钉的连接和固定，才成了一个坚实的整体，才能够运转自如，发挥它巨大的工作能力。螺丝钉虽小，其作用是不可估量的"，并表示要"在伟大的革命事业中做一个永不生锈的螺丝钉"。除此之外，关于个人与集体的关系，雷锋还有"一朵花与春天""一滴水与大海""一粟与沧海""小渠与江河"之类的生动比喻。所有这些，都深刻地表现了雷锋的正确的人生定位。他说："一个革命者，要树立牢固的集体主义思想，时刻都要把集体利益放在第一位。"同时，他表示："要坚决打消个人主义，因为个人主义对革命不利，对集体有损害。个人主义好比大海中的孤舟，遇到风浪，一碰就翻。"正因为如此，他始终谦逊地对待党和人民，谦逊地对待集体，定位自己"永远是党的忠实儿女，人民的勤务员""群众的小学生"，愿做集体"高楼大厦"的"一砖一石"，愿"为党的利益、为集体利

益不惜牺牲自己的利益"，愿"为了党和人民的事业，就是入火海进刀山"也"甘心情愿，头断骨粉，身红心赤，永远不变"。

五、雷锋"集体主义精神"是一种"自觉遵守纪律"的纪律观

凡集体，总是有纪律的；凡纪律，总是要严格遵守的。雷锋曾经在日记中说："军队，它是战斗的集体，要有严格的组织纪律，一切要适应战斗的需要。很难设想一支锣鼓不齐、行动不一的军队，在战场上能打败敌人，取得胜利……我们革命部队，不仅有严格管理的一面，而且有耐心说服的一面；不仅存在着自上而下严格要求的一面，而且也存在着自下而上自觉遵守纪律、坚决服从管理的一面。"正因为有这种认识，所以，当他发现有少数战友不遵守纪律、生活拖沓，有同志不请假外出，有的同志吹了起床哨还睡着不动时，就觉得应该及时扭转。他还曾因自己"不自觉地就违反了纪律"而"心里难过极了"，并予以坚决改正。事情是这样的：雷锋刚入伍的时候，还是一个很幼稚的青年。有一个星期日，他认为放了假，就可以随便外出了，谁也没有告诉，就上街去照相。这件事被指导员知道了，吃过午饭后，指导员就找他谈话，对他进行了批评教育，说，如果军队没有严格的组织纪律，就会成为一盘散沙，就不能战胜敌人，并用毛主席说的"我们这个军队之所以有力量，是因为所有参加这个军队的人，都具有自觉的纪律"的教导和邱少云"为了不暴露目

标，宁愿烈火烧身也不动一动，一直坚持到最后牺牲"的严守纪律的英勇事迹对他进行了启发，他感到十分难过和后悔。从那以后，他就再也没有违反组织纪律和各种制度。由此可见，雷锋身处集体中的鲜明的纪律意识：是工人就不违反劳动纪律，是党员就要严格地遵守党的纪律，是战士就要自觉地遵守部队纪律和各种条例、条令，总之是要"加强组织纪律性……严守纪律，听从指挥"。

六、雷锋"集体主义精神"是一种"革命的利益高于一切"的利益观

雷锋曾告诫自己："牢牢记住，并且要贯穿到自己的生活和实际行动中去——革命的利益高于一切，处处为集体利益而不惜牺牲自己的一切。"所以，当他看到一位同志损公利己的事，就心里过不去，立即进行了批评和制止。他认为，爱护国家和人民财产是他的责任，不能不管，今后还应该大胆地管。这是他用行动制止别人损公利己的行为。1959 年 11 月 14 日深夜 11 点多钟，突然下起了雨，他得知建筑焦炉工地还散放着 7200 袋水泥、国家财产即将受到损失时，急忙跑到工地，用自己的被子，并脱下衣服，抢盖在水泥上。后来，他又跑到宿舍，发动 20 多个同志，组织了抢护水泥的突击队。经过一场"有的忙着找雨布，有的忙着找芦席，盖的盖，抬的抬"紧张的战斗，保护了国家财产。这是他用行动保护集体物资利益的行为。1962 年 6 月 29 日，他发现从部队驻地的一座大山上下来一个磨剪刀的人，鬼鬼祟祟的，像是要找什么东西似的，

形迹十分可疑，他就进行了盘问，并把情况报告给了首长。最后，公安局的同志证实，"那个磨剪刀的人是个反革命分子"。这是他用行动维护国家政治利益的行为。所有这些行为，都是与他能正确认识和处理个人利益和集体利益之间的关系密不可分的。他曾经说，有些人对个人和集体的关系认识不清，因此做工作、办事情、处理问题等只顾个人，不顾整体。这样，就会给革命造成损失，给集体造成不利。他觉得正确认识个人和集体的关系是很重要的。他认为个人和集体的关系，正像细胞和人的整个身体的关系一样。当人的身体受到损害的时候，身上的细胞就不可避免也要受到损害。同样的，我们每个人的幸福也依赖于祖国的繁荣，如果损害了祖国的利益，我们每个人就得不到幸福。

七、雷锋"集体主义精神"是一种"发动群众，依靠群众"的群众观

我们党在领导中国人民进行革命斗争和社会主义建设实践中，创造和发展了马克思主义的群众观点，形成了一切为了群众、一切相信群众、一切依靠群众，从群众中来、到群众中去，密切联系群众的群众路线。这种群众路线，在雷锋身上得到了非常具体的体现。雷锋说，单丝不成线，独木不成林。一个人是办不了大事的，群众的事一定要发动群众、依靠群众来办。他说，当我们和群众交上了知心朋友，受到群众的拥护，就会给自己带来无穷的力量，就能克服再大的困难，就能在艰苦的环境中感到温暖和幸福。前述雷锋带领

发动组织大家打扫室内外卫生、抢收遭遇雨水的玉米、淘大粪积肥、抢护水泥的事例就是很好的证明。他懂得，集体的力量、群众的力量是无穷的。他说，一朵鲜花打扮不出美丽的春天，一个人先进总是势单力薄的，众人先进才能移山填海。还说，一个人的力量毕竟是有限的，走不远，飞不高，好比一条条小渠，如果不汇入江河，就永远也不能汹涌澎湃，一泻千里。正是在这种思想前提下，他把自己当作党的儿子，人民的勤务员，群众的小学生；他主动帮助战友乔安山学文化，以求得战友文化上的共同进步；他积极帮助"背后乱议论"的同志，以求得战友政治上的共同进步和实现全班同志的新的团结；他热情帮助佟占佩学技术，以求得战友汽车驾驶专业水平的提高。1962年2月19日，他在参加沈阳部队召开的首届团代会当天的日记中写道："我要密切联系群众，相信群众，虚心向群众学习，团结带领群众一同前进，永不自满，永不骄傲，永远谦虚谨慎，紧紧地与群众团结在一起，共同为党的伟大事业而奋斗。"这应可以算作雷锋"集体主义精神"群众观的最集中的体现。

以上我们从7个方面简要阐述了雷锋"集体主义精神"的基本内涵，所述不一定确当、全面，因为雷锋"集体主义精神"的内涵是十分丰富的，如，其中的"把有限的生命投入到无限的为人民服务之中去"的服务观、"愿意把自己所有的东西，包括生命献给党和人民"的献身观、"能帮助人民克服一点困难，是最幸福的"的幸福观、"我活着就要做一个对人民有用的人"的价值观、"生为人民生，死为人民死"的生死观，等等，都值得我们做深入的探讨和学习。

最后，让我们高声唱响："学习雷锋好榜样，艰苦朴素永不忘，愿做革命的螺丝钉，集体主义思想放光芒，集体主义思想放光芒！"

"一滴水精神"内涵探析

　　看到本文题目，也许有人会说，关于雷锋，我们知道有"钉子精神""傻子精神""螺丝钉精神"等，从来没听说过"一滴水精神"啊！没听说过不要紧，看看雷锋说的和做的就知道了。

　　翻开《雷锋日记》，我们读到的第一句话就是"如果你是一滴水，你是否滋润了一寸土地"，往后，我们可以看到，雷锋在他的日记或文章中多次论说"一滴水"。再看看雷锋的事迹，我们就可以强烈地感觉到，雷锋的思想和行为无时无刻不散发着"一滴水"的精神光芒。可以大胆地说，《雷锋日记》（包括其他诗文赠言）的全部论说都是以"一滴水"为起点的。因此，笔者觉得有必要将雷锋的"一滴水精神"发掘出来，张扬开来，故而撰此小文，对雷锋的"一滴水精神"做肤浅探讨。

一、"一滴水精神"蕴含着"人尽其用"的精神

雷锋在 1958 年 6 月 7 日的日记中写道:"……如果你是一滴水,你是否滋润了一寸土地? 如果你是一线阳光,你是否照亮了一分黑暗? 如果你是一颗粮食,你是否哺育了有用的生命? 如果你是一颗最小的螺丝钉,你是否永远坚守着你生活的岗位上?"在这里,雷锋将"一滴水"与"一线阳光""一颗粮食""一颗螺丝钉"组合起来,意在表达,水是滋润土地的,阳光是照亮黑暗的,粮食是哺育生命的,螺丝钉是要固守机器发挥作用的,物各有用,物必各尽其用,否则,物将枉有其用;人亦如此,如果是水就要去滋润土地,如果是阳光就要去照亮黑暗,如果是粮食就要去哺育生命,如果是螺丝钉就要坚守岗位,总之要尽职尽责,尽其所用,否则,人将枉有其用,亦即毫无所用。这种"人尽其用"的思想,影响着雷锋一生的行为。举个例子说吧,1961 年 7 月至 8 月间,雷锋出席抚顺市第四届人民代表大会第一次会议期间,作为与会的人大代表,他参加大会听取报告,参加讨论建言献策,发挥着人大代表的作用;作为与会人员中的年轻人,他看见有六位六七十岁的老太太来参加会议,内心充满了"羡慕和尊敬",就"拉着她们的手,微笑地向她们问好,并把她们一个个送到宿舍,给她们倒茶、打水……并和她们有趣地拉家常",为其他代表做好了服务工作,发挥了"人民的勤务员"的作用。这,正是他"人尽其用"的"一滴水精神"的具体体现。

二、"一滴水精神"蕴含着"准确定位"的精神

雷锋在 1961 年 9 月 19 日的《入党转正申请书》中说："一滴水，只有放进大海里才永远不会干，一个人只有和阶级结合在一起，才能最有力量。我深刻地认识到，我的利益也就在阶级利益之中。如果没有整个阶级的解放，也就没有我的一切。"这里说的"一滴水，只有放进大海里才永远不会干"，说的就是要找准人生定位的问题。准确给人生定位，才能脚踏实地，发挥应有作用。雷锋的人生位置，从政治面貌的角度看，他先是少先队员，后是共青团员，最后是共产党；从所从事职业的角度看，他从安庆乡秋征助理员、乡政府通讯员、县委机关公务员、治沩工程指挥部通讯员、团山湖农场拖拉机手到鞍钢总厂洗煤车间推土机手，最后到部队运输连汽车驾驶员。每一种政治身份之下，他都能做好树立相应的思想，履行相应的义务；每一种职业身份之下，他都能爱岗敬业，出色地做好相应的工作。除此之外，他还有另一种人生定位，那就是人生的思想道德定位。思想上，他把自己定位为党的"忠实的儿子""人民的勤务员""毛泽东时代的好战士""群众的小学生"；道德上，他把自己定位为"做一个毫不利己、专门利人的人""做一个对人民有用的人"。崇高的思想定位引领着雷锋伟大的行动，高尚的道德定位成就了雷锋光辉的人生。雷锋把自己这"一滴水"融进了伟大的共产主义事业的"大海"，所以他才受到亿万人崇高而长久的敬意。

三、"一滴水精神"蕴含着"投身集体"的精神

雷锋在 1961 年 4 月 16 日的日记中说"我真正懂得了群众的力量能移山填海，只有群众的力量是无穷无尽的，一个人的力量总是沧海一粟"，又在 1962 年 3 月 9 日的日记中说"一个人的力量毕竟是有限的，走不远，飞不高，好比一条条小渠，如果不汇入江河，永远也不能汹涌澎湃，一泻千里"，再联系前文所引的"一滴水，只有放进大海里才永远不会干"一句话来看，我们可以分明地看到，在雷锋的眼里，一滴水毕竟只是个体的一滴水，一个人毕竟只是个体的一个人，个体的力量毕竟是弱小的，要充分发挥个体的作用，就必须拥有集体主义思想，努力把自己投身到集体中去，就像一滴水要汇入一条条小渠，一条条小渠要汇入江河、汇入大海一样。正因为有这样的认识，所以，雷锋始终不忘把自己置身于"群众"这个集体之中，始终不忘把自己置身于"无产阶级"这个集体之中，始终不忘投身到党的伟大事业之中。也因为如此，所以，他能正确把握个人利益与集体利益的关系、个体利益与整体利益的关系、自我利益与革命利益的关系。他说"一个革命者就应该把革命利益放在第一位"，又说"一个革命者，要树立牢固的集体主义思想，时刻把集体利益放在第一位"。更因为如此，才有了他的在"发愤图强，用自己的双手创造财富，为人类的解放事业——共产主义贡献自己的一切"思想指引下的全心全意为人民服务的自觉行为。

四、"一滴水精神"蕴含着"谦虚谨慎"的精神

雷锋在 1962 年 3 月 2 日的日记中写道:"骄傲的人,其实是无知的人。他不知道自己能吃几碗干饭,他不懂得自己只是沧海一粟……"这里说的"沧海"与"一粟"的关系实际就是"沧海"与"一滴水"的关系。在辽阔浩瀚的"沧海"面前,"一滴水"永远也没有骄傲的资本,同理,在强大的集体面前,单独的个体永远只能保持谦虚的态度,因此,"一滴水精神"反映着雷锋"谦虚谨慎"的人生态度和学习态度。他始终牢记毛主席"学习的敌人是自己的满足,要认真学习一点东西,必须从不自满开始""虚心使人进步,骄傲使人落后"的教导,把做出的成绩看作"应该的",把取得进步归功于党的教导和同志们的帮助。他牢固树立群众观念和永不自满的观念,说:"我要密切联系群众,相信群众,虚心向群众学习,团结带领群众一同前进,永不自满,永不骄傲,永远谦虚谨慎,紧紧地与群众团结在一起,共同为党的伟大事业而奋斗"。他定位谦卑,愿意永远做一名名副其实的好党员、人民的小学生、人民的勤务员,永远做集体大海里的一滴水、集体机器上的一颗螺丝钉、集体高楼上的一砖一石。他始终保持孜孜不倦的学习状态,做到时时学、处处学、事事学。他学习虚心,不懂就不懂,主动问;不会就不会,加紧学;不能就不能,刻苦练。他艰苦朴素,自我修炼,在"戒骄戒躁,不断前进"中使自己成为一个高尚、纯粹、有道德、有益于人民的人。

五、"一滴水精神"蕴含着"无私奉献"的精神

还是回到雷锋的"如果你是一滴水，你是否滋润了一寸土地？如果你是一线阳光，你是否照亮了一分黑暗？如果你是一粒粮食，你是否哺育了有用的生命？如果你是一颗最小的螺丝钉，你是否永远坚守着你生活的岗位上"的问题上来，"一滴水"滋润了土地，"一线阳光"照亮了黑暗，"一粒粮食"哺育了生命，"一颗螺丝钉"坚守了岗位，它们给自己收获了什么吗？或者说，从对象中索取了什么吗？没有，什么也没有。它们唯有的就是付出和奉献，所以，我们说"一滴水精神"蕴含着"无私奉献"的精神。雷锋有远大的共产主义的人生观，他认定，他活着的全部意义就在于全心全意为人民服务，为人类的解放事业——共产主义而奋斗，决心"把有限的生命投入到无限的为人民服务之中去"，并且实践了这个理想。雷锋有高尚的共产主义思想品德，他要做"一滴水"滋润每"一寸土地"，做整个革命事业的一颗"永不生锈的螺丝钉"。雷锋有正确的幸福观，他把"毫不利己，专门利人"作为最大的幸福和快乐，始终保持艰苦奋斗的优良传统和作风，坚持同一切困难作斗争，敢于冲锋陷阵、迎难而上。正因为这样，他挺身而出，主动报名到艰苦的弓长岭工作；他牺牲休息时间，为战友理发，帮战友洗衣补衣；他勤俭节约，把节省下来的钱物用于支援祖国建设；他奋不顾身，参加扑火和抗洪战斗；他"一辈子做好事"，却从来不图名图利，成为无私奉献的光辉典范。

总之，"一滴水"，折射着雷锋精神的光辉；"一滴水精

神"，是雷锋精神的重要组成部分。我们要大力弘扬"一滴水精神"，准确进行人生和事业定位，正确处理个体和集体、个人和他人、自我和社会的关系，始终保持谦虚谨慎、艰苦奋斗的优良传统和作风，在自己的岗位上尽职尽责、尽己所能、尽己之用，为党和人民的事业无私奉献，在建设社会主义现代化国家的新征程中做出自己应有的贡献。

争做雷锋精神传人

向雷锋同志学思想

关于思想，我国唐代文学家、思想家、哲学家、政治家韩愈说过：行成于思，毁于随。法国著名数学家、物理学家、哲学家、散文家帕斯卡尔说过：人只不过是一根苇草，是自然界最脆弱的东西，但他是一根能思想的苇草。人的全部的尊严就在于思想。德国著名思想家、作家、科学家歌德也说过：我们的生活就像旅行，思想是导游者，没有导游者，一切都会停止。目标会丧失，力量也会化为乌有。这些都是先哲关于思想之于人的意义和价值的最为完美的阐释。笔者提出"向雷锋同志学思想"的话题，关键在于雷锋能思想、善思想、有思想，并且能将自己的思想化作生动的行为实践，进而使自己由平凡普通走向非凡伟大。众所周知，人们进行思想，必定要从一定的立场出发，从一定的角度切入。雷锋的思想立场是无产阶级的，是为着维护民族和祖国、党和人民的利益的，这是毋庸置疑的。雷锋的思想角度是多方面的，概括说来，主要有如下5个方面。

一、站在人类未来的角度去思想：把共产主义 作为人生的大理想

　　人类从远古走来，过去的已经过去，未来将走向何方？这是许许多多的思想家苦苦思寻的问题，也是雷锋思想的问题。1958 年 6 月 7 日，他在他的第一则日记中写的"如果你要告诉我们什么思想，你是否在日夜宣扬那最美丽的理想？你既然活着，你又是否为未来的人类的生活付出你的劳动，使世界一天天变得美丽？我想问你，为未来带来了什么"，清楚地表明了他对人类未来的思考，也奠定了他站在人类未来的角度思考人生的思想基础。

　　基于这个角度，雷锋在党的教育和毛泽东思想的哺育下，以自己由旧社会到新社会、由凄苦生活到幸福生活的人生经历为基础，运用辩证唯物主义和历史唯物主义的思维，找到了人类未来的最终目标——共产主义，并确立了为实现共产主义而不懈奋斗的宏伟理想。他说他"在党和毛主席的不断哺育和教导下，健康地成长起来。由于觉悟的不断提高，树立了为共产主义而奋斗的大志"。他有对共产主义的坚定信念。1961 年 6 月 × 日，他学习了《论人民民主专政》，说"我国人民在工人阶级先锋队——伟大的中国共产党的正确领导下，取得了革命的伟大胜利，取得了社会主义建设巨大成就，将来会取得一个更美好的共产主义社会"。在这里，他以我们党取得的革命和建设的巨大成就为依据，表明了对我们党"将来会取得一个更美好的共产主义社会"的信心。他有为共产主义奋斗的誓

愿。在讲到自己"在两个不同社会里的两种不同的命运"、讲到自己"在旧社会那种悲惨遭遇"时，就想着要"将革命进行到底，为人类的解放而斗争"；在学习了共产党员郑春满的英雄事迹之后就表示要学习"舍己为人的精神，为共产主义奋斗终生"，在学习了《纪念白求恩》之后就表示"应该像白求恩同志那样，把自己毕生精力和整个生命为人类的解放事业——共产主义全部献出"；参加了抚顺市第四届人民代表大会第一次会议，认识到"只有在党和毛主席的正确领导下，才有我们穷人的天下，才有劳苦大众当家作主的权利，才有我们今天幸福的新生活"，他坚决表示"要全心全意为人民服务，永生为伟大的共产主义事业而奋斗"。在这种思想下，他更有为共产主义奋斗的行动。他不断改造自己的世界观，树立正确的人生观和价值观，忠于党、忠于祖国、忠于人民，刻苦学习，勤奋工作，忘我劳动，友爱同志，关心集体，无私奉献，一辈子做好事，实践着自己的诺言，为我们树立了为着共产主义而英勇奋斗的光辉榜样。

二、站在人生价值的角度去思想：把无私奉献作为人生的大追求

人是自然的人，也是社会的人。人生在世，很多问题都可以回避，唯独不能回避的是世界观、人生观、价值观问题。不同的观念直接影响着人生价值品质的高与低、分量的轻与重及其存在时间的长与短，司马迁说的"人固有一死，或重于泰山，或轻于鸿毛，用之所趋异也"，说的就是因为价值取向不

同而使得有的人的价值品质重于泰山，有的人的价值品质轻于鸿毛。

在生活和工作的实践中，雷锋始终积极地思考人生的价值问题，确立了"自己活着，就是为了使别人过得更美好"的世界观、人生观、价值观，表达了"人的生命是有限的，可是，为人民服务是无限的，我要把有限的生命，投入到无限的为人民服务之中去"的思想，把无私奉献作为人生的最大追求。

他的日记，一开篇就是"如果你是一滴水，你是否滋润了一寸土地？如果你是一线阳光，你是否照亮了一分黑暗？如果你是一颗粮食，你是否哺育了有用的生命？如果你是一颗最小的螺丝钉，你是否永远坚守着你生活的岗位上？……在生活的仓库里，我们不应该只是个无穷尽的支付者"，开头几句连续的设问，表明了他对人生价值的思考，也暗含了他对人生价值在于付出的思想结果，最后的回答，直接表明了人生价值不在于索取而在于奉献的思想结果。

在此基础上，他进一步明确了自己作为一个革命者应有的人生观。在1959年12月8日写的日记中，他说："一个革命者，当他一进入革命的行列的时候，就首先要确定坚定不移的革命人生观。……树立这样的人生观，就必须培养自己的思想道德品质，处处为党的利益，为人民的利益着想，具有大公无私、舍己为人的品格。……要能够为党的利益，为集体的利益不惜牺牲自己的利益。"在这里，他不仅说明了应有的革命的人生观，而且说明了应该如何树立和实践这样的人生观，以实现人生价值。

在这样的价值观指引下，他坚持和发扬我党我军艰苦朴素、勤俭节约的优良传统，把节约下来的钱物捐给人民公社、受灾群众和困难战友，在看病的路上到工地参加劳动。他主动为群众做好事，把大雨中艰难赶路的母子送回家，为缺钱的老人买车票，星期天到车站为旅客服务，把自己的盒饭送给没有带饭的战友吃。对自己付出的一切，他从不计回报，把无私奉献演绎到了极致。

三、站在人民利益的角度去思想：把服务人民作为人生的大作为

全心全意为人民服务是我党的根本宗旨。实现好、维护好、发展好最广大人民的根本利益是我党一切工作的出发点和落脚点。这种"人民"思想，在雷锋的一生中得到了不折不扣的落实。他始终站在人民的立场去思想，为着人民的利益去思想，为着人民的幸福而奋斗，把全心全意为人民服务作为人生的最大作为。

例如，1959年10月，他表示，"决心听党的话，听毛主席的话，永远忠于党，忠于毛主席，好好地学习，顽强地工作，为党和人民的事业贡献自己的一切"。1960年6月，他表示，"一定虚心向群众学习，永远做群众的小学生"。1960年12月，他表示，要"处处为党的利益、为人民的利益着想"。1961年3月，他表示，"无论什么时候，都要关心爱护人民群众的利益，为人民群众的利益而战斗不息"。1961年8月，他表示，"要全心全意为人民服务，永生为伟大的共产主义事业而奋斗"。1962年1月，他表示，要"把自己锻炼成为一个又

红又专的共产主义革命战士，更好地为人民服务"。1962年2月，他表示，"应当把别人的困难当成自己的困难，把同志的愉快，看成是自己的幸福"。1962年8月10日，也就是他牺牲前的第6天，他表示，"要更加热爱人民和尊敬人民，永远做群众的小学生，做人民的勤务员"。这些思想，有的表明了对人民的热爱之情，有的表明了在人民群众面前自己是"小学生""勤务员"的谦逊定位，有的表明了为人民事业和利益而战斗不息的决心，有的表明了自己的幸福观。

请看实例。1961年9月间，他接到河南一所民办小学一位老师的来信，说河南遭到了自然灾害，给民办学校造成了一些暂时的困难，请求他给予经济援助。他想到的是，人民的困难，就是他的困难，帮助人民克服困难，贡献一点力量，是他应尽的责任。就向首长请示，准备卖掉自己的衣服和皮鞋，凑点钱予以援助，没有得到首长的同意。左思右想后，他就把自己在部队一年零九个月所积存的全部津贴费100元寄给了那个学校。对站岗，有的同志不乐意，他想的是汽车、油库、国家的许多财产、全连的安全，都掌握在卫兵的手里，如果麻痹大意，不提高警惕，万一敌人搞破坏，就会给国家和人民造成损失，因而感到责任重大。所以，轮到他站岗的时候，不管白天或黑夜，烈日或严寒，总是愉快地去执行。

四、站在提升自我的角度去思想：把终身学习作为人生的大内容

1958年3月，雷锋学会开拖拉机了，心情激动不已，便

写了《我学会开拖拉机了》一文发表在 1958 年 3 月 16 日的《望城报》上。1959 年 2 月，他学会开推土机了，又是心情激动不已，写下了《我学会开推土机了》一文。何以会如此欢欣不已又是抒情又是为文呢？原来是他通过学习使自己掌握了新型劳动工具的使用技术，通过学习使自己得到了本领的提升。玉不琢不成器，人不学要落后。所以，雷锋总是从提升自我的角度去思想，把终身学习作为人生和事业的最重要的组成部分。

1958 年 6 月，他在团山湖农场写的"六项保证"有两项涉及学习，第 1 项是"保证克服一切困难，勤学苦练，早日学会技术"，第 5 项是"保证百分之百地参加学习和各种会议，以求得政治、文化、技术各方面的提高"，可见他对学习的重视程度以及希望通过学习提高自己的目的。1959 年 8 月，他在弓长岭矿山写下"一定要很好地工作、学习，争取加入中国共产党"，可见在他的思想中，有"要想取得'加入中国共产党'的政治上的进步，就要采取两个措施，一个是很好地工作，一个是很好地学习"的思想。于是，他孜孜不倦地学习，勤奋刻苦地学习，坚持不懈地学习，珍分惜秒地学习。

他学政治。把毛主席著作作为最重要、最主要的学习内容。他 1956 年开始接触《毛泽东选集》，1958 年开始一直坚持学习毛主席著作，直到 1962 年 8 月。从 1958 年 1 月到 1962 年 8 月，写有学习毛主席著作的书眉笔记 58 则，写有源自毛主席著作的心得体会日记至少 27 则（占日记总数的 16.6%）。他学文化。1956 年至 1957 年间，小学毕业的他加入到了望城县委机关干部业余文化补习学校学习。他向人学写日记，学会了文学创作，所写日记风靡全国。在农场，他"有一个藤条箱子，里面放了不少书"，目的是为了学习。在工厂、在部队，从来没放弃过文化知识的学习。他学技术。在望城县委工作期间，他学习过手摇计算机操作技术。后来，又学会了拖拉机、推土机、汽车驾驶技术，学会了理发技术。他学军事，学会了手榴弹投掷、枪支保养和使用技术，学会了防原子武器技术。他学英雄。无论是书上看到的如黄继光、白求恩、龙均爵还是电影里看到的如聂耳、韩英，抑或亲身见到的如郅顺义，他都感之于心，践之于行。

通过学习，雷锋提高了思想政治觉悟，立下了宏伟远大理想，坚定了阶级政治立场，培育了爱党爱国情怀，磨砺了艰苦奋斗意志，提高了为人民服务的本领，成为终身学习的好榜样。

五、站在祖国需要的角度去思想：把服从需要作为人生的大格局

著名京剧《智取威虎山》中有一句唱词叫"共产党员时刻听从党召唤"，党为什么要召唤？是因为党有需要。透过雷锋生平事迹，我们可以得出这样的结论，那就是：雷锋，为党的需要而生的人！他的一切思想行为，出发点都是立足于党的需要。

1956年7月15日，不足16岁的他，发表了他人生的第一次正式的演讲——《在小学毕业典礼上的发言》。他在发言中说："我决心做个好农民，争取驾起拖拉机，耕耘祖国大地，

建设社会主义新农村。将来，如果祖国需要，我就去做个好工人，为我国的社会主义工业化建设出把力。将来，如果祖国需要，我就参军做个好战士，用自己的鲜血和生命去保卫我们伟大的祖国。"在这里，我们可以清楚地看到，在奔赴人生舞台的关键时刻，雷锋选择到农村当农民、到工厂当工人、到军营当战士，都是为着"祖国需要"。从此以后，他的一切行为，都是为着这个需要。

比如说，当年在望城县委工作时，雷锋完全可以选择待在机关、待在县委书记身边"过舒服日子"，但是他选择了到治沩一线，治沩结束后他完全可以选择回到县委机关，但是他选择了到团山湖农场，为什么？因为农村建设有需要，他要服从这个需要。比如说，当初招工进厂时，有湘钢、武钢和鞍钢等厂到望城招工，有的人劝他去离家又近、条件相对较好的湘钢，但是他选择去离家遥远、条件艰苦的鞍钢，为什么？因为当时党号召，祖国需要热血青年到更困难、更艰苦的地方去工作，他要服从这个需要。比如说，1960 年 7 月，天气炎热，他参加军区体育运动比赛大会，口渴难耐，他完全可以选择用 3 角 5 分钱去买瓶汽水喝，但是他选择喝自来水，把钱节约下来，为什么？因为国家有困难，需要厉行节约，需要大家来分忧，他要服从这个需要。比如说，1960 年 8 月，上寺水库出现特大险情，人民生命财产危在旦夕，他所在的运输连接到抗洪抢险命令，他完全可以按照连长的决定留在营房值勤而不去抗洪一线，但是他选择去到大堤，一战就是七天七夜，为什么？因为保护人民生命财产需要，他要服从这个需要。比如说，1962 年 2 月 5 日，农历大年初一，他完全可以在营房欢度春节，但是他选择到抚顺火车站帮旅客服务，帮列车员打扫候车室卫生，为什么？因为人民群众有需要，他要服从这个需要。无数事例表明，雷锋的一生，永远都是生活在"服从需要"中，工作在"服从需要"中，战斗在"服从需要"中。

服从党的需要、祖国的需要、人民的需要、事业的需要，应该成为我们牢不可破的信条。

伟大的思想产生伟大的行动，伟大的行动成就伟大的事业。现在，我们已经进入全面建设社会主义现代化国家、谱写社会主义现代化新征程壮丽篇章的崭新时代，让我们在习近平新时代中国特色社会主义思想指引下，像雷锋那样，站稳思想立场，找准思想角度，在坚定信念、奉献社会、服务人民、终身学习、服从需要中展露大追求，展示大格局，展现大作为，永远"做一个热爱祖国、热爱人民，永远忠于党、忠于人民革命事业的人"，为实现中华民族伟大复兴的中国梦而不懈奋斗。

向雷锋同志学工作

  雷锋参加革命工作的时间，广义一点说，应该从 1948 年 8 月算起，那时，他以乞讨为掩护，或帮助地下党播撒革命传单，或帮地下党张贴革命标语。解放初，他担任村里的儿童团团长，积极配合和协助农会民兵，为民主建设贡献了力量。1950 年冬到 1951 年春土改时，他参与了对地主恶霸的清算和斗争。1956 年小学毕业后，担任过简家塘生产队的记工员、乡政府的通讯员。狭义一点说，可以从 1956 年 11 月 17 日算起，这一天他到望城县委机关当上了一名公务员。1957 年 11 月中旬到望城县治沩工程指挥部担任通讯员。1958 年 2 月到国营望城县国营农场团山湖当职工，成了一名拖拉机手。1958 年 11 月中旬到鞍山钢铁厂当工人，成了一名推土机手。1960 年 1 月入伍，成为一名中国人民解放军战士，当上了一名汽车驾驶兵。1961 年 5 月被提拔为运输连四班副班长，被选为抚顺市第四届人民代表大会代表。1961 年 8 月被提拔为运输连四班班长。1961 年 10 月被抚顺市望花区建设街小学聘请为校外辅导员。

上述情况同时表明，雷锋的"革命工作"的"工种"是多而又多的，有时还身兼数"职"，需要有工作角色的及时转换。

无论干什么工作，雷锋都能做到爱岗敬业，"干一行爱一行，专一行精一行"，做到"有一分热发一分光"，做到"把自己的毕生精力和整个生命为人类的解放事业——共产主义全部献出"。雷锋是我们学习的好榜样，当然也是我们工作的好榜样，所以，笔者提出向雷锋同志学工作，而且，笔者认为，向雷锋同志学习这学习那，落实到行动中，最关键的一点就是要学习雷锋把自己该干的工作干好，这是"学雷锋，见行动"的最核心部分。现在，我们就具体怎么向雷锋同志学工作的问题谈 10 个方面的建议。

一、提高工作认识

有人认为，干工作就是为了养家糊口，就是为了使自己生活得幸福。确实，我们要生存，就要靠工作来给自己提供给养，正如恩格斯说的"人们首先必须吃、喝、住、穿，然后才能从事政治、科学、艺术、宗教等"，所以，为柴米油盐而工作本无可厚非。但是，这柴米油盐的背后应该还有更深层次的思想境界和更高的追求。雷锋认为，我们吃饭是为了活着，可我们活着不是为了吃饭。那是为了什么呢？雷锋说，他活着就是为了全心全意为人民服务，是为人类的解放事业而斗争；还说，他活着，就是为了使别人过得更美好。由此看来，雷锋对工作有更深刻的认识。正因为对工作有如此高度的认识，所以雷锋愿意做革命事业大海里的一滴水、做革命事业高楼大厦的一砖一石、做革命事业机器上的一颗永不生锈的螺丝钉，对工作总是能兢兢业业地面对，满腔热忱地投入，扎扎实实地完成。从 1959 年 8 月调到辽阳化工厂工作到入伍前，在生产和工作中，他 18 次被评为标兵、5 次被评为红旗手、3 次被评为先进生产者，就是最好的证明。

我们向雷锋同志学工作，首要的一条，就是要提高自己对工作的认识，为人生找到坐标，这个坐标的核心就集中在为人民服务、为使别人过得更幸福、为了全人类的自由和解放这个点上。

二、服从工作安排

有的人对工作总是有"自己的想法"，也有的人对工作挑三拣四、挑肥拣瘦，在工作安排中或埋三怨四，或拒不接受，或勉强接受也是消极对待、做一天和尚撞一天钟。这种现象产生的根本原因，用雷锋的话来说就是没有确立革命的人生观、没有为集体利益不惜牺牲自己利益的利益观、没有大公无私的风格，实质是个人主义的表现。我们对工作安排可以有"自己的想法"，但不可以有不服从的行为。1958 年 11 月，雷锋刚到鞍钢化工总厂工作时，一心想着自己要到钢铁生产的第一线炼钢，为建设社会主义钢铁强国贡献力量，没想到被安排到洗煤车间担任推土机手，心里很不是滋味。他找到车间于主任去"理论"，听了于主任一番关于"机器与螺丝钉"的教育之后，茅塞顿开，愉快地接受了任务。

我们向雷锋同志学工作，就是要像雷锋那样，当"自己的想法"与上级的意图有冲突时，应主动打消自己的念头；当自己的愿望与组织的安排相左的时候，应自觉服从组织的安排。因为，下级服从上级，个人服从集体，成员服从组织，这是最起码的态度。因为上级、集体、组织的安排往往比个人的愿望更大局、更全面、更周到。我们可以有"自己的想法"，但这"自己的想法"只能"自我保留"直至消融。军人以服从命令为天职，工作应该服从组织安排。事实证明，越是服从工作安排的人，他们的工作往往越是干得更愉快、更出色。

三、明确工作目标

旅行要有目的地，打靶要找准靶心，工作要有明确的目标。在这个问题上，雷锋不愧为我们的榜样，每每接受新的工作或者工作到一定阶段，他都要给自己提出工作目标。例如，在团山湖农场学会开拖拉机 3 个月之后，他给自己提出了新的工作目标，那就是 1958 年 6 月 × 日日记中写的包括"克服一切困难，勤学苦练，早日学会技术"等内容在内的"六项保证"。又如，1959 年 2 月 24 日，他学会开推土机了。当天，他在《我学会开推土机了》一文的末尾写道："一定要以实际行动，来报答党对我的亲切关怀和照顾，一定努力钻研、勤学苦练，克服一切困难，忘我地工作，争取做一个优秀的推土机驾驶员。"其中，第一个"一定"表明了自己工作的政治目标，第二个"一定"表明了自己工作的技术目标，两项合起来就是"又红又专"的目标；"争取做一个优秀的推土机驾驶员"

就是未来工作的总目标。1959 年，雷锋在鞍钢化工总厂大会上作发言，提出了"保证听党的话，服从组织安排"等"六项保证"，这"六项保证"，实质就是他未来的工作目标。正是这种目标的确立，才使他行动有"方向"，工作有"奔头"。

我们向雷锋同志学工作，就是要像雷锋那样，明确工作目标，做到有的放矢。在确立工作目标时，一要参照上级或集体对完成工作的基本要求，尤其是那些十分明确的具体要求；二要依据工作任务的基本内容，尤其要把握好重点、难点问题；三要根据自身条件，尤其要注意自己的长处、短板，要能长强项、强弱项；四要在落细、落小、落实上下功夫，要保证目标的内容是具体的、实在的，而不是泛泛而谈、夸夸其谈的。

四、端正工作态度

有道是，细节决定成败，态度决定一切；不怕能力太小，只怕态度不正。端正工作态度，是我们干好工作的基本前提。雷锋深谙此理，故而始终保持对工作认真负责、谦虚谨慎、勤学好问、以苦为乐的态度，保持对工作脚踏实地、积极肯干、不断进取、精益求精的态度。以他的"谦虚谨慎"态度为例，我们就可以看到他工作态度端正所达到的极限程度。他在 1960 年 12 月 28 日的日记中说"我在党和毛主席的不断哺育和教导下，健康地成长起来。由于觉悟的不断提高，树立了为共产主义而奋斗的大志，在工作和学习中取得了一点点成绩，这应该归功于党，归功于帮助我的同志们。我一定永远牢记毛主席的教导，永远做群众的小学生"，在 1961 年 3 月 3 日的日记中说"我不能骄傲，一定要牢牢记住党和人民对我的嘱托，努力学习，积极工作"，在1961年6月29日的日记中说"在各项工作和学习中取得了一点点成绩……我一定更加虚心，尊重大家，努力学习，忘我工作"，他还在1961年10月1日、1962年1月1日、1962年1月×日、1962年2月19日、1962年2月27日、1962年4月15日、1962年8月10日等很多日子的日记中做了与上述内容相似的表述，可见他谦虚谨慎态度的确定性、一贯性与持久性。他时常告诫自己要保持谦虚谨慎的态度，于是他的工作就不断得到进步。

我们向雷锋同志学工作，就是要像雷锋那样，始终保持工作态度端正，以端正的态度确保工作意志不动摇，工作热情不削弱、工作干劲不松懈、工作目标不变向、工作过程不变形、工作结果不让人失望。

五、热爱工作岗位

雷锋是爱岗敬业的典范。他一生经历过很多岗位，无论是在县委当公务员还是在治沩工地当通讯员，无论是在团山湖农场当拖拉机手还是在鞍钢当推土机手，无论是在部队当汽车兵还是担任副班长、班长，无论是担任抚顺市人大代表还是给望花区建设街小学做校外辅导员，无论是上级安排给他什么任务，他都能待之以满腔的热情、专注的情怀、认真的态度、负责的精神、冲天的干劲、科学的方法、扎实的行动，表现出"干一行爱一行，专一行精一行"的强烈岗位意识和崇高职业品质。

举例说吧，他担任拖拉机手时，就"保证以冲天的革命干劲，以百战百胜的精神，苦干、实干、巧干，超额完成生产任务"；他学开推土机时，就连吃饭的时间也在想着如何尽快将驾驶技术学到手；他领到一支钢枪时，就把钢枪当作"宝贝"一样对待，一定要"好好保管和爱护""练出真正的硬本领""保卫我们伟大的祖国"，担负起革命战士的责任；他担任汽车兵时，既钻研驾驶技术、保证安全行驶、出色完成各项运输任务，又特别精心地维护、保养汽车，始终保持着良好的工作状态；他担任人大代表时，不仅严格履行了人大代表的职责，还在会议期间为其他代表做好服务工作；本职工作之外，他还积极主动，为同事、为战友、为人民群众做了不计其数的好事。总之，他能做到"说干就干，干就干好，脚踏实地、实事求是地干"，在平凡细小的工作中干出不平凡的业绩。

我们向雷锋同志学工作，就是要像雷锋那样，把爱岗敬业作为立世成业的基础，坚守岗位，立足本职，履行职责，以强烈的敬业精神、扎实的工匠精神，"全心全意为革命工作"，鼓足干劲，"忘我劳动"，积极肯干，"千方百计地干，事事拣重担子挑，顺利时干得欢，受挫折时也干得欢，扎扎实实地干，一定要把事情办好"。

六、苦练工作本领

干好工作、成就事业，除了思想意识、情感态度等必要的因素外，还有一个必不可少的重要因素，那就是工作本领。没有工作本领，面对工作时，就算有把工作干好干出色的愿望，那也只能表现出"心有余而力不足"的无奈，或者表现出"长使英雄泪满襟"的无望。任何本领，都不是天生就有的，都是靠后天苦练出来的。为了练好本领，雷锋可以说是到了殚精竭虑的地步。

为了提高政治站位，他如饥似渴地学习毛主席著作，学习政治理论，学习党的路线方针政策，虚心接受上级领导的教导，为此还写下了大量的心得体会、书眉笔记，从而使自己能够站在"哲学"和"做一个真正的共产主义战士"的高度思考人生、思索工作、思量事业。为了练好技术本领，他虚心向师傅学习拖拉机、推土机、汽车驾驶技巧，学习技术理论，达到了全神贯注、废寝忘食的地步，做到了"不懂就问，不装懂"，做到了"走到哪学到哪"，做到了"学人之长，补己之短"。特别是在练习投弹时，为了克服"个子小，臂力不足"的难题，他"起早贪黑"地练，"借着月光，偷偷地从床上爬起来"练，忍受"胳膊疼得很厉害"的苦痛不停地练，最终"达到了要求"。为了练好服务本领，他曾到团山湖生产组学习用牛犁田技术和插秧技术，曾三番五次到理发店向理发师学习理发技术。为了练好写作本领，他主动向同事学写日记；自觉学习文学知识，还曾写下《诗歌札记》；不断地、勤奋地写作，最后为我们留下了宝贵的财富。

我们向雷锋同志学工作，就是要像雷锋那样，苦练工作本领。能找准提高本领的方向，激发提高本领的勇气，强化提高本领的信心，明确提高本领的内容，采取提高本领的方法，克服提高本领过程中的任何困难，从而使自己的思想本领和专业本领出类拔萃，能更好地适应工作的需要。

七、强化工作保障

做任何事情都需要一定的保障，如，建房子需要建筑设计、建筑土地、建筑材料、建筑工具、建筑劳力等要素的保障，办学校需要校舍与场地、思想与方法、师资与生源、设施与设备、课程与教材、教风与学风、教务与后勤等要素的保障。同理，干工作也需要保障，只有这样，才能让工作行进在正常的轨道、正确的轨道。雷锋同志之所以能将工作干好、干到极致，一个重要的原因是，他对工作事先有充分的准备，有充分的保障。

首先，他有思想保障。总体上说，他能以马克思列宁主义毛泽东思想作为自己的行动指南，始终遵循党的路线方针政策，服从党的组织领导。例如，1960年1月8日，入伍的第一天，他就给自己定下了"听党的话，服从命令听指挥，党指向哪里，我就冲向哪里"等"保证"，以确保思想的纯正。其次，他有观念保障。例如，1962年2月×日，他告诫自己"要树立四个观念"：政策观念、集体观念、战备观念、劳动观念。他有自己的幸福观，"觉得人生在世，只有勤劳，发愤图强，用自己的双手创造财富，为人类的解放事业——共产主义贡献自己的一切，这才是最幸福的"。第三，他有纪律保障。例如，1959年在鞍钢化工总厂大会发言时，他保证"不违反劳动纪律，踏踏实实地干工作"；入伍第一天，他要求自己"严格遵守部队一切纪律"；入伍不久，因为"很幼稚"，"不自觉地违反了纪律"，受到指导员的批评，难过得哭了，认识到自己错了并加以改正，从那以后，就再也没有违反组织纪律和各种制度。第四，他有制度保障。例如，为了保证行车安全，他"建立了出场前后的检查制度、汇报制度"，行车过程中"贯彻了安全措施，严格遵守了交通规则，做到了四勤、三先、五不超、六不走、九慢"。第五，他有技术保障。能切实掌握工作所需要的各种专业技术，为干好工作奠定了最坚实的基础。总之，他为自己的工作提供了各种应有的保障。

我们向雷锋同志学工作，就是要像雷锋那样，不断强化工作保障意识，从思想观念、工作纪律、规章制度、专业技术能力等多种角度落实工作保障措施，从而保障我们的工作能够顺利、高效推进。

八、克服工作困难

工作中，困难总是客观存在、不可避免的。面对困难，关键在于能够想办法予以克服。关于"怎样对待困难"的问题，雷锋曾有专论，对"什么是困难"和"怎样战胜困难进行了较为详细的说明"。

在具体行动中，他有如下一些做法。一是向思想要动力。他相信毛泽东思想的伟力，不断地从毛主席著作中吸取力量，克服困难。例如，1961年10月，身为班长的他碰到了一个困难，那就是班里新来了一位同志，因为"政治觉悟比较低，对各种问题的看法有时片面"，有的同志对他看法不好，工作受阻，雷锋就组织大家学习毛主席著作，用毛主席的思想统一大家的认识，改变了大家对该同志的态度。二是向群众要合力。

他相信群众的力量，相信有了群众的力量，再大的困难也能克服，于是他紧紧依靠群众。例如，1959年11月14日晚，大雨，在抢护建筑焦炉工地上的7200袋水泥时，他碰到了个人力量不够的困难，于是跑到宿舍，发动了20多个小伙子，组织了一个突击队，经过紧张战斗，避免了国家财产的损失。三是向英模要引力。他把英雄模范作为自己学习的榜样，不断地从他们身上吸取力量，以英雄模范人物的行为引领自己克服困难。例如，1960年8月，在参加上寺水库抗洪抢险的过程中，他碰到了"自己有伤而卫生员不让他再上前线"的困难，就想到了战斗英雄黄继光，"满身充满了力量"，坚决跑到工地参加战斗。四是向自我要潜力。他相信困难是可以克服的，所以他不仅"遇虎而打"，而且"找虎而打"。例如，1962年6月22日，在接受运送病号到卫生连任务的时候遇到了"肚子饿了"的困难，他想到"阶级兄弟病重，处在紧要关头，抢救同志要紧，不能耽误时间"，于是饭也没吃，立即出发，顺利完成了任务。

我们向雷锋同志学工作，就是要像雷锋那样，勇于克服困难。在此过程中，要认真分析困难的性质，明确困难产生的原因，寻找解决困难的办法。尤其不能怨天尤人，不能"遇虎而逃"，而要充分发挥主观能动作用，调动各种积极因素，战胜困难，赢得胜利。

九、友爱工作同伴

雷锋在1960年3月×日的日记中说："一滴水只有放进

大海里才能永远不干，一个人只有当他把自己和集体事业融合一起的时候才能有力量。"他还在 1960 年 6 月 × 日的日记中说："单丝不成线，独木不成林。一个人是办不了大事的，群众的事一定要发动群众、依靠群众来办。"于是，他从"阶级友爱"出发，十分注重团结同志，友爱工作同伴，建设奋发向上、共同进步的工作团队。他的友爱工作同伴主要体现在对同伴的思想上的帮助、工作上的帮助、学习上的帮助、生活上的帮助。在这里，我们以他帮助同伴解决思想问题的一个例子来说明他的友爱精神。

1956 年，雷锋到了望城县委机关，被编在交通班。当时，交通班的同志全是职工编制，不属于干部编制。雷锋担任的是勤杂工作，但他非常乐意，从不认为自己低人一等，相反还踏踏实实、雷厉风行。可是班里有个别同志对自己的职工编制很自卑，思想包袱重，情绪低落，常发牢骚，并提出要改行。雷锋遇着机会，就对那位同志说："我们都是为人民服务的。在我们这个社会里人人为我们，我们更应该为人民，革命工作只是分工不同，当官、做工、种田都是为党办事，没有贵贱之分。"最终，使那个同志认识到自己的不足，感到了惭愧和内疚，从此再也没有闹思想情绪了。有一天，交通班开讨论会，大家针对不健康的思想苗头开展批评与自我批评，针对会议主题，雷锋率先发言，通过诉说苦难家史、讲述内心感受，表明"我们共产党人不是为了升官发财，而是为人民服务的，大家都是人民的勤务员"的观点，使大家受到了深刻的教育。

我们向雷锋同志学工作，就是要像雷锋那样，注重团结同志，友爱同伴。这种团结友爱，不应是无原则的一团和气，不应是为着某种私利的"山头主义""宗派主义"。一切都应该从为人民服务的目的出发，从壮大力量、共同进步、推进工作的愿望出发，切实做到"关心党和群众比关心个人为重，关心他人比关心自己为重"。

十、正确对待批评

日常工作中，来自上级组织、领导或者同行的批评是常见的现象。有的同志胸怀宽广、心存谦敬，能正确对待；有的同志则不然，一听到批评意见就暴跳如雷，拒不接受。雷锋的做法是，始终保持谦虚谨慎、虚心学习的态度，诚心实意对待批评意见，做到"有则改之，无则加勉"。

例如，1961年6月，他应邀到抚顺市建设街小学和本溪路小学为同学们讲故事时说到了一件他怎么对待批评的事。他刚入伍不久，因为自己还很幼稚，纪律观念不强，一个星期天，他以为是休息日，就没有向上级请假，随便外出，上街照相去了。结果指导员知道了，就找他谈话，给他讲了要有严格的组织纪律的道理，批评了他不请假就外出的错误，还给他举出了邱少云严守纪律的事例，希望雷锋能改正错误。雷锋听后，诚心诚意接受了批评，其具体表现是"心里难过极了，哭了"，从此再也没有违反过纪律。这是他对待批评采取"有则改之"做法的事例。又如，1962年7月29日，他在日记中写到这么一件事，当天，指导员找他谈话，说是有人反映，他在"和一位女同志谈恋爱"……他"感到莫名其妙，不知风从何起"，说他在"谈情说爱"，是"没有任何依据"的，"完全是误解"。对此，雷锋告诫自己说："我是个共产党员，对别人的反映和意见不能拒绝，哪怕只有百分之零点五的正确，也要虚心接受。现在有的同志还不了解我，冤枉了我，使我受点委屈。这也没什么，干革命就不怕受委屈。"这是他对待批评采取"无则加勉"做法的事例。

我们向雷锋同志学工作，就是要像雷锋那样，诚心对待工作批评，善于从批评意见中找到工作上存在的问题与差距，寻找改进工作的突破口，补齐工作短板，纠正工作偏差，使工作朝着高质量目标迈进。

在工作方面，雷锋值得我们学习的当然不止上述 10 个方面，其他如永葆工作热情、鼓足工作干劲、树立工作榜样、满足工作要求、专拣工作重担、严守工作纪律、讲究工作方法、弥补工作失误、突出工作业绩等，都是值得我们研究和学习的。让我们大力弘扬雷锋精神，在各自的工作岗位上为党和人民的事业贡献应有的力量。

向雷锋同志学学习

众所周知，所谓学习，是指人们通过阅读、听讲、观察、思考、探索、研究、实验、实践等手段获得知识、取得经验、习得方法、增进技能、培养情感、形成思想、解决问题、促进进步的一种行为方式或行为过程。学习的重要性是不言而喻的，大一点说，没有学习就没有人类的进步；小一点说，没有学习就没有个人的进步。所以，列宁同志强调"我们一定要给自己提出这样的任务：第一是学习；第二是学习；第三还是学习"。毛泽东同志强调"重要的问题在善于学习"。笔者提倡向雷锋同志学学习，原因就在于雷锋同志好学习、善学习，希望能像雷锋同志那样"学习一生，战斗一生"。如何向雷锋同志学学习呢？笔者认为应该从以下 10 个方面着手。

一、心明眼亮，认识学习意义

关于学习的意义，雷锋心里想得清，眼里看得明。他在 1961 年 9 月 10 日的《自我鉴定》中写道，"关于学习方面，我深刻地认识到：要想工作好，就得学习好。工作和学习的关系就像点灯加油一样：点灯如果不加油，就会变得暗淡无光，只有不断地加油，灯才会明亮。人只有不断地努力学习，才不会迷失方向，做好工作，否则就会落后，甚至犯错误。"在雷锋看来，学习是工作的前提，学习好是工作好的基础，学习无论如何也不能间断。在雷锋看来，学习能使人思想开阔、胸怀广阔、立场坚定、理想远大、斗志旺盛。正因为如此，所以他学习动力强劲，学习干劲十足，学习精力充沛，"越学越想学，哪怕有一点空余时间……也要看看书报，增长自己的知识"，并"决心继续努力，勤学、苦学、发愤学"。

二、学以为用，明确学习目的

不迷乱、不盲目，目的明确、目标正确，是雷锋学习的一个显著特点。他"保证100%地参加学习"是为了"求得政治、文化、技术各方面的提高"。他学政治理论，是为了"不断提高自己的政治思想觉悟"。他学军事技能，是为了"随时准备打击敌人"。他学"政治、军事、文化"，是为了"在部队争取立功当英雄""做一个毛主席的好战士"，把"可爱的青春献给祖国最壮丽的事业"。他学毛主席著作，是为了"学习毛主席的立场、观点、方法"。他学董存瑞、黄继光、安业民，是为了"克服一切困难，发扬先辈优良的革命传统"。他工作上"向积极性最高的同志看齐"、生活上"向水平最低的同志看齐"，是为了发扬我党艰苦朴素的优良传统和作风。他向理发师傅请教理发，是为了解决自己理发不内行的问题。总之，他能做到学以为用。

三、谦虚好学，端正学习态度

态度决定一切，态度决定成败。谦虚、认真、热情构成了雷锋学习态度的三个基本维度。雷锋的学习态度是谦虚的。他认识到"骄傲的人，其实是无知的人""自己只是沧海之一粟""这有什么值得骄傲的呢"。所以他时刻告诫自己"永不自满，永不骄傲，永远谦虚谨慎"，所以他向一切可学、应学者学习。雷锋的学习是认真的，他说他在学习方面总要"打破砂锅问到底"。他读《黄继光》这本书，"不只看过一遍，而且是含着激动的眼泪，一字字一句句读了无数遍"，甚至能把整本书背下来。雷锋的学习是热情的。例如，他1958年夏天开始学毛主席著作，直到牺牲前6天的1962年8月10日他还"认真学习了一段毛主席著作"。如果没有"伟大的热情"这一"原动力"，他不可能有如此"伟大的行动"。

四、坚韧不拔，强化学习精神

人是需要精神的，学习也需要精神。雷锋的学习精神主要表现为"钉子精神"。雷锋学习的"钉子精神"主要体现为三个方面：一是善于"挤"。"挤"主要体现为挤时间、挤空间。他总结自己的"挤"有"六点"，即"早起点，晚睡点，饭前饭后挤一点，行军走路想着点，外出开会抓紧点，星期假日多学点"。二是勤于"钻"。"钻"主要体现为深入钻研所学内容的本质，既注重广度更注重深度，例如，他学习《论人民民主专政》，认识到"工人阶级是最先进、最觉悟、最有组织纪律、最有前途的阶级"，相信中国共产党将来能够建设"一个更美好的共产主义社会"。三是成于"韧"。"韧"主要体现为坚韧不拔、持之以恒。他一生与学习为伴，从来没有放松过学习，更没有放弃过学习，是"终身学习"的典范。

五、广采博取，丰富学习内容

雷锋学习的内容十分广泛，毫无偏狭。他在生活实际中学，在对新旧社会的对比中，孕育了他感恩党、感恩社会主义制度、要把有限的生命投入到无限的为人民服务之中去的思想情怀，升华出"吃饭是为了活着，可活着不是为了吃饭""自己活着，就是为了使别人过得更美好"等人生哲学。他向书本著作学，读毛主席著作懂得了革命的道理，读英雄传记树立了奋进的光辉榜样，读描写英雄人物的文学作品吸取了奋进的力量，读报纸杂志了解了时政形势、跟上了时代进程。他向身边人物学，不断提高思想觉悟，不断增强工作本领。他所选择的学习内容从不与低级趣味、消遣自娱、消极颓废沾边，表现了雷锋高尚的情操和纯粹的追求。

六、勤学苦练，克服学习困难

敢于同困难作斗争是雷锋的本色。雷锋有篇文章叫《怎样对待困难》，对"什么是困难""怎样战胜困难"等问题进行了探讨，得出了自觉依靠党的领导就能征服困难的结论，表明了他克服困难的强烈意识。在日记中，他反复提到"碰到困难，不畏怯逃避"，而要"克服一切困难"勇往直前，"哪儿有困难就到哪儿去"。在学习过程中，他敢于直面困难，以勤学苦练的实际行动战胜困难。例如，雷锋刚下到连队后，军事训练开始，当时天寒地冻，雷锋以强大的意志和毅力克服了恶劣天气给人带来的困难，不分白天黑夜抓紧时间练习臂力、反复练习投掷动作，手臂练肿也不吭声，通过刻苦训练克服了"个子小，臂力不大""投弹吃力"等自身不足给达到训练目标带来的困难，最终在实弹考核中取得了优异的成绩。

七、随机应变，讲究学习方法

雷锋的学习几乎用到了人们常用的诸如阅读、听讲、观察、实践等所有方法，但他能坚持"以问题为中心"，灵活采用不同的学习方法却是与众不同的。例如，他见到了董存瑞的战友、战斗英雄郅顺义，就与郅顺义进行亲切交谈，使自己受到了"莫大的鼓舞"，决心用"英雄的事迹来鞭策自己"，这是用的交谈法。再如，他读毛主席著作，从1960年1月到1962年8月，写下了数十则笔记，这是用的笔记法。又如，他看了关于聂耳、黄继光的电影，看了评剧《血泪仇》和电影《洪湖赤卫队》等，总是"受到了很大的教育"，这是用的观览法。还如，他向别人学写日记、学理发，这是用的请教法。尤为值得称道的是，他善于运用思考总结法，总结出无数的思想名言，为人们留下了宝贵的精神财富。

八、善于探索，遵循学习规律

在学习过程中，雷锋善于探索，发现学习规律，遵循学习规律。他注重"问题—学习，实践—总结"，强调在问题中学习，在实践中总结。他总结说，学习要做到"四个结合"，也就是"与改造自己的思想相结合""与改进自己的工作相结合""与搞好训练和提高技术相结合""与国内外形势和党的方针任务、政策相结合"。从他对自己学开拖拉机、推土机过程的描述中，我们可以看到他遵循着调适心理、专心致志的规律；从他对自己学习《反对自由主义》等篇章后采取的批评与自我批评的行动的描述中，我们可以看到他遵循着理论联系实际的规律；从他对自己军事训练练习投弹的描述中，我们可以看到他遵循着勤学苦学发愤学的规律。正因为遵循着学习规律，所以他的学习总是事半功倍。

九、学以致用，追求学习实效

雷锋的学习从来就不是为了做做样子、装装门面，而是为了"精通它、应用它"。他学了《纪念白求恩》之后，就用"毫不利己，专门利人"的话"鞭策自己，检查自己"，在一个星期天，带病到一处建筑工地帮助运送砖头；中秋节，他把部队发给他的苹果和月饼再加一封慰问信送到了抚顺市职工医院慰问伤病员。他学了《关心群众生活，注意工作方法》之后，就"决心按毛主席的教导去做"，有一天晚上他发现营房里炉子把底板烧坏了，满屋都是煤气，他怕大家中毒，就采取了相应的措施，排除了险情。他"用了四个多小时一字一句句读完了"《向秀丽》这本书，"懂得了爱护国家的财产和人民的生命安全，要比保护自己的生命为重"。事例不胜枚举，总之，他能有所学必实用，绝不当坐而论道的"客里空"。

十、笔耕不辍，收获学习成果

据人民武警出版社、华文出版社2003年1月出版的《雷锋全集》出版说明称：雷锋在1956年至1962年间，共写了日记、书眉笔记、诗歌、小说、散文、文章、讲话、书信、赠言等325篇；雷锋的言论，是他人生轨迹的记载，是他的理想、信念、道德和情操的呈现，是共和国文明史册上值得永怀的一页。我们应该看到，这些文字是雷锋灵魂的舞蹈，思想的硕果，辛勤劳动的结晶。在学习、生活、工作的过程中，他持之以恒随时写，因势就便随处写，有感而发随事写，不拘一格随体写，对写作倾注了无限的热情和智慧，时间和精力。他求真务实，叙真事，谈真心，表真意，抒真情，说真理，为我们展现了"真、善、美"的精神境界，为时代树起了不朽的精神丰碑，这一切，都应归功于他的笔耕不辍的勤奋。

重视学习，不断学习，是中国共产党推动事业发展的一条成功经验。习近平总书记指出，"好学才能上进。中国共产党人依靠学习走到今天，也必然要依靠学习走向未来"。他强调："一定要把学习放在很重要的位置上，如饥似渴地学习。"学习无止境，学习贵有恒，让我们朝着习近平总书记指引的学习方向，在奋进新时代的征程中，"学习，学习，再学习"吧！

向雷锋同志学读书

　　胸藏万卷才不枯，腹有诗书气自华。雷锋深知学习的意义，一生都在学习之中，其学习方式多种多样，其中最重要的学习方式之一就是读书。他读有关政治理论方面的书，读有关英雄模范人物方面的书，读有关专业技术方面的书，使自己的思想觉悟和专业技术水平得到极大的提高。他能成长为一个伟大的共产主义战士，是与他孜孜不倦的读书习惯分不开的。向雷锋同志学读书，可以从以下 7 个方面着手。

一、明确读书目的

　　读书是要讲究目的的。漫无目的的读书绝对不会收到应有的效果。"书中自有千钟粟，书中自有黄金屋，书中自有颜如玉，书中车马多如簇，男儿欲遂平生志，五经勤向窗前读"，古代有人读书的目的是为了考取功名、获得荣华富贵。"为中华之崛起而读书"，当代有志青年读书的目的是为了中华民族的崛起和振兴。

雷锋读书的目的十分明确。从大的方面看，他读书是为了树立坚定不移的人生观，提高思想觉悟，掌握专业技术，能够做一个"又红又专"的"真正的共产主义战士"。从小的方面看，是为从所读的书中获得具体的知识或能力。例如，他读《毛泽东著作选读》，为的是"学习毛主席看问题两点论的观点；学习毛主席实践的观点；学习毛主席阶级斗争的观点；学习毛主席批评与自我批评的观点；学习毛主席谦虚谨慎的观点；学习毛主席善于团结的观点；学习毛主席全心全意为人民服务的观点"。我们读书，同样要明确目的，以解决"为什么读书"的问题。一本书有一本书的内容倾向，一个人有一个人的读书需求，在确定读书目的的时候，一定要将个人需求与书本内容结合起来。宽泛地说，读书目的的确定，应围绕益智明理、解疑去惑、增识长才、怡情悦性等方面的要求进行；具体地说，读书目的的确定，应围绕解决某个实际问题的需要进行。例如，读《雷锋传》或者《雷锋日记》，就要为着了解雷锋生平事迹、学习雷锋精神的目的。

总之，明确读书目的，才能使读书方向得到明晰，才能使读书效果得到增强。

二、端正读书态度

读书是要讲究态度的。良好的态度是读书取得良好效果的基础。

雷锋读书，态度十分端正。从他 1959 年 8 月 26 日所写的日记看，他读书的态度可以概括为"认真"二字。该日记说：他"自从由鞍山转到弓长岭以来""对各种学习任务都能认真完成；自学较好，每天早晨学习一小时，晚上总是要自学到深夜 10 点至 11 点钟"。这里所说的"自学"实际是指的读书，"各种学习任务"实际是指的各种读书任务，"认真"的态度表现为早晚都确保了读书的时间。

我们向雷锋同志学读书，就要有"认真"的态度。这种态度就是在读书的问题上要严肃对待，不马虎了事，不敷衍塞责，不得过且过。这种态度，从读书情感上说，就是要满怀真诚。例如，雷锋读《黄继光》这本书，"不只看过一遍，而且含着激动的眼泪，一字字一句句读了无数遍"，甚至"能把这本书背下来"，他为"失去黄继光这样一个好的阶级兄弟，心情是万分悲痛的"。正因为怀着深厚的、真诚的感情，所以雷锋对《黄继光》这本书的感觉是，"每当看完一遍，就增加一分强大的力量，受到的教育也一次比一次深刻"。这种态度，从读书结果上说，就是要记录心得，并且将读书所得的思想收获付诸为人民服务的切实行动。例如，在 1960 年 1 月至 1962 年 8 月间，雷锋读了《毛泽东选集》、《毛泽东著作选读》、《实践论》（单行本）、《矛盾论》（单行本）等著作，写有书眉笔记若干则，还有大量的日记。这些书眉笔记和日记，有的记录了自己的感想，有的记录了自己的决心，有的记录了自己的行动，我们从中可以真切地看到雷锋"做毛主席的好战士"的"战士情怀"。如果没有认真的态度，而只是蜻蜓点水、浮光掠影式的阅读，就根本谈不上什么实效。

三、精选读书内容

读书是要讲究内容的。古今中外，书多得汗牛充栋、浩如烟海。人的时间和精力毕竟是有限的，读什么书必定要有所选择而且要精选。

在这个方面，雷锋没有像有些人所说的那样一谈到读书就要"博览群书"，而是精选读书内容。从《雷锋全集》等文献资料中，我们可以发现，雷锋所读的书（不计小学时代所读的书）大略有3类：

一类是关于政治理论的书，如《毛泽东选集》《毛泽东著作选读》尤其是其中的《纪念白求恩》《实践论》《矛盾论》《论人民民主专政》等；

一类是关于英模人物的书，如《向秀丽》《黄继光》《党的好儿子龙均爵》《赵一曼》《刘胡兰小传》《董存瑞》《卓娅和舒拉的故事》《钢铁是怎样炼成的》等；

一类是关于专业技术的书，如在运输连，他是"技术学习小组长""每天要学技术专业"。

每一类书都在他的成长中发挥了难以尽述的引领方向、树立榜样、提高能力的积极的作用。例如，学了毛主席著作以后，他"懂得了不少道理"，而且"脑子里一豁亮，越干越有劲，总觉得这股劲儿永远也使不败"，并决心"一辈子学习毛主席著作"；读了《向秀丽》一书之后，他"提高了阶级觉悟，加深了对剥削阶级的仇恨，对劳动人民的热爱""懂得了热爱同志和集体，懂得了爱护国家财产和人民的生命安全，要比爱护自己的生命为重"的道理，并决心永远向向秀丽同志学习；他读了专业技术方面的书和学习了实用操作技术之后，拖拉机、推土机和汽车驾驶的水平得到了提高，工作有了过硬的本领。我们向雷锋同志学读书，就要像雷锋那样，不一定要搞所谓的"博览群书"，而要根据自己的工作、生活、学习需要以及兴趣爱好或者研究方向搞"专精深透"，即算要"博览群书"，也应该在"专精深透"的要求和范围内进行，切实做到"集中火力开炮"。

四、制订读书计划

读书是要讲究计划的。古语说，凡事预则立，不预则废；俗语说，做事没计划，等于盲人骑瞎马。读书亦是如此。

雷锋读书总是有计划地进行。1960 年 12 月 × 日，他在日记中写道："在明年读完《毛泽东选集》第四卷中的《抗日战争胜利后的时局和我们的方针》《关于重庆谈判》《关于国际形势的几点估计》《目前形势和我们的任务》《将革命进行到底》等重要文章，重读《毛泽东选集》一、二、三卷中的重要文章，坚决做到边学、边想、边改、边运用。"1961 年 1 月 1 日，他在沈阳军区《前进报》发表的《永远做毛主席的好战士》一文中再次表示："决心在新的一年中，更深入持续地把毛主席著作学下去。初步计划在 1961 年学完《毛泽东选集》第四卷中《抗日战争胜利后的时局和我们的方针》等 9 篇著作，还要重读一、二、三卷中的有关著作。在学习中，我要做到联系实际，活学活用，用毛主席的思想来改造自己，把毛主席的思想真正学到手，永远做毛主席的好战士！"这些表述，不仅列举了读书目录，而且说明了如何联系实际来读书，重点解决了读什么和怎么读的问题。尤其是"坚决做到边学、边想、边改、边运用""要做到联系实际，活学活用，用毛主席的思想来改造自己，把毛主席的思想真正学到手，永远做毛主席的好战士"等说明，突出表现了"学以致用"的读书精神。这些表述，虽不是详尽的读书计划，但表明了雷锋读书的计划性和实践性。

一般说来，一份详尽的读书计划应该包含指导思想、基本目标、图书目录、时间安排、方式方法、保障措施、预期效果等要素，这是我们在制订读书计划时是必须充分注意的。读书计划的制订，不能千篇一律、千人一面，而应因人而异，也不必长篇大论，简明扼要即可。

五、保障读书时间

读书是要讲究时间的。在工作和生活中，我们因为这事那事、这忙那忙挤占了读书时间，读书时间难以保障，这是实情，也是常情。但，我们不能因此而放弃了读书。

在这个问题上，雷锋有个办法，那就是发扬"钉子精神"，挤出时间读书。他读书做到了"六点"，那就是"早起点，晚睡点，饭前饭后挤一点，行军走路想着点，外出开会抓紧点，星期假日多学点"。有文献显示：雷锋不断地阅读毛主席的著作，他给自己规定了一项制度：每天早晨学习一小时。晚上，经常学习到十点钟至十一点钟。在鞍钢的露天煤场里，他有空就翻开《毛泽东选集》；来到部队后，他在给演出队烧开水的土灶旁，读完了《毛泽东选集》第三卷。上级号召大家读毛主席的书，听毛主席的话，按毛主席的指示办事，做毛主席的好战士。他把这几句话作为座右铭，并且抄在毛主席著作的封面上，还在"读毛主席的书"这句话的前面，加上"天天"两字，用来鞭策和激励自己去阅读毛主席的著作。

雷锋是汽车兵，经常开车在外面执勤，可是，他不管走到哪里，身边总是背着一个挎包，里面装的大都是毛主席著作的单行本。见缝插针，有空便学，因此，战友们开玩笑地叫他"读书迷"，把他的挎包叫作流动图书馆。雷锋在1960年11月5日的《忆苦思甜》报告中说，他有时晚上学习太晚，头昏，就洗一洗脸……利用开饭前后，有时连到厕所他也不放过学习，部队规定9点钟熄灯，他就买个手电，在被子里学。学完了《毛泽东选集》一至四卷，其他政治书籍60多本。

据此，我们可以说，能不能挤出时间读书，关键在于是否把读书当作生活的必需。如果真正把读书当回事，真正好读书，真正按读书计划读书，自然也就能挤出时间读书了。

六、讲究读书方法

读书是要讲究方法的。读书的方法有很多，眼观心记无声读，书声琅琅高声读，循序渐进次第读，熟读精思细致读，览观大意约略读，泛泛浏览快速读，提纲挈领跳跃读，虚心涵咏虔诚读，着紧用力勤奋读，居敬持志专心读，温故知新反复读，边读边悟体察读，边读边写综合读，等等，都是人们总结出的良好的读书方法。

根据雷锋日记及其有关事迹、言论，我们可以断定，上述读书方法，雷锋肯定都采用过。我们认为，雷锋的读书方法中最值得我们学习的有两种：理论与实际相结合的读书法和阅读与写作相结合的读书法。他总结了"以问题为中心"的读书规律，总结了"问题—学习，实践—总结"的"学习公式"。关于理论与实际相结合的读书方法，看看他的《在沈阳军区工程兵部队第六届团代会上的发言提纲》，便能深切地感受到。他说：他学了《关心群众生活，注意工作方法》那篇文章后，帮助贫农吕常泰老大爷解决生活困难，送给他一件棉衣，一套单衣；学习《关于正确处理人民内部矛盾的问题》，解决了×××同志的思想问题；学习毛主席所说的怎样战胜困难后，战胜了投手榴弹的困难；等等。这些都是理论联系实际读书方法的典范。关于读书与写作相结合的读书方法，那就更是显而易见了。他读毛主席著作，写了诸如"革命：革敌人的命；革自然的命；革困难的命"等书眉笔记数十则和"思想教育应该是经常的，长期的"等若干心得日记或文章；他读《黄继光》《向秀丽》等著作，写了"我一定像黄继光那样，贡献自己的生命，做祖国人民的好儿子""经常对照自己和鞭策自己，把自己锻炼成为一个坚强的无产阶级革命战士"等若干日记。

可以说，联系实际读书，读写结合读书，是雷锋读书成功的法宝。

七、追求读书效果

读书是要讲究效果的。不追求效果的读书无异于开花不结果、撒网不捕鱼，徒然浪费时间精力资源。读书的效果应该体现在前文提到的益智明理、解疑去惑、增识长才、怡情悦性等方面。

雷锋通过读书学习和生活工作实践，从一个受苦受难的孤儿成长为一个伟大的共产主义战士。在读书学习中，他坚定了共产主义的理想信念，提高了马克思主义的思想水平，点燃了献身社会主义建设的工作激情，增强了务农务工从军的工作本领，克服了一般人难以克服的工作困难，干出了一番全心全意为人民服务的宏伟事业，留下了一种毫不利己专门利人的伟大精神。

他读《论人民民主专政》，认识到"工人阶级是最先进、最觉悟、最有组织纪律、最有前途的阶级……将来会取得一个更美好的共产主义社会"，解决了人生信念的问题。他读《毛泽东选集》第三卷有关篇章，就"觉得一个革命者活着，就应该把毕生精力和整个生命为人类解放事业——共产主义全部献出"，解决了人生理想问题。他读《纪念白求恩》，明白了"一个人，只要大公无私，处处从党和人民的利益出发，兢兢业业为党工作，老老实实为人民服务，就是一个有益于人民的人。一个人只要他不存私心，时时刻刻考虑人民的利益，全心全意地去为人民服务，他就能成为一个道德高尚的人"等道理，并决心"做一个对人民有用的人"，解决了做什么人的问题。他读《向秀丽》等有关英雄模范人物的书，增强了对劳动人民的热爱，决心学习他们坚定的阶级立场、敢于斗争的精神，学习他们耐心帮助同志、处处为集体谋利益的精神，学习他们爱护国家财产胜过爱护自己生命的精神，学习他们在紧急关头挺身而出、英勇牺牲的精神，解决了怎么做人的问题。

鸟欲高飞先振翅，人求上进先读书。让我们积极行动起来，学习雷锋同志，觉解读书的意义，大力开展读书活动，苦读如匡衡凿壁、江泌映月，勤读如孙敬悬梁、苏秦刺股，攻读如孔丘绝编、臧氏亡羊，常读如倪宽带经、昌黎焚膏，多读如惠施五车、张华雅爱，永远站在精神的高地与书本对话，丰富知识，聪颖智慧，纯洁心灵，高贵品格，提振心气，增强本领，在实现中华民族伟大复兴宏伟目标的征程中奉献应有的力量。

向雷锋同志学写作
——与青年领导干部谈谈写作能力的提高

魏文帝曹丕在《典论·论文》中说:"盖文章,经国之大业,不朽之盛事。年寿有时而尽,荣乐止乎其身,二者必至之常期,未若文章之无穷。是以古之作者,寄身于翰墨,见意于篇籍,不假良史之辞,不讬飞驰之势,而声名自传于后。"这段论述,强调了"文章"之于"经国"(治国理政)的崇高不朽地位,阐明了"作者"之于"寄身翰墨"(投身写作)、"见意篇籍"(创出作品)的重要意义以及"文章"之于"声名"(人生价值)的深远意义。对此,我们应该清晰地认识到,"文章"是写作的结果,唯有具有高超的写作能力,才能完成这"经国之大业,不朽之盛事"。

向雷锋同志学写作,是彰显责任担当的需要。我们应该知晓:一部集体合唱的《诗经》,记录着我们祖先的生活,开启了中华"诗的国度"和中国文学浪漫主义创作的大门;一首个人独唱的《离骚》,记录着一位伟大的爱国主义者的情怀,开掘了中华民族"上下而求索"和中国文学现实主义创作的先路。一首《七律·长征》，出自一位党的最高领袖之手，记录着中国共产党的一段苦难辉煌的奋斗岁月，至今还在激励着中国共产党人不断进行豪迈的新长征；一部《雷锋日记》，出自一位普通战士之手，记录着雷锋平凡伟大的心路历程，至今还在激励着"千万个雷锋在成长"。我们应该知晓："写作"，是时代进程的镂刻，是价值取向的张扬，是奋斗人生的歌吟，是美好心灵的述说；"文章"，是文化的载体、文明的大旗，是情怀的寄托、思想的展板，是进军的号角、制胜的武器；"人生最美好的，就是在你停止生存时，也还能以你所创造的一切为人民服务"。（奥斯特洛夫斯基语）

作为青年领导干部，我们应该把"写作"作为我们工作的一个重要组成部分，把"文章"作为我们工作的一项重要功课作业。试想，如果雷锋不写作，我们何以能读到《雷锋日记》等光辉篇章？如果雷锋没有《雷锋日记》等光辉篇章，我们何以能认识到一个伟大战士的内心情怀？所以，我们应该认识到，写作就是一种责任担当。例如，工作伊始，我们需要有计划，这个计划就必须由我们自己写，因为，要做什么、要做得怎么样，我们自己想得最全、最细；工作结束，我们得有总结，这个总结就必须由我们自己写，因为，做了什么、做得怎么样，我们自己最清楚、最明白。所以，写作，应该是我们工作的分内职责，我们对此应该有无可言说的责任担当。

向雷锋同志学写作，是提高工作能力的需要。习近平总书记在 2020 年秋季学期中央党校（国家行政学院）中青年干部培训班开班式上发表的重要讲话中强调，年轻干部要提高政治能力、调查研究能力、科学决策能力、改革攻坚能力、应急处突能力、群众工作能力、抓落实能力。据此，我们可以看到，要提高群众工作能力，就必然要"宣传群众、教育群众"；要"宣传群众、教育群众"，就必然要进行语言表达；要进行语言表达，就必然离不开口头表达和书面表达；要书面表达，就必然要有写作的能力。对此，我们应该清醒地认识到，写作之于工作能力的重要意义，唯有具有高超的写作能力，才能担当起相应的任务和使命。

写作不仅仅是过程中的选材立意、布局谋篇、遣词造句等技术层面的问题，更重要的是写作者的理想追求、生活积累、情感态度、价值取向等内涵层面的问题。写作过程必然伴随着态度的端正、思想的凝成、情感的纯化、方法的寻找等内在能力提高的问题。雷锋的作品以其"平凡人生的伟大宣言"的品质，具有"宣传群众、教育群众"的强大功能，如能学以致用，必能使我们的工作能力和工作成效得到极大的提高。

向雷锋同志学写作，是解决实际问题的需要。毛泽东同志号召全国人民"向雷锋同志学习"，于是，以"学雷锋，见行动""学雷锋，做好事""学雷锋，树新风""学雷锋，做雷锋"为主要标识的学雷锋活动在全社会蔚然成风。今天我们在这里讨论的话题是"向雷锋同志学写作"，套用"学雷锋，见行动"句式就是"学雷锋，会写作"，主要是想谈谈"青年领导干部写作能力的提高"的问题。为什么要做如此探讨？一是因为雷锋是平凡而伟大的共产主义战士，《雷锋日记》是一本伟大战士的内心独白，是一座永远矗立的精神丰碑。雷锋精神以其丰富深刻的内涵哺育了一代又一代青年的成长，雷锋的事迹得到了一代又一代青年的传承，雷锋的写作理所当然也应该得到我们的学习。二是因为在我们某些领导干部中或多或少地存在着对写作的"不重写，不会写，不愿写"和"能说不能写，能做不能写，能批不能写"等现象，更有"我就是不会写"的遗憾，严重制约了自身身份形象及其工作能力光辉的绽放。这些现象，我们必须消除；这种遗憾，我们必须消弭。

一、向雷锋同志学写作，就是要坚持奋发图强的理想追求

理想是人们在实践中形成的、有可能实现的、对未来社会和自身发展的美好向往与追求，是人们的世界观、人生观和价值观在奋斗目标上的集中体现。理想具有重要性，所以说"三军可夺帅也，匹夫不可夺志也""有梦想谁都了不起，有勇气就会有奇迹"；理想应有高远性，所以说"穷且益坚，不坠青云之志"；理想应有进步性，所以说"我们选择职业所应遵循的主要指针，是人类的幸福"；理想应有恒久性，所以说"老骥伏枥，志在千里；烈士暮年，壮心不已"。

雷锋同志一生生活在理想中，拥有为远大理想而不懈奋斗的既平凡又伟大的人生。他既有远大的共产主义人生理想，又有具体的生活工作理想，而且都一一实现了。

学习雷锋同志坚持奋发图强的理想追求可以从以下三个方面着手：

一是从人生信念中学习他理想追求的最耀眼的红色。雷锋身上的红色基因丰富而强大。雷锋的一句名言"人的生命是有限的，可是，为人民服务是无限的，我要把有限的生命，投入到无限的为人民服务之中去"，彰显着雷锋宏大的人生信

念。他强调"又红又专",他说:"我要努力做个又红又专的共产主义战士。""更好地为人民服务,为人类的解放事业——共产主义而贡献自己的一切。"《雷锋日记》中,出现频率特高的句式是"我要……","我一定要做一个毛泽东时代的好战士,我要把我可爱的青春献给祖国最壮丽的事业""我要把有限的生命,投入到无限的为人民服务之中去""为了人类的解放事业——共产主义,我要献出自己的毕生精力和整个生命""我要时刻准备着为党和阶级的最高利益,牺牲个人的一切,直至生命""我要永远愉快地多给别人,毫不计较个人得失……""今后我要更加珍爱人民和尊敬人民,永远做群众的小学生,做人民的勤务员"之类的句子比比皆是,而所有的"我要……",其实都是他的人生理想的最真诚、最直白的表述,他的一生就是在为着理想而思考着,生活着,工作着,奋斗着,奉献着。

在雷锋的著作中,"忠于党的事业,做毛主席的好学生"之类的忠诚诺言不计其数,"党叫我干什么,我就干什么"之类的庄严承诺不计其数,"时刻准备着为了党和阶级的最高利益牺牲个人的一切,直至最宝贵的生命"之类的坚贞誓言不计其数。所有这些,都表现了雷锋对党的忠诚之情,对共产主义的执着之情,对人民的热爱之情,以及勇于牺牲的忘我之情,它们一起构成了雷锋精神的最宏大的主题和最耀眼的光芒。正因为如此,雷锋才有从身世悲惨的苦难童年走向品学兼优的阳光少年和信念坚定的奋进青年的人生历程。正因为如此,他才成长为"耕耘祖国大地"的"新式农民","百炼成钢"的"好工人","全心全意为人民服务"的"好战士"。

二是从人生履历中学习他理想追求的最鲜明的本色。解放前，他向人打听穷苦人翻身得解放的消息，盼望着共产党、解放军的到来；刚解放，他就"志愿""去当兵"。1956年，16岁的雷锋有了宏大的人生规划。在小学毕业典礼上发言时，他说，他要"当一个新式农民……建设社会主义新农村"，要"做个好工人……为我国的社会主义工业化建设出把力"，要"做个好战士，用自己的鲜血和生命去保卫我们伟大的祖国"，后来他果真在团山湖当了农民，在鞍钢当了工人，在辽阳当了解放军战士。1958年6月，雷锋在团山湖发出了著名的"雷锋七问"，表达了滋润土地、照亮黑暗、哺育生命、坚守岗位、宣扬理想、付出劳动、创造未来的人生理想。1958年11月，雷锋在离开故乡北上鞍钢时表达了"到工厂后，一定刻苦学习，克服一切困难，发挥一个共青团员的应有热能……为祖国人民过幸福生活而奋斗到底"的坚定决心。1959年，雷锋明确了自己的政治归宿。他在8月26日的日记中写道："自从由鞍山转到弓长岭以来，自己就抱定决心：一定要很好地工作、学习，争取加入中国共产党。"1960年11月8日，他"光荣地加入了伟大的中国共产党，实现了自己最崇高的理想"。1959年，雷锋确立了自己的战士理想。他在12月4日的日记中写道："只要组织上批准我入伍，我一定要把自己最可爱的青春献给我们的祖国，做一个真正的共产主义革命战士……"1962年8月15日，雷锋以身殉职，实践了自己的诺言。

对文学，雷锋有梦想、有行动、有成果，而且他的文学理想追求达到了扎根人民的境界、扎根生活的境界、书写时代的境界、追求卓越的境界、追求真善美的境界。

三是从人生事迹中学习他理想追求的最厚重的底色。每做一事，雷锋往往都有自己的"理想"标准。例如，1958年，在团山湖，他提出了"保证克服一切困难，勤学苦练，早日学会技术""保证破除迷信，大闹技术革命"等当农民的"六个保证"；1959年，在工厂大会上，他提出了"保证听党的话，服从组织调配""向先进学习"等当工人的"六个保证"；1960年1月，雷锋入伍，在8日的日记中，他提出了"听党的话，服从命令听指挥，党指向哪里，我就冲向哪里""加强政治学习"等当士兵的"六个保证"；1960年11月，在被授予"模范共青团员"的授奖大会上，雷锋提出了"听党的话，听毛主席的话，努力学习毛主席著作，做毛主席的好战士""发扬艰苦朴素、勤俭节约的优良传统"等当模范的"五个保证"，这些"保证"，说是"保证"，在我们看来，实际就是从业理想和工作标准。

又如，关于汽车驾驶，他在一个工作总结中提出要做到"四勤、三先、五不超、六不走、九慢"等安全措施，其中的"三先"是"会车先慢，先让，先停"，"五不超"是"不超速，不超载，不超高，不超长，不超宽"。这些，相对过去而言是经验，相对未来而言是理想、是标准。我们现在的一些"老司机"只怕也未能有如此作为。

还如，学习毛主席著作，他对自己提出了"分析每篇文章对当时革命运动起了什么作用""主席为什么分析这个问题""主席在文章中提出几个什么观点""主席的方法论是什么""联系个人写心得体会"等要求，这样的要求实质是做这件事的理想，正因为有这样的要求或理想，故而，无论是在简家塘生产队搞公粮征收还是在乡上当通讯员，无论是在望城县委当公务员还是在治沩指挥部当通讯员，无论是在团山湖新农村建设工地当拖拉机手还是在鞍钢洗煤车间当推土机手，无论是在弓长岭焦化厂还是在营口新兵连，无论是在运输连当驾驶员还是在战士业余演出队，无论是战士还是副班长、班长，无论是担任人大代表还是担任党代表，无论是作为中士军官还是作为校外辅导员，无论是作忆苦思甜报告还是作大会发言，他都能把每一件事做出高质量，做到精彩极致，做到让人满意和称赞。

什么种子发什么芽，什么理想开什么花。我们说，向雷锋同志学写作，就是要坚持奋发图强的理想追求，目的是想让同志们明确理想追求之于写作的意义，像雷锋那样为理想而奋斗。

对此，我们应从以下四个方面狠下功夫：

一是要牢固树立远大崇高的共产主义理想。牢记党的全心全意为人民服务的根本宗旨，高举习近平新时代中国特色社会主义思想伟大旗帜，积极投身到中华民族思想伟大复兴的事业中来。

二是要牢固树立精益求精的本职工作理想。无论职位高低、能力大小，都热爱本职、忠于职守、担责尽职，把想干事、能干事、会干事、干成事作为自己的本职追求，实现自己的岗位价值。

三是要牢固树立团结奋进的为人处世理想。为人处世是大学问，人人都应有自己的行为准则和处事秉承，就领导干部而言，应以团结奋进为要，对同志像春天般的温暖，对事业如夏天般的火热。不仅能使自己"青云直上"，还要能带领群众"风生水起"。

四是要牢固树立能说会写的日常写作理想。在语言表达上，领导干部，不仅要"能说会道"，而且要"能说会写"。不只能"说"得"头头是道"，还要能"写"得"妙笔生花"；不仅要能写各式各样的文体，而且要能通过各式各样的文体准确、鲜明、深刻、精彩地表达自己的思想或情志。唯有"独上高楼，望尽天涯路"，执着于奋发图强的理想追求，我们的事业、我们的写作方能有所作为。

真可谓：前程似锦岂蹉跎？奋发图强势巍峨。繁华落尽与君老，一路风尘一路歌。

二、向雷锋同志学写作，就是要坚持内外兼修的品格锤炼

文章内容品质的好坏决定于作者品德、情感、意志、态度、思想方法等品格水准的高低。我国古代文论早就注意到品格之于为文的极端重要性。西晋著名文学批评家陆机在《文赋》中说，作者的写作冲动往往发乎三端：一是感于物，即所谓"遵四时以叹逝，瞻万物而思纷；悲落叶于劲秋，喜柔条于芳春"；二是本于学，即所谓"咏世德之骏烈，诵先人之清芬；游文章之林府，嘉丽藻之彬彬"；三是得于心，即所谓"心懔懔以怀霜，志渺渺而临云"，认为心志高洁，有怀霜和临云之志，方能创作出高洁的文字。刘熙载倡言"诗品出于人品"，谢章铤主张"人文合一"，况周颐说"填词第一要襟抱。唯此

事不可强，并非学力所能到"，孙麟趾说"人之品格高者，出笔必清"，沈德潜也说"有第一等襟抱、第一等学识，斯有第一等真诗"。据此，我们应该认识到，要写作为文，必定要加强内外兼修的品格修养和淬炼。

雷锋深谙此理，不断修养共产主义品格。在1959年12月8日的日记中，他说"一个革命者，当他一进入革命行列的时候，就首先要确立坚定不移的革命人生观。……处处为党的利益，为人民的利益着想，具有大公无私、舍己为人的风格"，所以，他的文字，无论是日记小说还是诗歌散文，都闪烁着共产主义的思想光辉，绽放出为人民服务的耀眼光彩，以极端旺盛的生命力盛传于世。

学习雷锋同志坚持内外兼修的品格锤炼可以从以下三个方面着手：

一是"多做事，少说话"，自觉践行马克思列宁主义、毛泽东思想、习近平新时代中国特色社会主义思想和党的方针路线政策。马克思主义认为，"代表先进阶级的正确思想，一旦被群众掌握，就会变成改造社会、改造世界的物质力量"。反过来说，我们应该从"代表先进阶级的正确思想"中获取前行的引力、动力和活力。雷锋正是这一实践的典型代表。

他说："我在一切实际行动中……牢记了列宁的教导：多做日常细小平凡的工作，少说漂亮话。因此，我经常打扫卫生、捡大粪，在日常生活中养成热爱劳动的习惯；总想多做事，少说话。"他在《毛泽东选集》第三卷第1039页书眉有过这么一段读书笔记："今年2月，我因公从沈阳到大连，在乘火车的时候，我看到旅客很多，服务员忙不过来。这时我想起了毛主席的话，'全心全意地为中国人民服务'……于是我当了一名义务服务员，给旅客倒水，扫车厢，擦玻璃，照顾了一位有病的老太太，帮助一个老大爷解决他旅行中的经济困难。"1962年4月2日，下了一场雪，天气格外寒冷。第二天，他到团里去开会，路上遇到一个十来岁的小孩，见小孩穿得很单薄，冻得打哆嗦，他就立即脱下自己的棉裤，送给了小孩。雷锋"做"的诸如此类的"好事"多得不胜枚举，所以，人们传扬着"雷锋出差一千里，好事做了一火车"，毛泽东同志评价他"长期一贯地做好事，而不做坏事"。

党中央发出增产节约号召以后，雷锋想到，要"处处注意节约，时时注意节约"。于是，春节时，他想到，"苹果、月饼和糖不吃是可以的，是可以节约的"，就没有用部队发给他的苹果票和糖票去买这些物品，仅仅"花了两角五分钱理了个发"。还是为了响应增产节约的号召，在辽阳遭受百年不遇的洪灾时，他把在工厂时攒的40多元钱、在部队7个月里攒的30多元钱还有其他的钱共100元捐赠给辽阳市委，用于"支援灾区人民公社发展生产"。

二是"高标准，严要求"，及时检视和改正自身的缺点与错误。人非圣贤，孰能无过？有过不可怕，关键在省过、识过、改过。雷锋的成长历程，总是伴随着省过、识过、改过的行动，所以他能够成为像白求恩那样的"一个高尚的人，一个纯粹的人，一个有道德的人，一个脱离了低级趣味的人，一个有益于人民的人"。在1961年9月19日的《入党转正申请书》中，雷锋检视自己说："我所想，所做的，都是以感谢党的恩情来指导一切工作的。因此，干工作只是一个人单打鼓、独划船的干，不懂得发动群众，不懂得把个人的力量和集体的力量结合在一起。"他在其中还专门列举了"生活上形成了自由散漫的作风""对同志帮助不够""工作缺少方法""个性急躁"等"缺点"。我们可以看到，他的这份《入党转正申请书》，绝大部分篇幅是在检视自己，列举不足，提出改进方法，不像某些人的《入党转正申请书》，"满纸表功劳，句句夸大话"。

认识缺点是改正缺点的起点，改正缺点是开始进步的行动。雷锋总能及时发现和改正缺点和错误。一次，他在炊事班的饭盆里随手拿了一块锅巴吃，一个炊事员要他"自觉点"，他一听就生气了，把锅巴摔回盆里，转身走了。回到宿舍，他思来想去觉得自己不对：人家炊事员说得没错，怎么能对人家甩脾气呢？自己做错了事，还挑剔别人家的态度，这怎么能使自己得到进步呢？他越想越惭愧，于是就返回炊事班，主动向那个炊事员道歉。

三是"不骄傲，不自满"，正确对待荣誉、地位和批评。雷锋入伍两年后，记过二等功1次，三等功2次，受到团营嘉奖多次，还被评为学习毛主席著作积极分子、节约标兵、少先队优秀辅导员、模范共青团员和共产党员，当选为抚顺市人民代表，出席过沈阳部队首届共青团代表会议，得到过报纸、电台的广为宣传，可谓荣誉满身。当他听到有不熟悉他的战友议论他"不应只是个上等兵而应该是个下士"的时候，他即刻把这个议论当成警钟，告诫自己：荣誉越多，说明党和人民的要求越高，更加不能对工作有丝毫松懈，更不能为自己闹军衔、争地位。1962年2月，雷锋以特邀代表的身份出席沈阳部队召开的首届共青团代表大会，并被选为主席团成员。会议期间，他总是谦虚地回应其他同志的赞美。开会时，他是特邀代表和主席团成员，认真听取各位代表的发言，看文件，写笔记；回到招待所，他成了服务员和炊事员，做着擦地板扫走廊、送饭送菜的工作。

1962年春天，部队首长跟人（洪建国）说起有同志反映"在一些会议上，雷锋不注意听首长的讲话。在火车上以及空闲的时刻里，他翻弄自己照片的次数较多……"请注意，一个英模人物在会议上"不注意听首长的讲话"是违反会议纪律的事，是"骄傲自满"的表现，会造成不良影响；一个英模人物"火车上以及空闲的时刻里，他翻弄自己照片的次数较多"是"自我陶醉"的表现。得知首长说的同志们的反映后，雷锋从2月27日起，连续写下了7篇日记，多次提及要"警惕骄傲自满"情绪。他说："雷锋呀，雷锋！我警告你牢记：千万不可以骄傲。"

以上"多做事，少说话"的实干、"高标准，严要求"的检省、"不骄傲，不自满"的谦降，应该作为我们锤炼品格的基本方法。

新时代，我们进行品格锤炼，可以从以下三个方面着手：

一是要修炼坚定的政治品格。雷锋的政治品格在于"忠"。我们要始终坚持以习近平新时代中国特色社会主义思想为指导，增强"四个意识"、坚定"四个自信"、做到"两个维护"；不忘初心，牢记使命；把对党忠诚、为党分忧、为党尽职、为民造福作为最根本的政治担当。

二是要修为高贵的人文品格。人之为人，品格是第一竞争力。真正伟大的品格都具有超强的战斗力。雷锋的人文品格在于"善"。我们要始终坚持"真善美"的人文信条，自觉践行社会主义核心价值观，从容应对错综复杂的社会环境，在生产生活的实践中修养爱国爱民、明志持节、诚信友善、知耻改过、贵和敦亲、厚仁重义、勤俭奉公、务实求新、谦虚谨慎、艰苦奋斗、自强不息等一切高贵品质。

三是要修养勤勉的职业品格。雷锋的职业品格在于"勤"。我们要始终立足本职岗位，坚守职业道德规范，从政则克己奉公、勤俭为民，行医则救死扶伤、治病救人，为师则诲人不倦、春风化雨，务农则遵时就地、春耕秋收，经商则货真价实、童叟无欺。

唯有历练好政治品格、人文品格和职业品格，我们的写作才能有"万绿丛中一点红"的大创新，才能有"写出新诗字字香"的大格局，才能给人以"众里寻他千百度。蓦然回首，那人却在，灯火阑珊处"的大惊喜。

真可谓：人品文品不可分，内外兼修方为能。修得品格如天阔，健笔凌云意纵横。

三、向雷锋同志学写作，就是要坚持谦虚谨慎的治学态度

谦虚谨慎，是人之为人的第一等品格，也是治学致志的第一等态度。为什么要谦虚谨慎？俄国哲学家、文学评论家别林斯基告诉我们，"一切真正的和伟大的东西，都是淳朴而谦逊的"，谦虚谨慎是"真正的和伟大的东西"的本色。法国小说家、剧作家巴尔扎克告诫我们，"做点好事，待人要仁慈宽

厚；总之，用你的谦虚来避免厄运吧"，谦虚谨慎能让人"避免厄运"。怎样才能做到谦虚？被鲁迅誉为唐末"一塌糊涂的泥塘里的光彩和锋芒"的文学家皮日休告诫我们，要"为而不矜，作而不恃"，亦即有作为也不要自夸，有成就也不要自负，因为《尚书·大禹谟》说了，"汝惟不矜，天下莫与汝争能；汝惟不伐，天下莫与汝争功"，不"矜"不"伐"，而"能""功"自在。谦虚谨慎，价值无限。故而，毛泽东同志在党的七届二中全会上郑重地告诫全党："务必使同志们继续地保持谦虚谨慎、不骄不躁的作风，务必使同志们继续地保持艰苦奋斗的作风。"

向雷锋同志学习坚持谦虚谨慎的治学态度，主要有以下三个方面：

一是怀敬仰之情。敬仰的情怀是形成谦虚谨慎态度的基础，有敬仰之情才能有谦虚谨慎的态度，有谦虚谨慎的态度才能摆正自己在革命队伍和工作团队乃至社会生活中的位置，摆正了位置才能有扎扎实实的无怨无悔的自觉行动。雷锋有对党、对毛主席的无限敬仰，有对上级领导、对英模人物的无限敬佩，有对新社会、对人民、对同志的无限敬爱，故而能始终保持谦虚谨慎、艰苦奋斗的人生态度，能始终不偏离自己从哪里来（从受苦受难的孤儿而来）要到哪里去（要为共产主义奋斗终身）的正确的人生轨道，能始终把自己摆在"人民的勤务员"的位置，始终不忘"帮助人民克服困难，贡献自己的一点力量"的应尽之责。他永远"做毛主席的好战士"，永远做党的"忠实的儿子"，永远"做一个名副其实的好党员"，"永远做人民的小学生"，永远做集体大海里的一滴水、集体机器上的一颗螺丝钉、集体高楼大厦上的一砖一石。

正因为怀抱敬仰之情，所以，雷锋在治学中总能切实准确地抓住学习对象的本质、内涵和特征。

例如，他学习毛主席著作，学的是"看问题两点论的观点""实践的观点""阶级斗争的观点""批评与自我批评的观点""谦虚谨慎的观点""团结的观点""全心全意为人民服务的观点"等；他学习白求恩，学的是"毫不利己、专门利人"的精神；他学王若飞，学的是"永生奋斗"的精神；他学邱少云，学的是"高度组织纪律性"；他学黄继光学的是"谦虚好学渴求进步""为祖国人民英勇战斗"等精神，总之，他学英雄模范人物，可以用 1959 年 11 月 2 日日记所写的学习劳动模范张秀云同志精神的话语来概括，那就是："高度的主人翁责任感，对党对社会主义的赤胆忠心""积极主动、帮助别人、大公无私、舍己为人的共产主义思想和团结群众的优良作风""坚持向群众学习、不断充实自己、谦虚好学的精神"。知敬畏，方能明底线，守规矩；知敬仰，才能明方向，学榜样。我们是否应该常怀敬仰之情呢？

二是抱谦虚之心。雷锋深深懂得毛主席著作中说的"学习的敌人是自己的满足，要认真学习一点东西，必须从不自满开始""虚心使人进步，骄傲使人落后"等道理。他把自己获得的成绩、荣誉归功于党和帮助过他的同志，总觉得自己的个人的工作做得太少。

他不懂就不懂，主动问。例如，一次，他坐兄弟部队的卡车回驻地，途中发现卡车忽然自动减速，他急忙透过驾驶室的后窗往里看，发现司机拉了一下阻风，做了一个上坡时才用的动作，一时疑惑不解。车停后，他马上问司机为什么要用这个动作，司机一说，他才明白，拉阻风是可以判断一下自动减速的故障是出在油路上还是出在电路上，这是判断故障的一个简便办法。他学会了这个办法，还由此懂得了"一个好的汽车兵，不仅要是汽车驾驶员，还要是汽车修理员"的道理。

他不会就不会，虚心学。例如，雷锋1956年11月到望城县委机关工作，两三个月后，雷锋发现县委财贸部干事周绍铭写日记，很感兴趣，便开始向周绍铭同志学习写日记。以后又向当时组织部的干事彭正元同志请教如何才能写好日记。又如，1961年，在部队，为了解决干部战士因工作、学习繁忙而没有时间出去理发的问题，雷锋就利用业余时间跑到理发店去请教理发师，学会了基本的操作技术，但技术不过关，有的战友不要他理发，于是他又午休不睡觉，跑到理发店继续学习，一而再再而三地学，最终学会了理发。

他不能就不能，切实改。例如，入伍后的军事训练中，雷锋因个子小、臂力小，手榴弹投掷达不到要求，于是他起早贪黑地练，常常晚上借着月光练，练得胳膊疼得很厉害也不放弃，经过一段时间的苦练和改进，最终达到要求，取得了实弹投掷的资格。他从不居功自傲，沾沾自喜。在1961年1月1日的日记中，他说他取得的成绩和光荣称号等是每个共产党员应尽的义务，而且距党和上级的要求相差很远，获得一些成绩是党的教育和同志们帮助的结果。

三是循勤学之道。雷锋是勤于学习的典范。他能充分地认识到学习之于工作和生活的重大意义。例如，关于马克思列宁主义、毛泽东思想的学习，他认为"人不吃饭不行，打仗没有武器不行，开车没有方向盘不行，干革命不学习毛主席著作不行"。

他有专注的学习情怀，有广泛的学习对象，有明确的学习目标，有丰富的学习内容，有灵活的学习方法，有卓著的学习成果。例如，学习对象方面，他向书本学习，学毛主席著作懂得革命道理，学英雄人物传记树立光辉榜样，学描写伟大人物的文学作品汲取奋进的力量，学报纸杂志了解时政形势、跟进时代步伐；他向上级领导学，不断吸纳思想方法和工作方法，提高思想觉悟和工作本领；他向身边同事、战友学，学会关心同志关心集体。他向普通百姓（如公交司机）学，学会自己不懂不会的操作技术。

他善于总结学习规律。他总结了自己的"学习公式"，那就是："问题—学习，实践—总结"。总结了学习要做到"四结合"，那就是："与改造自己思想相结合""与改进自己的工作相结合""与搞好训练和提高技术相结合""与国内外形势和党的方针任务、政策相结合"。

他坚持从不放松刻苦学、抓紧时间经常学。"为了改造思想，提高共产主义觉悟"，他"一辈子学习毛主席著作"。在1960年的一个报告中，他说："我学习了《纪念白求恩》那篇著作，它给我的印象最深刻，到现在我一共学习了二十多遍，看一遍有一遍的体会，有一遍的心得。"其刻苦的程度可见一斑。在1958年6月×日的日记中，他说他"保证百分之百地参加学习和各种会议，以求得政治、文化、技术各方面的提高"；1959年8月26日的日记中，他说他"每天早晨学习一小时，晚上总是要自学到深夜10至11点钟"；1962年3月

10日《给郑树信的信》中，他说他"还是要坚持每天半个小时的'毛著'学习"。其学习精力和时间的投入程度是一般人难以企及的。

古人说："事者，生于虑，成于务，失于傲。"意思是，一件事，往往产生于考虑周全，成功于求真务实，失败于骄傲自满。

我们向雷锋同志学写作，学习雷锋谦虚谨慎的治学态度，应该在以下几个方面狠下功夫：

一是要始终保持谦虚谨慎的优良作风。要谦虚谨慎地对待工作、对待成绩、对待荣誉，掂量好自己在单位、在团队、在同伴中的"斤两"。不畏浮云遮望眼，但求无悔过一生，在组织面前讲服从，在工作面前讲责任，在困难面前讲斗争，在成绩面前讲奉献，在荣誉面前讲谦让。

二是要始终保持虚怀若谷的高贵情怀。要懂得"为人第一谦虚好，学问茫茫无尽期"的道理并付诸实践，做到虚怀若谷，海纳百川，虚心学习一切可以为我所用的思想、理论、知识、技能等。要虚心向上级学、向同级学、向下级学，向书本学、向实践学，切不可"傲视群雄"。

三是要始终保持孜孜不倦的学习状态。学习，只有"唯日孜孜，无敢逸豫"，方能时有所学、日有所积、月有所获，方能积土成山、积水成渊。要能遵循学习规律，明确学习目标，讲究学习方法，追求学习实效，做到时时学、处处学、事事学，让学习成为习惯、成为常态、成为增长才干的有力手段。

真可谓：事成虔敬失于傲，学无止境不可骄。心怀若谷容天地，谦虚谨慎最英豪。

四、向雷锋同志学写作，就是要坚持历史唯物的哲学思维

毛泽东的秘书林克回忆说，1963 年 2 月 22 日，毛泽东在交给他"向雷锋同志学习"的题词后说过：学雷锋不是学他哪一两件先进事迹，也不只是学他的某一方面的优点，而是要学他的好思想、好作风、好品德；学习他长期一贯地做好事，而不做坏事；学习他一切从人民的利益出发，全心全意为人民服务的精神。当然，学雷锋要实事求是，扎扎实实，讲究实效，不要搞形式主义。不但普通干部、群众学雷锋，领导干部要带头学，才能形成好风气。

1963 年 5 月，毛泽东在杭州的小型会议上，要求各级党委在日常工作中要讲哲学。在讲到要讲哲学的问题时，毛泽东谈到了雷锋。他说："我看过雷锋日记的一部分，看来此人是懂得一点哲学，懂得辩证法的。我们不要把哲学看得那么神秘，那么困难。雷锋那样年轻的同志，就懂得一点哲学。"他说："我们要把哲学从哲学家的课堂上和书本里解放出来，让它变成广大老百姓的锐利的思想武器。"他说，雷锋的日记中，有很多辩证法的观点和语言。他说，雷锋的哲学思想是从哪里来的？还不是从为人民服务的丰富多彩的具体实践中来的！雷锋为群众办了那么多好事嘛！

从上述史例中，我们可以看到，在毛泽东的眼里，雷锋是有哲学高度的。从世界观方面看，雷锋具有共产主义世界观，拥有全心全意为人民服务的"好思想、好作风、好品德"；

从认识论方面看，雷锋能理论联系实际，能"把哲学从哲学家的课堂上和书本里解放出来"，让它变成锐利的思想武器；从实践论方面看，雷锋有为人民服务的具体行动，"长期一贯地做好事，而不做坏事"，而且"为群众办了那么多好事"；从方法论方面看，雷锋的哲学思想有其坚实的来源基础，那就是"为人民服务的丰富多彩的具体实践"。所以，毛泽东号召，不但"普通干部、群众"要"学雷锋"，而且"领导干部要带头学"，要"实事求是，扎扎实实，讲究实效，不要搞形式主义"，要"形成好风气"。这个号召，明确了学习主体、学习方式和学习成效等方面的要求，为学雷锋的行动提供了基本遵循。

从写作思维的角度看，我们要学习雷锋的哲学思维方式，努力培养哲学思维。雷锋的哲学思维方式主要有以下三个方面值得我们学习：

一是唯物地思维，坚持务实求真。雷锋的作品，全然没有空中楼阁，没有胡编乱造，没有空洞的理论，没有僵死的教条。这与他的辩证唯物主义的思维方式、一切从实际出发的思想方式是难分难解的。他的日记，来源于他在农村、在工厂、在部队的火热生活实际；他的诗歌《南来的燕子啊》来源于他在团山湖建设社会主义新农村的生活实际；他的小说《一个孤儿》实质是他从简家塘到团山湖的生活经历、从苦难童年到幸福少年再到奋进青年的成长历程的真实写照。通观雷锋作品，我们不难发现，在辩证唯物主义思维方式之下，雷锋的作品有一个特色鲜明的总基调，那就是"真"。

他叙"真事"。他作品中说的每一件事情都是真实发生过的，时间要么是解放前要么是解放后、要么概说到年要么具体到日，地点要么是望城要么是鞍钢要么是沈阳，人物要么是自己要么是关联到自己的伙伴、朋友、领导、同事、战友等，要么是自己敬仰的领袖、英雄、模范等，事件总有来龙去脉的真实经过且全都经得起"信史"般的考证。他谈"真心"。他与朋友谈心，从不虚妄。他给人的书信、赠言中，有真诚的问候，也有真诚的述说，更有真诚的祝福。

他表"真意"。他致信给姑嫂城公社领导、辽阳市委、建设街小学学生、望花区工农人民公社等，表达的全是真情实意。他抒"真情"。他抒发的对共产主义的向往之情，对党、对祖国、对社会主义制度、对毛主席、对人民的热爱之情，以及对同志、战友、朋友的关怀、亲切之情，均发自内心深处，自然而贴切，热烈而真挚，毫不造作，毫不矫情。

他说"真理"。一部《雷锋日记》，承载着无数的至理名言，成为我们代代相传的宝贵财富。他学毛主席著作的书眉笔记，如，"团结是党的生命""只有团结才有力量""真正的团结是建立在批评与自我批评之上的"等对团结的理解，"革命：革敌人的命；革自然的命；革困难的命""坚决将革命进行到底！决不半途而废"等对革命的理解，阐发的几乎全是"放之四海而皆准"的真理。

雷锋作品的"真"，从单篇作品来看，《歌颂领袖毛泽东》体现得最为全面。该诗内容为："河流奔腾向海洋，海上升起了红太阳。伟大的领袖毛泽东，领导我们走向胜利和解放。您领导我们生产建设，把困难贫穷埋葬。您领导我们战胜敌人，把祖国变得繁荣富强。"前两句用比兴手法，以宏大的意象引出要歌颂的伟大对象；后面六句，分三个层次描述领袖功绩：领导我们走向胜利和解放，领导我们把困难贫穷埋葬，领导我们走向繁荣富强。这些功绩是真实可信的，是有目共睹的，其景仰之心、崇敬之意、颂扬之情也就是真真切切的了。同时，它还表明了一个真理：党领导人民站起来（"领导我们走向胜利和解放"诗意），富起来（"领导我们生产建设，把困难贫穷埋葬"诗意），强起来（"领导我们战胜敌人，把祖国变得繁荣富强"诗意）。现在人们说的"从'站起来'到'富起来'再到'强起来'"这样的话，其实，早在1958年，雷锋同志就说过了。

二是历史地思维，坚持正确方向。历史唯物主义认为，随着生产力的发展，人类社会必然从原始社会、奴隶社会、封建社会、资本主义社会走向社会主义社会且最终走向共产主义社会。雷锋生活的时代，前半部分是半殖民地半封建社会，后半部分是社会主义社会。雷锋的写作，主要发生在社会主义社会。

在写作过程中，雷锋能运用历史唯物主义的观点看问题，因而，他的作品充满了对社会主义社会的热爱、对共产主义社会的向往。1958年，他在团山湖写的"以革命的名义，想想过去；以革命的精神，对待现在；以革命的态度，创造未来"的名句，便是他历史唯物主义思维的直接结果。

1961年1月8日，他在《给战友的信》的第3段先对比说明自己在旧社会遭受折磨和苦难、在新社会一天天成长起来的经历，接着说明自己懂得了新社会"是无数的革命先烈和战友的艰苦奋斗、英勇牺牲得来的"的道理和自己感到的"莫大的幸福"，然后说明"更加热爱党、热爱社会主义、热爱新社会"的感情由来，信的末尾则表达了"为保卫祖国，建设社会主义，实现共产主义社会而奋勇前进"的豪情。1962年2月，他在给任宝林、宋清梅、文淑珍等人的赠言中表达了同一誓愿，"一个革命者活着，就应该把自己的毕生精力和整个生命为人类的解放事业——共产主义全部献出"。这些表述，可谓"不忘历史，砥砺前行"的绝佳证明。值得注意的是，1961年、1962年，我国正处于"困难时期"，但雷锋思想的生命力却处于极端旺盛、意气风发的阶段，他的所思所想所说所写却毫无"难色"，也只有具有唯物史观的坚定的共产主义战士才有这般风采。这些表述，无疑是当时时代同时也是未来时代的最强音，彰显着写作（创作）的社会主义方向。

雷锋能运用历史唯物主义的观点看问题，因而，他的作品能经受住历史的考验、时代的检验。雷锋的内心充满真善美的情愫，他的作品更具有启迪人生、陶冶心灵的令人向善向上的正能量。1958年写的日记"……如果你是一滴水，你是否滋润了一寸土地？如果你是一线阳光，你是否照亮了一分黑暗？如果你是一颗粮食，你是否哺育了有用的生命。"至今仍能让人愈读愈新。1959年写的日记"青春啊，永远是美好的，可是，真正的青春，只属于这些永远力争上游的人，永远忘我劳动的人，永远谦虚的人。"激励了一代又一代有为青年"力争上游"，将来仍是奋进青年的座右铭。1961年写的日记"人的生命是有限的，可是，为人民服务是无限的，我要把有限的生命，投入到无限的为人民服务之中去"，至今仍是衡量共产党员是不是真正的共产党人的标准。

三是辩证地思维，坚持对立统一。雷锋坚持辩证地思维，始终能用全面的、联系的、发展的观点看问题，从而使自己的作品充满辩证唯物主义思想的光辉。他能对立统一地、全面地而不是片面地、多元地而不是一元地看事物，并从中总结出无数堪称经典的名言警句，他关于有限与无限、一滴水与大海、螺丝钉与机器、骄傲与谦虚、个体与群体、红与专、车头与车厢、动机与效果、个人利益与集体利益、战士与领袖、外在美与内心美等问题的看法，无一不具有激动人心的辩证力量。"人的生命是有限的，可是，为人民服务是无限的""一滴水只有放进大海里才能永远不干，一个人只有当他把自己和集体事业融合在一起的时候才能最有力量"等名句都是这种思想的成果。他能看到自己的成绩但又能时刻看到自己的不足，故而能不断地检视自己，且有"永不自满，永不骄傲，永远谦虚谨慎"等誓言。

他能从事物的互相联系中找到人生应有的作为。例如，从国家的困难中，他联系到个人、自己应有的做法。1961年4月28日的日记中，他写道："现在，我们国家处于困难时期。我们是国家的主人，应该处处为国家着想，事事要精打细算，不能今朝有酒今朝醉，明日愁来明日忧。我们要奋发图强，自力更生，克服当前存在的暂时困难，坚决反对大吃大喝，力戒浪费。"而且他以实际行动落实了这种"处处为国家着想，事事要精打细算"的思想，就在两天之后的4月30日那天，司务长发给他两套单军衣和两套衬衣时，他只各领了一套，剩下的就交给了国家，以减少国家的开支，支援祖国建设。他能用发展的眼光看事物，他相信量变能够引起质变，所以他在日记中说，"高楼大厦都是一砖一瓦砌起来的""生活中一切大的和好的东西全是由小的、不显眼的东西累积起来的"，又说要"把已取得的一些成绩当作万里长征的第一步，当作下一个革命的起点"。

我们向雷锋同志学习哲学思维，可以从以下三个方面着手：

一是要辩证地看问题。坚持全面系统地看待一切事物，不孤立，不片面，不搞盲人摸象，不搞瞎子摸鱼。

二是要历史地看问题。坚持对过去、现在、未来进行系统的观照，不无视历史、不漠视现在、不轻视未来，能从事物发展的过程中发现规律，探明真相，寻找真谛，生发真情，探寻真理。

三是要人本地看问题。坚持以人为本，树立"为天地立心，为生民立命，为往圣继绝学，为万世开太平"的宏愿，坚持写作（文艺）"为人民服务，为社会主义服务"的正确方向，始终为人民歌唱，为社会主义歌唱。

真可谓：立功立言为人民，思想本领立航程。为诗为文立大业，哲学思维为创生。

五、向雷锋同志学写作，就是要坚持笔耕不辍的写作行动

关于"雷锋日记"的数量和写作时间等情况，李振魁在《〈雷锋日记〉话你知（之一）——关于雷锋日记》一文中介绍说："雷锋牺牲的时候，共留下9个笔记本，其中有1册空白，未用过。用过的笔记本中，有2册是学习笔记，记载着雷

锋同志学习政治、文化、技术的心得和体会；有 6 册记的是日记，其中也偶尔有少量的学习体会。从时间上看，6 本日记中，有 1 本是入伍前记的，5 本为参军后写的。据雷锋讲，他在鞍钢工作期间还写有日记，遗憾的是由于多次工作调动，鞍钢时记的日记本找不到了……经过反复核对、分类，雷锋同志生前共写有日记 161 篇、诗文 65 篇、讲话 19 篇、书信 13 篇，总计为 258 篇，另外还有一些学习心得、眉批和随想体会，总字数约 20 万字……雷锋写日记的历史应当是 5 年半的时间。"

关于"雷锋作品"的数量、体裁和写作年份等情况，根据华文出版社 2012 年 1 月出版的《雷锋全集》和陕西师范大学出版总社 2018 年 10 月出版的《雷锋日记》粗略统计，我们可以基本明确：时间范围为 1956—1962 年，各类作品总数为 335 篇（则），其中：日记 163 则，1958 年 3 则，1959 年 15 则，1960 年 28 则，1961 年 63 则，1962 年 54 则；文章 13 篇，1958 年 1 篇，1959 年 2 篇，1960 年 3 篇，1961 年 5 篇，1962 年 2 篇；讲话 18 篇，1956 年 1 篇，1959 年 2 篇，1960 年 8 篇，1961 年 4 篇，1962 年 3 篇；书信 14 封，1958 年 2 封，1959 年 1 封，1960 年 1 封，1961 年 5 封，1962 年 5 封；散文 9 篇，1958 年 2 篇，1960 年 4 篇，1961 年 3 篇；诗歌 31 首，1958 年 9 首，1959 年 5 首，1960 年 10 首，1961 年 3 首，1962 年 4 首；小说 3 篇，1958 年 3 篇；赠言 26 则，1958 年 3 则，1959 年 2 则，1960 年 2 则，1961 年 5 则，1962 年 14 则；书眉笔记 58 则，1960—1962 年 58 则。除书眉笔记外，各类作品在各年度分布情况为 1956 年 1 篇，1958 年 23

篇（则），1959年27篇（则），1960年56篇（则），1961年88篇（则），1962年82篇（则）。从这些统计中，我们可以看到，雷锋写作的文体种类较多，有日记、文章、讲话、书信、散文、诗歌、小说、赠言、书眉笔记等9种（尽管这些分类不尽合理，既不是文学范畴的分类，也不是写作学范畴的分类，但它顺承了雷锋作品的实际，姑且承认这种分类的合理性）。还可以看到，雷锋写作生命力最旺盛的时间为1960年至1962年这三年，作品数量为284篇（则），占其作品总数的84.8%。

从写作过程和行为特征看，雷锋的写作可谓孜孜不倦、笔耕不辍。以下三个方面值得我们学习：

一是持之以恒随时写。1956年7月15日在小学毕业典礼上发言，时隔1年（估计1957年应该有写作，只是未曾留下作品）后，1958年6月7日写下第1则日记，雷锋从此就再未停止过手中的笔，一写就是"5年半的时间"。

例如，1958年2月6日，雷锋到了团山湖农场学开拖拉机。3月10日，试车考核合格，第一次学会开拖拉机。随后，雷锋满怀兴奋，写下《我学会开拖拉机了》。农场建设中，雷锋发现个别青年伙伴嫌条件差、收入低、没前途，不安心农场工作时，雷锋找他们谈心，谈他自己对这些问题的看法。6月7日那天，他用《治沩工地报》的红格稿子写了"……如果你是一滴水，你是否滋润了一寸土地……"这著名的"雷锋七问"。秋收时节，雷锋看到一派丰收景象，情不自禁，写下动人的诗篇《南来的燕子啊》。又如，1960年1月8日，当兵第一天晚上，雷锋把从画报上剪下的黄继光头像贴在自己的日记本扉页上，挥笔写道："我永远向您学习，英雄的战士黄继光！为了党和人民的事业，就是入火海进刀山，我甘心情愿，头断骨粉，身红心赤，永远不变。"接着，写下了当天的日记："这天是我永远不能忘记的日子，这天是我最大的荣幸和光荣的日子……我一定不辜负党对我的教育和期望……全心全意保卫国防，成为一个优秀的国防军战士。"还如，1961年8月，他参加抚顺第四届人代会，前后写下了8月3日、8月6日、8月7日这三天的日记，8月5日写下了题为《参加市人代会有感》的诗歌，8月5日还作了题为《在抚顺市第四届人民代表大会上的发言》的发言。短短5天时间（8月7日的日记中有"抚顺市人民代表大会已经开了四天，今天是最后一天了"的句子）的会议，他写了日记3则、诗歌1首、发言稿1篇，可谓珍分惜秒，成果丰硕啊！

从上述情况看，雷锋的写作是珍分惜秒、笔耕不辍、持之以恒的。之所以能如此，应该是源于他对写作的自觉，没有自觉，我们很难想象他能如此锲而不舍、坚持不懈。

二是因势就便随处写。从作者写作所处地域来看，雷锋是走到哪里写到哪里，绝不因所处的地理位置和环境的变化而停笔。他从望城治沩工地写到团山湖农场，从团山湖农场写到辽宁鞍钢总厂，从鞍钢总厂写到鞍钢弓长岭矿山，从弓长岭矿山写到营口军营，从营口军营写到抚顺部队驻地，可谓一路走来一路写，一路写到天尽头。

从作者写作所用的工具"纸张"来看，雷锋是遇到什么就用什么写，绝不因写作工具条件的限制而停止写作。写作用纸当然是稿纸、本子等，雷锋的写作大多也是如此，但是，当稿纸、本子不在身边时，他就"随遇而安"地写。例如，他参加抚顺市第四届人代会时写的那首诗《参加市人代会有感》："过去当牛马，今天做主人。参加人代会，讨论大事情。人民有权力，选举自己人。掌握刀把子，专政对敌人。衷心拥护党，革命永继承。哪怕进刀山，永远不变心"就是写在会议的文件袋上的。"我觉得一个革命者活着，就应该把毕生精力和整个生命为人类解放事业——共产主义全部献出。我活着只有一个目的，就是做一个对人民有用的人。生为人民生，死为人民死"这段话是写在毛主席著作《为人民服务》一文最后一页的空白处的，"毛主席的实践说明：工作就是斗争，为着解决困难。对困难的回答就是斗争，对斗争的回答就是胜利"这段话是写在毛主席著作《关于重庆谈判》一文书页上端的。这种"因势就便"的写法，颇有历史渊源和大家风范，如，"桐叶封弟"故事中姬诵"分封"弟弟叔虞的"诏书"写在桐叶上，陶宗仪的《南村辍耕录》写在树叶上，崔护的诗《题都城南庄·去年今日此门中》写在爱恋对象家的房门上，李白的诗《梁园吟·我浮黄河去京阙》写在所游历的梁园的墙壁上，叶挺的诗《囚歌·为人进出的门紧锁着》写在被囚禁的重庆渣滓洞集中营楼下第二号牢房的墙壁上。

三是有感而发随事写。古人云"诗者，志之所之也，在心为志，发言为诗，情动于中而形于言"，古人又云"文章合为时而著，歌诗合为事而作"，雷锋的写作始终遵循着这一规律，随事而写，有感而发，情动而言，绝无胡编乱造，绝无无病呻吟，绝无故作姿态。请看：1961年2月3日，他见到了老英雄郄顺义，就写道："……我一定要时刻用这些英雄的事迹来鞭策自己，永远忠于党，忠于人民。"他把一个新日记本送给战友佟占佩，写道："这仅仅是一点小意思，我愿意把自己所有的东西，包括生命献给党和人民……" 1961 年 3 月 4 日，他领到了一支新枪，就写道："……向党和人民保证，我决心勤学苦练，定要练出真正的硬本领……" 1961 年 5 月 1 日，他读了《王若飞在狱中》这本书，在日记中写道："我要永远听党的话，永不忘记过去，为了共产主义事业，我要像王若飞同志那样，永生战斗！" 1962 年 1 月 13 日，他看了电影《洪湖赤卫队》，就写道："激动的心情像大海的波涛一样……我决心永远向韩英学习，为了党，我不怕进刀山入火海，为了党，哪怕粉身碎骨，我永不变心。"

有一个有趣且意义深刻的现象，雷锋在他的作品中至少记下了 7 个"永远不能忘记的日子"。这些"日子"分别是："学会开拖拉机了"的 1958 年 3 月 10 日，"学会开推土机了"的 1959 年 2 月 24 日，"光荣地参加了中国人民解放军"的 1960 年 1 月 8 日，"光荣地加入了伟大的中国共产党"的 1960 年 11 月 8 日，"在沈阳工程兵部见到了上级首长"的 1960 年 11 月 21 日，"光荣地参加了抚顺市第四届人民代表大会第一次会议"（且在会上发言）的 1961 年 8 月 3 日，"光荣地参加了沈阳部队首届团代会并当选为主席团成员"的 1962 年 2 月 19 日。每每遇到这样的日子，他就会将这一天"定义"为他"永远不能忘记的日子"并发表自己的感想。为什么每次都要做如此"定义"？雷锋在他的作品中都有说明，我们梳理这些"日子"时发现，这些"日子"，一是他掌握了新型的现代化的劳动工具使用技术的日子，一是他政治上有了新的进步或者是参加重大政治活动的日子。由此可见，雷锋青春激情的倾注对象一是劳动——他认为"世界上最光荣的事——劳动。世界上最体面的人——劳动者",一是政治——他的最大的政治就是"人民当家做主人"、就是"拥护共产党,永远不变心"、就是"我活着是为了全心全意为人民服务"。

时时写,处处写,事事写,雷锋同志持之以恒、笔耕不辍的写作行动取得了丰硕的成果,也为我们树立了光辉的榜样。

我们学习他的写作行动,可以从以下三个方面着手:

一是要自觉行动。自觉者,自我有认识而主动去做也。人的一切行动只有在自觉的前提下才能兴致盎然、有始有终,才能卒有成效、卓有成效。写作,永远以自觉为生发器、助推器。有自觉,才能耐得住寂寞,禁得起折磨,才能"坐地日行八万里",才能走完写作的"二万五千里长征",才能进入写作自由的"解放区"。

二是要广泛涉足。这里说的"广泛"真的很广泛,一个写作者在知识层面上不说要"上知天文,下知地理",但至少也要达到"知识丰富"的程度或者至少能对自己的"一亩三分地"了若指掌。这里说的"广泛"也是指各类文体都要有所能为,诗歌、散文、小说、戏剧,记叙文、议论文、说明文,文学语体、政论语体、科技语体、应用语体等,都要有所能作,甚至能独树一帜。

三是要坚持不懈。写作如同习武练声,一日不习手拙,三日不练笔生。"字字看来皆是血,十年辛苦不寻常",《红楼梦》是坚持不懈之"梦";"一场伟大战士的人生独白,一座永不褪色的精神丰碑",《雷锋日记》是坚持不懈之"记"。如能坚持不懈地"记"下我们伟大的"梦",谁还会在写作中一事无成?

真可谓:一寸光阴一寸金,一字一句一片心。一笔一犁勤耕作,千古文章千古情。

六、向雷锋同志学写作,就是要坚持深刻生动的语言表达

语言的力量是无穷的,它的力量大到如德国诗人海涅说的"可以从坟墓唤醒死人,可以把生者活埋",大到如我们日常所说的"把稻草说成金条""三寸不烂之舌强于百万雄师"。我们写作,无非表达思想、抒发感情,要表达思想、抒发感情,当然离不开语言,所以说,语言是思想的直接现实,是表达的工具。要写作,要表达思想、抒发感情,必然要过语言这一关。对此,我们要有基本认识。有同志说:"我就是不会写。"说的恐怕就是语言这一关难得过。怎么办?像雷锋那样,不会就学,向雷锋同志学,使语言表达深刻生动起来。

通俗易懂是雷锋作品语言的基本特点,这里不赘述。此外,还有如下三个方面值得我们学习:

一是强调语言的哲思性。雷锋的语言表达往往运用哲学思维,使得语言充满哲理。在雷锋的日记、诗歌、讲话、书信、赠言中,到处可见充满哲理的语句。

他的第一篇日记亦即"雷锋七问",无一字不在表达"无私奉献"的人生主题,这也奠定了雷锋作品的思想主色调和行为总基调。屈原有"天问",《天问》一诗从天文地理、人文哲学等方面提出了170多(一说150多)个问题,堪称"奇"

文；苏轼有"月问"，《水调歌头·明月几时有》，表达了"但愿人长久，千里共婵娟"的情愿；雷锋有"七问"，探寻着人生应有的价值。比较而言，屈原的"天问"、苏轼的"月问"，"问"的都是"天"，雷锋的"七问""问"的却是"人"。有道是：天意从来高难问，目尽青天书难成。问天问地谁为答？靠天靠地靠自身。所以，雷锋的"七问"更具有人世的、现实的、生命的、实践的价值。屈原的"天问"带有些许玄幻，没有答案；苏轼的"月问"带有些许凄惶，有答案但是意愿性的"但愿人长久，千里共婵娟"；雷锋的"七问"有答案亦即"在生活的仓库里，我们不应该只是个无穷尽的支付者"，而且洒满了阳光、充满了力量。三"问"相较，我们是不是能够真切而深刻地感受到雷锋"七问"更有催人奋进的力量？

再如，关于个体与集体的关系，雷锋有很多精辟的表达，如在对螺丝钉与机器、一滴水和大海、一朵花与整个春天、一砖一石与高楼大厦、独木与森林、单丝与线、一粟与沧海等的寄意中，独特地揭示了深刻的哲理。且看他 1961 年 10 月 16 日的日记"高楼大厦都是一砖一石砌起来的，我们何不做这一砖一石呢！我所以天天都要做这些零碎事，就是为此"，其中至少有两层含义：一是"一砖一石"的个体形成了"高楼大厦"的集体，量变能够引起质变，量变是基础，质变是结果；二是我们要充分发挥"一砖一石"这个个体的作用，为"高楼大厦"这个集体的建成奉献力量，因而就不要为"天天都要做这些零碎事"而感到无聊、无望、无用。

雷锋的语言表达往往透过现象，直达本质，力求深刻。雷锋语言中有个最著名的词汇"螺丝钉"。"螺丝钉"的故事最早发生在 1957 年秋，当时雷锋陪望城县委书记张兴玉下乡，路上看到一颗螺丝钉，雷锋不经意把它踢到了路边。张书记却把这个螺丝钉捡起来装进口袋。过了几天，雷锋要去县农机厂送文件，张书记把那颗螺丝钉交给雷锋，说："把它送到工厂去吧！咱们国家底子薄，要搞社会主义建设，就得勤俭奋斗啊！"又说："一颗螺丝钉，别看东西小，机器上缺了它可不行呀。我们每一个同志，不也都是革命这个机器上的一颗螺丝钉吗？就像你这个公务员，虽然职务不高，我们的工作少了你也不行啊。"在这里，螺丝钉蕴含的是"勤俭奋斗"和"小个体大作用"的意义。后来，雷锋日记至少有 3 次专门写过它，时间分别是 1958 年 6 月 7 日、1960 年 1 月 12 日、1962 年 4 月 17 日。透过雷锋日记，我们可以发现，螺丝钉，是机器的组成部分，一颗螺丝钉只有在机器这个整体中才能发挥应有的作用，机器这个集体只有发挥了螺丝钉这样的个体的作用才能发挥应有的作用，所以，"螺丝钉精神"实际就是集体主义精神；螺丝钉，必须在自己的岗位上发挥作用，不能离岗，不能越位，不能懒惰，不能无为，所以，"螺丝钉精神"实际就是敬业主义精神；螺丝钉，必须经常进行保养，否则就会生锈，就无法发挥作用，人不学就落后，人应该经常修养、不断修养，这样才能永葆青春、永葆斗志，所以，"螺丝钉精神"实际就是修养主义精神。可见，"螺丝钉精神"是雷锋反复思索提炼出来的不断升华的雷锋精神的重要组成部分。

二是强调语言的凝练性。语言讲究凝练，要使语言凝练，反复推敲和锤炼语言是必不可少的。古人有"为人性僻耽佳句，语不惊人死不休"的语言表达追求，更有"吟安一个字，捻断数茎须""两句三年得，一吟双泪流"的语言锤炼实践。雷锋亦深谙此理，语言力求凝练简洁，这在他的作品中随处可见。如，"人的生命是有限的，可是，为人民服务是无限的"，在"有限"和"无限"的对立统一中，雷锋看到了为人民服务的广阔空间，立下了"要把有限的生命投入到无限的为人民服务之中去"的宏愿。语言简洁而内涵丰富深刻。

请看他1959年8月26日日记所写的入党决心："自从由鞍山转到弓长岭以来，自己就抱定决心：一定要很好地工作、学习，争取加入中国共产党。对各种学习任务都能认真完成；自学较好，每天早晨学习一小时，晚上总是要自学到深夜10至11点钟。早晨坚持做早操，没有违反过纪律，都能按规定去做。今后，我应当继续加强组织纪律性，向违法乱纪作斗争，严守纪律，听从指挥，做好机器检查和保养，保证安全，消灭事故。努力学习政治，开展思想斗争和批评与自我批评，加强团结，虚心学习。"这则日记讲的是自己决心入党的事，先以"自从由鞍山……加入中国共产党"这些句子说了"想做的事"，接着以"对各种学习任务……都能按规定去做"这些句子说了"已做的事"，最后以"今后，我应当……虚心学习"这些句子说了"应做的事"，全部文字思路清晰，层次分明，表意简括，毫无拖沓冗赘。

请看他对《唱支山歌给党听》的修改。第一个学雷锋热潮中产生的唱遍了大江南北的优秀歌曲《唱支山歌给党听》（故事片《雷锋》的插曲）在雷锋的日记本上（时间为1960年）是这样的："'唱支山歌给党听，我把党来比母亲。母亲只生了我的身，党的光辉照我心。旧社会鞭子抽我身，母亲只会泪淋淋。共产党号召我闹革命，夺过鞭子揍敌人。'"他在文字上加了引号，表明是抄记而来的。原文作者为当时陕西铜川矿务局焦坪煤矿职工姚筱舟（笔名蕉萍）。对比发现，雷锋的抄文"母亲只生了我的身""共产党号召我闹革命"这两句是对姚筱舟原文"母亲只能生我身""党号召我们闹革命"改编而成；同时，雷锋还将原文歌颂"大跃进"的一段文字（"母亲给我一颗心，暴风雨中一孤萍；亿万红心跟党走，乘风破浪齐跃进"）删除了。从诗作中，我们可以看到，本诗的抒情主体是"我"，表达了"我"对党的无限热爱之情。原文中"母亲只能生我身"一句，换了一个主体"母亲"，而且将本应是叙述性的语言变成了议论性语言；原文中"党号召我们闹革命"一句中的"我们"同样改换了主体，由"我"变成了"我们"，这些都有违表达角度和抒情主体的一致性要求。雷锋将"党号召我们闹革命"的"党"改成"共产党"，使语义更加完整、庄重，节奏更加强烈。删除歌颂"大跃进"的文字，使得内容更加集中，也更具有普遍性。这一改一删，使主题更加鲜明，语言更富节奏，从而使全诗更具意义、生命力和音乐张力，更适合谱曲歌唱。其实，这首歌的改动，不仅仅是一个单纯的语言问题，而更是一个思想、情感基础的问题。

请看"做一颗永不生锈的螺丝钉"的来历。1962年2月19日，在沈阳军区首届共青团代表大会上，沈阳军区炮兵5040部队炊事班班长刘思乐作了《做一颗不生锈的"螺丝钉"》的演讲。会后，被授予"毛主席的好战士"称号的雷锋和被授予"一颗不生锈的螺丝钉"称号的刘思乐等8人组成演讲团，为沈阳军民作巡回演讲。在沈阳军区第二招待所，刘思乐与雷锋同住一个房间。一天晚上，刘思乐请雷锋修改演讲稿，雷锋认真地读了稿子后，说："在《做一颗不生锈的'螺丝钉'》的标题中加一个'永'字。"刘思乐欣然接受。于是，原题变成了《做一颗永不生锈的"螺丝钉"》。这一加，加出了"做不生锈的'螺丝钉'"的革命意志的坚定性和长久性，加出了语言的铿锵和情感的豪迈。从此，"做一颗永不生锈的螺丝钉"这句话就成了永远的经典。

请看他对一个材料标题的修改。1960年9月，雷锋所在团党委根据雷锋坚持学习毛主席著作、志愿到灾区和人民公社等事迹，决定树立他为艰苦奋斗、勤俭节约的标兵，为使全团了解他的先进思想和模范事迹，团政治处将他的苦难遭遇和成长经历写成材料印发给各连党支部。雷锋看到这些材料后，亲自将原题目《雷锋同志模范事迹材料》改为《解放后我有了家，我的母亲就是党》这个题目，正是雷锋对党的赤子之心的表现，也较原题更具特殊性、形象性和生动性。

三是强调语言的形象性。要使语言深刻生动，就要采用形象化的手段。语言形象化的技法有很多，如精心锤炼词语、善用各种句式、妙用修辞手法、巧引名言警句、继承语言传统、增强文化底蕴、贴近民间生活等都是行之有效的。"诗有六义，曰：风、雅、颂、赋、比、兴"，"风、雅、颂"是就"诗"的内容类别而言的，"赋、比、兴"是就表现手法而言的。"赋"是"敷陈其事而直言之"亦即铺陈直叙的，"比"是"以彼物比此物"亦即做类比、打比方的，"兴"是"先言他物以引起所咏之词"，亦即先说与要说的人事物理相关联的事物以引出要说的人事物理的。雷锋的写作，很善于运用这些表现手法。

雷锋的诗歌《诉苦会》即采用"赋"的手法，以相对整齐的句式，从无衣穿、无饭吃、无房住、有病不得医、挨打受逼、流浪乞讨等方面描写了旧社会人民的苦难，展现了旧社会人民政治、经济地位的低下和生活际遇的悲惨，控诉了旧社会的罪恶。"雷锋七问"也是运用"赋"的手法的代表作，它连续用七个问句，极尽铺陈，从四个层面叩问"人生价值"：第一层，即第 1 至 3 问，问的是是否以奉献社会为己任；第二层，即第 4 问，问的是是否坚守着自己的岗位；第三层，即第 5 问，问的是是否有崇高的理想信念；第四层，即第 6、7 问，问的是是否有面向未来的担当。这种层层推进的铺陈，使表意饱满而充实，抒情真切而热烈。又如，1959 年 10 月 25 日日记"青春啊！永远是美好的。可是真正的青春，只属于这些永远力争上游的人，永远忘我劳动的人，永远谦虚的人"中的三个"永远"，也是极力铺陈，揭示了"真正的青春"的三要素：精神上"永远力争上游"，行动上"永远忘我劳动"，品质上"永远谦虚"。如此一来，也就使我们对"美好的""真正的青春"有了清晰而深刻的认识，如果只说"青春啊！永远是美好的"，就难免因"证据不足"而显得空洞。

"比"的手法在雷锋的作品中尤其是那些盛传于世——应该是正因为运用了"比"的手法才使得语言形象生动，才使得作品盛传于世——的作品中用得较多。如，"母亲"比喻党；"太阳"比喻毛主席或者毛泽东思想；"暴风雨中的松柏"比喻艰难困苦中的强大奋斗者；"一滴水与大海"比喻个体只是集体的一部分，个体只有在集体中才能显出力量、彰显价值；"螺丝钉与机器"比喻小物件与大物件相互依存，小物件要坚守岗位发挥作用；"沧海一粟"比喻个人业绩在集体业绩中的渺小；"低垂饱满的谷穗"比喻即使有突出成绩也不该骄傲，而要谦虚谨慎；"车头与车厢"比喻矛盾有主要方面和次要方面，二者相互排斥又相互依赖；等等。这些都是大家所熟悉的形象而生动的语言。再举个大家不是很熟悉的例子，1961年1月18日的日记："在我们前进的道路上，不可能不遇到一些暂时的困难，这些困难的实质，'纸老虎'而已。问题是我们见虎而逃呢，还是'遇虎而打'？'哪儿有困难就到哪儿去'——不但'遇虎而打'，而且进一步'找虎而打'，这是崇高的共产主义风格。"在这里，雷锋将"暂时的困难"比喻为"纸老虎"，表明"暂时的困难"的凶暴但虚弱的本质。将对待"暂时的困难"的态度和手段比喻为"见虎而逃""遇虎而打""找虎而打"三类，第一类是害怕困难、逃避困难的做法，应该舍弃；第二类是不怕困难、敢于斗争的做法，应该采用，但它带有被动性的特征，所以他又进一步提出了第三类做法"找虎而打"，这就表现出不仅要敢于斗争而且要主动斗争的"共产主义风格"。

　　"兴"的手法在雷锋的作品中虽然用得不多，但也用得很精彩。《歌颂领袖毛泽东》一诗中的"河流奔腾向海洋，海上升起了红太阳"，就是用来引出歌颂的对象"伟大的领袖毛泽东"的。这一起"兴"，意象宏大而贴切，情感热烈而真切，有了这一起"兴"，才使得后面的"伟大的领袖毛泽东，领导我们走向胜利和解放。您领导我们生产建设，把困难贫穷埋葬。您领导我们战胜敌人，把祖国变得繁荣富强"不至于突兀。《一家人》一诗"松柏树，根连根，石榴籽心连心。解放军和老百姓，本来就是一家人"，以"松柏树"和"石榴籽"起"兴"（其实也是"比"，比兴可以合用的），引出解放军和老百姓的"一家人"的亲密关系，自然而贴切。

我们向雷锋同志学习深刻生动的语言表达，应该做到以下几点：

一是要学习他的严谨性态度。要认真负责地学习语言，严肃严谨地对待语言，精益求精地锤炼语言。要注重从传统文化、现实生活和人民群众中学习语言，积累语言，奠定表达的坚实基础。

二是要学习他的朴实性文风。就是要自然而然，质直朴实，不为语言而语言，不故作高深，不忸怩作态。要坚决反对空话连篇、言之无物，装腔作势、借以吓人，无的放矢、不看对象，语言无味、像个瘪三等"党八股"的文风。

三是要学习他的哲理性表达。要注重语言的哲思性、凝练性、形象性和通俗性，使语言简明、连贯、得体，准确、鲜明、生动，既深刻创新又生动形象。尤其要提高语言概括能力，善于从纷繁芜杂的信息中提炼出脍炙人口、耐人寻味、历久弥新的名言警句。

真可谓：语言力量大无边，一语精深越千年。行文且入三分木，深刻生动破难关。

古人有言，"太上有立德，其次有立功，其次有立言，虽久不废，此之谓不朽"，我们可以毫不夸张地说，此"三不朽"雷锋全占：他有"立德"，他"立"有共产主义风格之"德"；他有"立功"，他"立"有建设社会主义之"功"；他有"立言"，他"立"有服务祖国人民之"言"。"雷锋精神"是永恒的，"雷锋日记"亦将"垂诸文而为后世法"。

2018年9月28日，习近平总书记参观抚顺市雷锋纪念馆时指出："雷锋是时代的楷模，雷锋精神是永恒的。实现中华民族伟大复兴，我们需要更多时代楷模。我们既要学习雷锋的精神，也要学习雷锋的做法，把崇高理想信念和道德品质追求转化为具体行动，体现在平凡的工作生活中，作出自己应有的贡献，把雷锋精神代代传承下去。"习近平总书记这段话有三层含义：首先高度肯定了雷锋的时代地位和雷锋精神的永恒价值，然后指出新时代需要更多的雷锋这样的时代楷模，最后教导我们在新时代要如何学习雷锋、传承雷锋精神。

我们要把习近平总书记的谆谆教导付诸生动的实践，"在平凡的工作生活中，作出自己应有的贡献，把雷锋精神代代传承下去"，具体到提高写作能力方面，应做好以下三个方面的工作：

向雷锋同志学写作，就是要真信。所谓"真信"，就是真正相信，就是对对象的真正的价值认同、情感归同和极度的思想尊崇、行为服从。因为信，所以行；不仅信，而且行。一旦信，就会行；一朝信，永远行。这才是真信。只有有真信，才会有矢志不移的追求，才会有历尽艰难的奋斗。

雷锋同志是1958年开始学习毛主席著作的，对毛主席的教导无限崇敬，极端遵从。他说"天天读毛主席的书，听毛主席的话，按毛主席的指示办事，做毛主席的好战士"，于是，他真正成了"毛主席的好战士"。他相信"奉献是最幸福的"的真理，所以，他"把别人的困难当成自己的困难，把同志的愉快看成自己的幸福"，他心甘情愿做革命和建设的"傻子"，于是，他真正成了"一个有利于人民、有利于国家的人"。对雷锋和雷锋精神，我们也要真信。雷锋是真实的雷锋、真诚的雷锋，是值得我们千般信服、万般信赖的雷锋。雷锋精神是崇高的精神、永恒的精神，是值得我们时时高扬、代代相传的精神。在向雷锋同志学写作的具体行动中，我们"既要学习雷锋的精神，也要学习雷锋的做法，把崇高理想信念和道德品质追求转化为具体行动"，从而使我们的写作成为我们"在平凡的工作生活中，作出自己应有的贡献"的有力抓手。

　　向雷锋同志学写作，就是要真学。所谓"真学"，就是真心实意地学。学不学得好，关键是认识高不高；学不学得精，关键看头脑清不清。思想认识上，我们要明白向雷锋同志学习写作的意义，要认识到雷锋写作取得的伟大成果，认识到这种成果对我们的借鉴指导作用。学习态度上，我们要端正学习态度，要真心真意地学，诚诚恳恳地学，而不是虚情假意地走过场，邀功摆好地打圆场。学习方法上，我们要全面学习，系统把握，突出重点。雷锋事迹平凡伟大，雷锋精神博大精深，唯有全面学习、系统把握，才能得其精神实质、精髓要义。同时，我们要突出重点，结合工作和写作实际，从雷锋作品中找到精神动力，寻得方式方法。学习内容上，要结合工作实际需要选择学习内容，全面系统深入研究，该记的记下，该背的背诵。不搞蜻蜓点水式学习，不搞碎片化学习。学习过程上，我们要挤出时间、使出精力，日复一日地学，持之以恒地学，不做样子，不搞形式，不为学习而学习，不要学习才学习。学习结果上，我们要能使自己的思想觉悟得到提升，思维能力得到提高，写作意识得到增强，写作技能得到增进，写作成果日益丰硕，否则，所谓"真学"就无异于"白学"。要多做学习笔记，多写学习心得，且能把所学用于所用。

向雷锋同志学写作，就是要真写。所谓"真写"，就是刻苦用功地写。要自觉行动，把写作当作生活和工作的重要组成部分，自愿而为，主动而为，不受时间、空间限制，不受任何外部环境的干扰或阻挠。要扎根时代，紧贴时代主流生活，紧扣时代精神需求，紧随时代发展步伐，既从时代生活中吸取营养，又能反映时代跳动的脉搏，展现时代进步的本质。要结合实际，写身边人，写身边事，写自己熟悉的生活，为工作需要而写，为自己的成长进步而写，为人民群众的幸福生活而写。要遵循规律，写文学类作品就要遵循文学创作的规律，写实用类文章就要符合文体规范，不管是哪一类写作，都要追求"真善美"的境界，尤其要存真心、不虚空，述真事、不虚妄，说真话、不虚晃，诉真情、不虚伪，言真意、不虚假。除工作必需的计划总结、专题报告外，要多写工作随笔，随时记录工作所思所想、所做所得。要灵活多变，文章能长则长、不能长则短，有话则长、无话则短，需要长则长、不需长则不长；该用某文体则用某文体，不该用某文体则用另外文体。总之，就是要实实在在地写。

春江春水春意发，我欲因之梦天涯。一天晓雾不曾开，春草犹自泛光华。让我们做一个拥有梦想、拥有自觉的写作者，在向雷锋同志学写作的道路上走得脚步铿锵，意气风发。

向雷锋同志学待人

　　人处世间，必定要待人接物。要待人接物，必定要懂得待人接物之道。"克己复礼"，说的是要自我克制；"礼之用，和为贵"，说的是要和睦相亲；"与朋友交，言而有信"，说的是要诚实守信；"居处恭，执事敬，与人忠"，说的是要忠诚他人；"己所不欲，勿施于人"，说的是要尊重他人；"见贤思齐"，说的是要学习他人；"不迁怒，不贰过"，说的是要不迁怒于他人；"礼以行之，孙以出之"，说的是要谦逊地对待他人；"青眼有加"，说的是要赏识他人；"惺惺相惜"，说的是境遇、性格、志趣相同者要互相同情珍惜、爱护支持，等等。这些都是传统意义上的待人接物之至道，值得我们遵照执行。雷锋同志以其高尚的共产主义风格，在待人接物方面为我们树立了光辉的榜样，概括说来，有如下 5 个方面值得我们学习实践。

一、仁以爱人

　　从道德的角度看，"仁"是一个外延非常宽泛、内涵十

分丰富的概念，其要义应该为孔子说的"爱人"和庄子说的
"爱人利物"。

雷锋同志仁以爱人，首先表现为对人类共同美好理想共
产主义的坚守上。他在日记中表示，要为未来人类的生活付出
自己的劳动，使世界一天天变得美丽，要"一心向着党，向着
社会主义，向着共产主义"，要"把自己可爱的青春献给祖国
最壮丽的事业，做一个真正的共产主义革命战士"，要"为人
类最美好幸福的生活而斗争"，要"为建设社会主义和实现共
产主义而献出自己的全部力量，直至生命"。

其次表现为对党和人民共同利益的维护上。他在日记中
表示，要"为党和人民的事业贡献自己的一切"，要"为党的
利益，为集体的利益不惜牺牲自己的利益"，为了党和人民的
事业和利益，就是入火海进刀山，也甘心情愿，即使头断骨粉
也永远不变。当他看到国家处于困难时期的时候，就厉行节
约，把节约下来的钱物捐给集体，用于支援社会主义建设。当
他看到集体的财物将要受到损失的时候，当即用自己的衣物
和被褥去抢护水泥。当他看到洪灾来临的时候，便拖着病体，
忘我地投身到抗洪抢险的战斗中，奋力保护人民的生命财产
安全。

再次表现为对普通群众或身边同志的关心照顾上。他在
日记中表示，"对同志对人民要忠诚，要热情，要关心，要互
相帮助"。1957年至1962年间，他不少于10人次给人捐款，
帮助别人解决生活中的困难。在部队，有一次，他得知某同志
的母亲病了而且"缺钱，想买点东西给母亲吃，钱又不够"，
便"立刻拿出了自己的10元津贴，还买了一斤饼干"送给该

同志，让他作为回家看望母亲的礼物。1962 年 4 月 3 日，天气格外寒冷，他在去团部开会的路上，看到一个十来岁的小孩衣服单薄，冻得直打哆嗦，便立即脱下自己的棉裤，送给了那个小孩。

雷锋同志仁以爱人的思想行为，展现了毛泽东时代的普通战士的共产主义信仰和高尚的无产阶级情怀。他"生为人民生，死为人民死""为党和阶级的最高利益，牺牲自己的一切，直至生命"，令人无限敬佩，值得永远学习。

二、谦以敬人

"谦"即谦虚谨慎。从为人处世的角度看，谦虚谨慎是人之为人最为高贵的品格之一。从我党的发展历程看，谦虚谨慎是我党最为宝贵的优良传统，是共产党人应有的政治思想品格之一。雷锋同志把自己定位为做"毛主席的好战士"、党的"忠实的儿子"和"人民的勤务员"，愿意永远"做一个名副其实的好党员"，永远"做人民的小学生"，永远做集体大海里的一滴水、集体机器上的一颗螺丝钉、集体高楼大厦上的一砖一石。

他敬爱党，敬爱社会主义祖国，敬爱集体，敬爱身边的同志和普通群众。1959 年 12 月 3 日晚，他听了车间党总支李书记的征兵报告后，激动得无法平静，怎么也睡不着，当晚就写下了入伍申请书和决心书，第二天就报名参军，"要把自己最可爱的青春献给我们的祖国，做一个真正的共产主义战士"。

1961 年 2 月 3 日，他见到了为人民解放事业舍身炸碉堡的战斗英雄董存瑞的战友、"老英雄"郅顺义同志以后，万分激动，表现出对老英雄的无限敬爱，决心用"英雄的事迹来鞭策自己，永远忠于党，忠于人民"。

1960 年 6 月某天，他因公外出，在沈阳车站，看见一位老太太焦急地在汽车旁徘徊，像是遇到了什么困难，便上前了解，原来她是从山东来部队找她儿子的，路费花光了，于是立即请那位老太太吃了饭，还给她买好了去她儿子驻地的车票。

1961 年 4 月 27 日，到旅顺海军 ×× 舰作报告后回沈阳途中的列车上，雷锋看到一位有病的老大爷，便把座位让给了他，还为他解决了没吃午饭、差一元钱买车票等困难。

1961 年 8 月，在参加抚顺市第四届人民代表大会第一次会议期间，看到同为人大代表的六位六七十岁的老太太，他"内心十分羡慕和尊敬"，"从阶级友爱出发"，热情地为她们服务；还把市委负责同志送给他的一份礼物（一斤苹果）转送给了住在卫生连的伤病员同志。

诸如此类的事例不胜枚举。从中我们可以看到这样一个事实，雷锋的谦以敬人，绝对不是故作姿态、忸怩作态，不是为着某种个人利益需要做做样子给人看，而是有其深厚的阶级感情基础和思想品格基础的，其行为是自觉自愿的，且是一以贯之的。

三、宽以容人

宽容是人类生活中至高无上的美德，是人类情感中最重要的一部分。被誉为"黎巴嫩文坛骄子"的纪伯伦有言曰：

"一个伟大的人有两颗心：一颗心流血，一颗心宽容。"北宋著名隐逸诗人林逋亦有言曰："和以处众，宽以待下，恕以待人，君子人也。"

雷锋同志深得宽容的要义，始终能做到严于律己、宽以待人。1961年9月10日，排长找雷锋谈话，说有同志反映他工作主观。对此，雷锋没有像有些人那样"面红脖子粗"地加以反驳，更没有像有些人那样对反映意见的同志"怀恨在心"，而是采取了宽容的态度，仔细分析了有同志反映他工作主观的事实和原因，并且对照斯大林同志"我们不能要求批评百分之百的正确"等教导，提高了思想认识，说："今天我是班长，对于战士的反映和意见，丝毫不能轻视，一定要坚决克服缺点，做好工作。"

1962年3月24日，吃早饭时，雷锋看到炊事班的饭盆里有很多锅巴，便随手拿了一块吃。一个炊事员对他说："自觉点啊！"他听了这句话，心里很难受，觉得吃一块锅巴没什么，就赌气把那块锅巴放到饭盆里，走了。事后，他通过学习毛主席"因为我们是为人民服务的，所以，我们如果有缺点，就不怕别人批评指出"的教导，越想越觉得自己不对，于是就容下了炊事员的生硬态度和严正警告，跑到炊事班检查了自己的缺点，使炊事员很受感动。

1962年7月29日，指导员找他谈话，谈话中，指导员先肯定了他的工作业绩和为人民群众做的好事，然后说有人反映他和一位女同志谈情说爱，并且要他"好好谈谈"。他听了，感到莫名其妙，感觉受到了冤枉，受到了委屈。事实上，他没有和那个女同志谈情说爱，同志的反映没有任何根据，完全是个误解。对此，雷锋对反映情况的同志仍然采取了宽容的态度，并且告诫自己"有则改之，无则加勉"。

1962年7月30日，雷锋他们去参加后勤处的生产劳动，到了地里后，有的同志没有按计划带工具，结果影响了生产。他没有责怪未带工具的同志，反而反思到，"无论做什么一定要事先有计划，不能盲目乱干。只有按计划办事，才能圆满完成任务"。

上述宽以容人的事例充分表明雷锋拥有"大足以容众，德足以怀远"的情怀。

四、善以助人

一般而言，善就是心地仁爱、品质淳厚。人们讲到雷锋精神时，一般不会忘记讲雷锋的"乐于助人"。"乐于助人"是从雷锋"助人"的情感皈依的角度说的，也就是"以助人为乐"，或者说因为"助人有乐"所以才"乐于助人"。我们说雷锋"善以助人"，是从雷锋"助人"的道德基础或情感基础的角度说的，因为有"善"，所以能"助人"。所以，"善以助人"与"乐于助人"的表述角度，可以理解为一为本一为末，一为因一为果。无本就无末，无因就无果，无"善"的基础就不会有"助人"的行为。雷锋觉得他"活着，只有一个目的，就是做一个对人民有用的人"，所以，他的"助人"行为也就是自然而然的了。概括说来，雷锋的"善以助人"行为有如下4个表现：

一是"苦"的置换，即用自己的"甜"去置换别人的

"苦"。例如，1961年2月2日，他从营口乘火车到兄弟部队作报告，下车时，大北风刺骨地刮，天气很冷。他见到一位老太太没戴手套，两手捂着嘴，口里吹一点热气温手，就立即取下自己的手套，送给了那位老太太，他自己的手虽冻得像针扎一样也不觉得苦。

二是"力"的付出，能帮人出力就毫不吝惜。例如，1961年4月23日，到旅顺海军部队作报告时，见列车上旅客很多，服务员忙不过来，他就当起了义务服务员，让座位给一个老大娘，帮服务员打扫车厢，擦玻璃，给旅客倒开水，还当起了旅客安全代表。

三是"难"的释解，即帮人解难释困。例如，遇到同事、战友有经济困难时，他即刻拿出自己的津贴捐给人家。又如，1962年5月2日，他冒着大雨帮助艰难赶路的母子三人回到樟子沟的家里，然后不畏刮风下雨天黑回到部队驻地。

四是"急"的纾缓，即帮人解决急难问题。例如，1962年6月22日，首长指示他立即出车护送一个重病号到卫生连，当时已经是下午一点钟了，他还没吃中饭，感觉有点饿，恰好炊事员送来了一盒午饭，大家叫他吃了饭再走，可他想到，紧要关头，抢救同志要紧，饭都没吃就出发了。

或许正因为如此，习近平总书记才说："雷锋精神，人人可学；奉献爱心，处处可为。积小善为大善，善莫大焉。"

五、诚以励人

雷锋深深懂得"一朵鲜花打扮不出美丽的春天，一个人先进总是单枪匹马，众人先进才能移山填海"的道理，所以总是以无限的真诚、极端的热诚激励人，鼓舞人，使人朝着正确的方向共同奋进。

他热心鼓励他人发愤图强。在小学毕业典礼上的发言中，他鼓励同学们"在不同的岗位上竞赛"。在1960年11月应邀到某中学作报告时，他鼓励同学们立下"发奋图强，建设社会主义强国""全心全意为人民服务，把一生献给共产主义""艰苦奋斗，勤俭建国""刻苦学习，攻克现代科学文化堡垒"等"四个志气"，并希望同学们"做一个有礼貌又文明的好同学"。他担任抚顺市建设街小学和本溪路小学少先队辅导员，给予了少先队员们"永远保持红领巾的鲜红颜色，沿着党指引的道路前进，做无产阶级革命事业的接班人""学习，学什么课程都一样，要用心，要钻进去，要像钉子一样"等无数鼓励。在1962年2月21日给杨德志的赠言中，他祝愿杨德志"青春像鲜花一样，在祖国的土地上发散着芬芳，在保卫祖国的战线上多立功勋"。

他诚心激励他人创造奇迹。在1958年3月13日给王佩玲的赠言中，他祝愿王佩玲在平凡的工作岗位上，成为一个真正的战士。1962年2月22日，他给姚桂琴赠言说，伟大的理想，产生伟大的毅力，愿在保卫祖国的岗位上创造奇迹。1962年2月24日，他给刘思乐赠言说"让我们携起手来，做一颗永不生锈的螺丝钉"。

他耐心帮助他人改正错误。1960年11月26日《前进报》一篇文章述说了他帮助一名战友认识改正错误的事迹。该文称，雷锋先讲明了领导和同志们的帮助是关心和爱护，有错误就应该承认。然后说明了来部队的原因和目的。最后，雷锋说："人不怕犯错误，就怕犯了错误不改，能坚决改正错误，那就是好同志。"在本溪路小学，他对一名生在福中长在福中但思想波动、不安心学习、不主动学习、成绩也不好的同学讲新旧社会的对比，最终使该同学变成了一个好同学。

良言一句三冬暖，雷锋深谙其中滋味，以对他人极端负责的精神，诚以励人，不断给他人输送积极进取、战胜困难、改正缺点的正能量，昂扬他人斗志，振奋他人精神，促进他人成长，不愧为"专门利人"的人。

待人是门大学问，雷锋以其仁以爱人、谦以敬人、宽以容人、善以助人、诚以励人等思想行为为这门学问注入了丰富而鲜明的时代内涵，为人们的待人接物行为提供了绝好的样板，值得我们永远效法！

向雷锋同志学助人

　　人，总会遇到困难。当我们遇到别人遇到困难的时候，是漠然以对视而不见还是满怀热情出手相助？雷锋给了我们最好的答案。他说："人民的困难，就是我的困难，帮助人民克服困难，贡献自己的一点力量，是我应尽的责任。我是主人，是广大劳苦大众当中的一员，我能帮助人民克服一点困难，是最幸福的。"又说："我觉得自己活着，就是为了使别人过得更美好。"以此为思想基础，雷锋以他"乐于助人"的高贵品质和切实行动，为我们树立了在无私奉献、友爱互助中彰显人间温暖、世间温情的光辉榜样，值得我们永远学习。

一、向雷锋同志学助人，就是要能在思想上给人帮助

　　雷锋"乐于助人"的行动，首先表现为帮人解决思想问题。人的思想问题往往是最难解决的，但雷锋却做到卓有成效，请看他的3个主要做法：

　　一是用正确的思想去矫正。例如，雷锋在县委机关工作

时，有同志因为自己是职工编制不是干部编制很是自卑，思想包袱重，工作情绪低，经常发牢骚，并提出要改行。雷锋得知后，就找这位同志谈心，开导他说："我们都是为人民服务的。在我们这个社会里人人为我们，我们更应该为人民。革命工作只是分工不同，当官、做工、种田都是为党办事，没有贵贱之分。"那位同志听后，感觉十分惭愧、内疚，当即认识到自己有小资产阶级思想在作怪。从此以后，再也没有闹思想情绪了。在部队时，班里有同志"叫他出车就高兴，不叫出车或做点其他工作就不大满意"，有同志"拈轻怕重，害怕累了自己"，有同志不愿，认为事是别人的事，即算是参与也是站在一旁瞅着。面对这种怕苦怕累怕脏的思想，雷锋想着，如不及时纠正，就会造成不良后果。于是组织全班同志学习毛主席"什么叫工作，工作就是斗争。那些地方有困难、有问题，需要我们去解决。我们是为着解决困难去工作、去斗争的。越是困难的地方越是要去，这才是好同志"的教导，使大家提高了认识，统一了思想，第二天就见到了行动：大家放弃了星期天的休息时间，一大早就去积肥支援农业生产。从此，扫厕所、淘大粪，成了大家的自觉行动。在 1961 年的冬训中，他们班利用课余和休息时间积肥 3500 多斤。又如，有人认为，当兵不合算，不如在家给自己种田，既有花的，又有吃的。雷锋认为，只有集体利益富裕了，个人利益才能得到满足，否则就没有个人利益。还如，有人认为，"人活着是为了吃饭"。雷锋认为，"我们吃饭是为了活着，可活着不是为了吃饭"，一个革命者"活着是为了全心全意为人民服务，为人类的解放事业——共产主义而斗争"。

从这些事例中，我们可以看出，针对同志中存在的思想问题，雷锋总能用正确的思想去引导，从而矫正错误，提高认识，统一思想，提升境界，并且让正确的思想见诸行动，取得良好效果。

二是用诚恳的交心去转变。例如，一位战友犯了错误，雷锋主动找到他，诚恳地对他说："领导和同志们帮助你，是对你的关心和爱护呀，你应该很好地承认错误。你想，我们来到部队是干什么的呢？咱们过去都是穷人家出身，吃不饱、穿不暖，解放以后，在党和毛主席的领导下，才过上了幸福生活，再不用为吃穿犯愁了。我们今天来当兵，就是要保卫幸福的生活，保卫祖国的社会主义建设，我们应该好好地为人民服务，要是不听党的话，犯了错误，这能对得起谁呢？再说，我们入伍的时候，父母亲又是怎样嘱咐的呢？他们是叫我们在部队里，加强锻炼，使自己成为一个有政治觉悟的人，叫我们学习一些本领，难道我们能够忘记这些话吗？……人不怕有错误，就怕犯了错误不改。能够坚决改正错误，那就是好同志，同志们是不会看不起你的。"最终使那位战友认识和改正了错误。这个谈话，先讲了领导和同志们的帮助是出于关心和爱护，表明了领导和同志们给他指出错误、要求改正的出发点，是对他的关心和爱护，这就为战友承认和改正错误提供了感情基础。接着讲了现在的幸福生活和幸福生活的来由，讲了来部队当兵的目的是为了保卫幸福生活，保卫祖国的社会主义建设，更好地为人民服务，成为一个有政治觉悟的人，要实现这个目的就不能犯错误，犯了错误也要改正，否则就对不起党和毛主席，对不起父母，这就为战友承认和改正错误提供了思想基础。最后指出，犯了错误不要紧，改正了错误就是好同志，不会被同志们看不起，这就为战友承认和改正错误提供了完美结局。诚恳的交心谈话，入情入理地帮战友解决了思想问题，达到了助人的目的。

三是用切实的行动去感染。例如，有同志新调到雷锋所在的班，该同志本来是个"过去受过苦，现在革命热情高，工作能吃苦"的"好同志"，但"来自农村，学习少，政治觉悟比较低，对各种问题的看法有时片面"，因而班里有同志对他看法不好，说他是个落后分子，对他不大满意。对此，雷锋对班里的同志进行了教育，组织大家学习毛主席"共产党员对于落后的人们的态度，不是轻视他们，看不起他们，而是亲近他们，团结他们，说服他们，鼓励他们前进"的教导，使大家统一了认识，改变了对新调来的同志的态度。对那位既有优点又有缺点的新调来的同志，雷锋采取了更为实在的关爱行动。那位同志到他们班第三天生病了，雷锋觉得有责任去关心他，体贴他，给他温暖，就去给他请卫生员看病，并帮他打开水、打洗脸水、给他洗脸、给他做病号饭，把自己的棉大衣给他盖着，到澡堂洗澡时给他擦澡，使得那位战友深受感动，并表示"再不好好干，也就说不过去了"，而且第四天一早"就主动打豆子去了"，等雷锋他们吃早饭的时候，他已"打了一麻袋豆子背了回来"。又如，有的同志不愿意晚上站岗，雷锋想到，站岗是党和人民交给的一项光荣而艰巨的任务，自己是伟大的中国人民解放军，是祖国的保卫者，是人民最可爱的人，就在轮到自己站岗的时候，不管白天黑夜烈日严寒，都愉快地完成站岗任务，通过自己的行动去感染别人。

我们学习雷锋同志在思想上帮助别人解决困难，就要既要拥有正确的思想，又要拥有正确的方法，能够帮人找到存在问题的根源，指明解决问题的方向，提出解决问题的办法，用正确的思想去引导人，用切实的行动去感染人，帮助人。

二、向雷锋同志学助人，就是要能在生活上给人援助

雷锋在生活上给人帮助的事例举不胜举。概括起来，大略有以下5类做法值得我们永远学习：

一是帮人寻医问药。例如，1957年7月7日上午，望城县妇联一名女干部快要生产时在家门外晒被子，腹部突然剧痛，软瘫在地上，头上冒汗，想喊人又力不从心，十分焦急。正在这时，雷锋碰巧路过，见状便立即将她扶回屋休息，帮她递水擦汗，又帮助她把被子晒好。安顿好以后，雷锋打声招呼就离开了。没过多久，机关医务室的医生来了，采取措施，最终，一名男孩顺利出生。原来是雷锋离开之后去了医务室把医生喊来的。在治沩工程指挥部工作时，有一次，指挥长患重感冒好几天了都没见好，雷锋很为此事发愁，请医生给开了药打了针，病情却不见好转。一天中午，雷锋听说有个土方子可以治感冒，就想法要来方子和相关食物，请厨房师傅熬好药，送给指挥长吃了。后来又给指挥长精心照顾。几天后，指挥长得到康复。还是在治沩工程指挥部工作时，有一天，雷锋急匆匆向人借了2元钱，也未跟人家说做什么用，直到他领到工资还钱时，人家才知道，原来是，前不久雷锋下大队时，发现一个无儿无女的老人得了感冒，头痛发热，便立即给买了药。向人

借钱是要给老人买药，第二次去看望那位老人。得知原委后，借给他钱的人说不用还钱了，但雷锋怎么也不肯答应，把钱往人家口袋里一塞就跑了。

二是帮人争取贷款。例如，1957年3月的一天，在原心桥乡供销社生产资料部门前，雷锋见到一位40多岁的农民，背着盖茅草屋用的一对铁钩出卖，大为不解，便上前询问。原来那农民家里有四五口人，生活困难，已经揭不开锅了，准备卖了铁钩买米，以解燃眉之急。得知情况后，雷锋要他暂时不要卖铁钩，然后立即将情况反映给了县委书记。县委书记了解了这个情况后，便要有关部门核实情况，如属实，就立即给那农民发放一笔生活贷款。工作很快就得到了落实。第二天，那个农民得到了一笔贷款，生活困难问题得到了解决。

三是帮人发展生产。例如，1957年夏天，雷锋跟着县委书记等二人去西塘农业社蹲点。在此过程中，他们了解到第九生产队的社员刘少先家人多劳力少，生活困难，想养猪又没有本钱买猪崽，县委书记等二人准备凑些钱给他买猪崽。雷锋在一旁听了，主动提出他也要凑一份。因为雷锋参加工作时间短，工资不高，县委书记劝他不要凑，但是雷锋说服了县委书记，拿出了10元钱，3个人凑足了一笔钱，让刘少先买了一头架子猪和三头猪仔。一年之后，刘少先家的生活得到明显改善。

四是帮人救急解愁。例如，1960年6月上旬，雷锋因公外出，从沈阳火车站回抚顺。早上5点钟上车的时候，看到一位白发苍苍的老太太背着个大包袱，走几步歇一歇，很吃力，就急忙赶上前去，帮助老人背起包袱，搀扶她上火车。

上了车，人很挤，他又给老人找了个座位，自己就站在老人的身旁。火车开动了，他拿出准备给自己吃的两个面包，送给老太太一个。交流中，得知老人从山东来，要到抚顺去找儿子，但又不知儿子的确切住处，很是发愁。他安慰着老人。下车后又根据老人掏出的一封信上所写的地址，背上老人的包袱，领着老人四处打听，走了将近3小时，终于把老人送到了她儿子身边。1961年12月30日，班里有战友的母亲病了，家里来信叫那位战友回家看望，首长批了假，但是那位战友为缺钱回家而着急发愁，想买点东西给母亲吃，钱又不够。雷锋见状，想起战友的母亲就是自己的母亲，战友有困难也等于是自己的困难，他和战友是阶级兄弟，战友有困难应当互相帮助，于是，立刻拿出了自己的10元津贴费，还买了一斤饼干，交给战友，叫他带回家给母亲，使战友感动不已。1962年4月3日，天气格外寒冷。在去团里开会的路上，雷锋遇到一个十来岁的小孩，衣服穿得很单薄，冻得直打哆嗦，心里很是过意不去，就立即脱下自己的棉裤，送给了那个小孩。1962年5月2日，雷锋在保养汽车时，突然天下大雨。盖车的时候，天快黑了，他见到路上有一位妇女，左手抱着一个小孩，右手拉着一个五六岁的孩子，左肩上还背着两个行李包，走起路来很是很吃力，就急忙跑上前去问她们从哪里来要到哪里去。得知来处去向和那妇女"累迷糊了""哭也哭不到家"的愁苦之后，雷锋想起了毛主席"我们的同志不论到什么地方，都要和群众的关系搞好，要关心群众，帮助他们解决困难"的教导，立即跑回部队驻地，拿着自己的雨衣给那位妇女，又抱着她的孩子，冒着风雨送她们回家。在路上，他看那小孩冷得发抖，就立即脱下自己的衣裳给他穿上。走了一小时四十分钟，终于把她们送到了家，那妇女激动得不得了，因为天黑了又刮风下雨的，就留雷锋住下，但雷锋谢绝了，冒雨摸黑赶回了部队。

五是帮人料理生活。例如，1961 年 10 月 13 日，雷锋帮一位战友洗了 1 条衬裤和 1 双穿得发臭的袜子。1961 年 10 月 15 日，星期天，他利用休息时间给班里的同志洗了 5 床褥单，帮一个战友补了 1 床被子。1961 年 12 月 20 日，他拆掉自己的棉帽衬，偷偷为一个战友补好了因电瓶水烧出几个大口子的新棉裤。

我们学习雷锋同志在生活上帮助别人解决困难，就要时刻怀有"做一个对人民有用的人"的思想，无论事大事小，都要随时随地给人以力所能及的帮助。

三、向雷锋同志学助人，就是要能在学习上给人辅助

雷锋不仅自己爱学习、善学习，而且善于帮助别人学习。在帮助别人学习方面，他至少有如下 5 种做法值得我们学习。

一是帮人端正学习态度。例如，1962 年 2 月 1 日，他总结全班工作时说到，针对"刚开始学习技术的时候，有的同志说：'只要把技术学好了，就有了铁饭碗……'还有的同志认为，技术学好学赖是个人的事，与别人无关。还有的同志对技术学习不重视"等思想，组织"学习了报纸上论'红与专'的文章和毛主席的有关著作"，使大家提高了认识，统一了思想，明确了学习目的；还说到"学习虚心，不懂就问，不装

懂，有打破砂锅问到底的精神"。所有这些，都表明了雷锋十分重视帮助别人端正学习态度，而且取得了明显的效果。

二是帮人明确学习方向。例如，1960年11月，他应邀到一所学校作报告，报告"希望"同学们立下"四个志气"，即"发奋图强，建设社会主义强国的志气""全心全意为人民服务，把一生献给共产主义事业的志气""艰苦奋斗、勤俭建国的志气""刻苦学习，攻克现代科学文化堡垒的志气"。又"希望"同学们做"认真听老师讲课""积极参加各项活动""保证完成作业""学好样，做好事""搞好团结，尊师爱校"的"好同学"。两个"希望"分别从理想前途和具体要求的角度为同学们提出了学习方向，既有整体引领性，又有具体可操作性。

三是给人赠送学习工具。例如，1960年，在部队掀起的学文化的热潮中，一位战友因为文化程度比别人低，故而学习信心不足，尤其是一学数学就头疼，上课不带笔和笔记本、作业本，有时还缺课。有一次，雷锋让他做作业，他说钢笔丢了，雷锋就把自己的一支笔送给了他，还给他订了一本作业本，使他很受感动，学习热情渐渐提高，考试成绩也不错。1961年5月，雷锋应聘为抚顺市望花区本溪路小学校外辅导员。少先队中队长王文阁家境困难，雷锋为他买了12支铅笔、4本作业本，同时送给他一套《十万个为什么》，并在扉页上写下"愿你插上幻想的翅膀，去探索大自然的奥秘，长大成为一名科学家"的赠言。1961年10月10日，他听说一位战友没有日记本了，又没有钱去买，就立即把自己的一个新的笔记本送给了他。

四是给人补习学习内容。例如，1960年4月下旬，他到运输连，和30多名新同志一起开始学习汽车构造、汽车原理和驾驶。同班的一位战友接受能力差一些，今天学了，第二天就忘了，感到学汽车理论很吃力，第一次测验考了个不及格，有些灰心。对这位战友，雷锋采取如下措施帮他解决问题：一是课后小组讨论时，总是让他先发言，不懂的地方就提示一下，使他的成绩渐渐有了起色；二是反复单独进行讲解，有一天，他们讨论汽化器的构造和工作情况，战友怎么也说不清楚，雷锋就拿着图给他讲解，看他还是摇头说记不住，就分小节讲，讲一小节，让他重复一遍，这样一句一句地教，教了两个多小时，使战友终于弄明白了，就这么起早贪黑地在一起学习，那位战友终于取得明显进步，第二次测试结果得了5分。

五是给人兼任学习教员。例如，1955年下半年，乡里组织扫盲运动，又苦于找不到好老师，当时还在读小学六年级的雷锋，主动"请战"，给夜校当起了"先生"，教乡亲们识字，还把农村常用字、俗语编成顺口溜教大家学习，受到夜校学员的欢迎。1959年，外地到鞍钢学习的青年很多，他就按照组织安排，带了学员，而且拒收了应收的36元师傅费。1960年，在运输连开展学文化热潮"兵教兵"的过程中，雷锋想到自己学有文化，应该好好为连队建设服务，就自告奋勇当一名兼职小教员，还被推举为连队俱乐部学习委员。开始碰到很多困难，他都一一克服，每天给大家读报、广播、教歌，又要备课、上课、批改作业，所教高小语文课和算术课，多数同志反映好，但有个别同志不用心听讲，他就给大家读报纸上《毛主席关怀警卫战士学文化》的文章，说明文化学习的重要性。最终按期完成了教学任务，全班总评成绩优秀。

我们学习雷锋同志在生活上帮助别人解决困难，就要满怀爱心，倾己所有，尽己所能，切实做到雷锋所说的那样，有一分热发一分光。

四、向雷锋同志学助人，就是要能在工作上给人襄助

雷锋在工作上给人帮助的最大特点是不分男女老幼、不计分内分外，只要能帮就会出手。在这个方面，值得我们学习的至少有以下 3 个方面的做法。

一是见人就帮。例如，1962 年 8 月 8 日，雷锋他们去给一营二连拉粮食。上午八时从下石碑山出车，九时半左右就到达了抚顺粮站。这趟车是副司机开的。因他缺乏驾驶经验，遇到紧急情况，就手忙脚乱起来，因此，轧死了老乡的一只鸭子。雷锋立即叫他停车，向老乡道歉，并给老乡赔偿了两元钱，使老乡没意见，很受感动。这件事中，被帮助的人是雷锋的战友、自己熟悉的人。又如，1952 年仲秋的一个星期天，许多农民推着土车子送公粮入粮仓。雷锋主动帮助农民把送爱国粮的土车子推上岭，然后，又下来拖第二部，就这样一部接一部地拖，直至夕阳落山，不见送爱国粮的车子了，他才回家休息。有一次，雷锋正与同学去上学，在路上碰见一位老人拖着土板车，上面装有好几百斤重的货物，在上岭的地方，老人非常吃力，气喘吁吁，汗流浃背。见此情景，他急忙跑上前去，主动帮助老人往岭上拖拉，同学也跟着去帮忙，直到帮老

人拖车到岭上，他才和同学一溜小跑往学校赶。这两件事中，所帮助的人雷锋并不熟悉，但他看到需要自己出力，就毫不犹豫出手相助。

二是见事就帮。例如，在望城县委担任"公务员"（实为负责首长日常工作生活事务的勤务人员，非现在意义上的公务员）时，雷锋本身的工作相当繁杂、琐碎、劳累，但他以苦为荣、以累为乐，除了自身的工作外，还经常帮助他人做些能做的工作。如，县委开会时，他总要给与会者端茶倒水，会后又打扫会议室卫生，整理物品。机关食堂开饭时，他就协助送菜端饭，给炊事员帮忙，成为厨房帮手。当文印收发室工作繁忙的时候，他也乐呵呵帮忙做事。有一天晚上，他去一个同事那里联系第二天的工作，见那同事在办公室印资料，印了还要装订，任务很重，于是就二话没说，主动帮同事装订，同事再三谢绝，他还是坚持帮忙。那时候没有打字机，材料都是用钢板铁笔刻出来的，由于印的张数多，蜡纸走了样，有些字迹看不清，他就拿着材料一份一份地念，然后把不清晰的地方一笔一画地填写清楚。

三是见机就帮。例如，在治沩工程指挥部工作期间，有《治沩工地报》要派发，但编辑室人手少，任务重，很多事情忙不过来，报纸没有专人递送，平日里只能趁开会的机会分发下去，或者让人顺便捎带，否则就会积压在编辑室两三天。雷锋不属编辑室的人，没有递送报纸的任务，但他每次去大队，总要到编辑室主动捎带报纸。有时，还利用休息时间专程递送。又如，1961年5月1日，这天是五一国际劳动节，本来可以"上街看热闹"，但是雷锋没有去，而是在家忙工作，除了"把房前房后、室内室外干干净净地打扫了一遍"之外，还帮助炊事班洗菜、切菜、做饭，一干就是3小时。1961年10月15日，星期日，为战友洗褥单、补被子，协助炊事班洗白菜600多斤，打扫了室内外卫生，还做了一些零碎事。

我们学习雷锋同志在生活上帮助别人解决困难，就要不分亲疏远近，不计分内分外，切实做到该出手时就出手，能相助时就相助。

从上述众多的事例中，我们应该可以看到，雷锋的助人具有自觉性、长期性、细微性、广泛性、无私性的特点。他所有的助人行为都是自觉自愿的，都是发自内心的真诚的付出，毫无作秀之嫌，更无来自外力的强制。他长期坚持帮助别人，一以贯之地帮助别人，从读小学时帮人推车上岭到牺牲前不久帮人向老乡赔偿，助人的事从来就没有停止过。他观察仔细，用心帮人，无论何时何地，总能发现能够助人的机会，并抓住机会主动帮助别人。他助人的对象十分广泛，有熟知的也有陌生的，有同事者也有偶遇者，有孩子、有孕妇、有青壮也有老人，有农民、有学生、有战士也有机关工作人员。他助人的地点十分广泛，无论是农村还是部队抑或路途、机关，都有他助人的身影。可谓人不分老幼贵贱，地不分东西南北。他助人的内容也十分广泛，从思想到工作到生活到学习，从出力到出智，可谓上涉政治经济文化，下及日常生活工作细节，无所不至。最为可贵的是，他的助人从来没有任何功利目的，从来就没有收取任何报酬，唯一有的就是助人、助人再助人，付出、付出再付出。

"学习雷锋好榜样，毛主席的教导记心上。全心全意为人民，共产主义品德多高尚。"让我们像雷锋那样，以助人为乐且乐于助人，在爱的奉献中创造幸福美好的人间。

向雷锋同志学改错

　　人之为人，缺点和错误在所难免，关键在于要有正确对待缺点和错误的态度和彻底改正缺点和错误的行动。毛泽东同志在《为人民服务》一文中说："因为我们是为人民服务的，所以，我们如果有缺点，就不怕别人批评指出。不管是什么人，谁向我们指出都行。只要你说得对，我们就改正。"说的是我们要有接受批评意见、改正缺点错误的勇气和态度。又说："只要我们为人民的利益坚持好的，为人民的利益改正错的，我们这个队伍就一定会兴旺起来。"说的是改正缺点和错误的重要意义。雷锋深受其教育，在 1960 年 11 月 26 日 "与战友谈改正错误"时，他说："人不怕有错误，就怕犯了错误不改。能够坚决改正错误，那就是好同志。"事实上，作为一个有血有肉、有着七情六欲的平凡人，雷锋也有犯错的时候，关键是，他能及时改正错误，不断进行自我完善。在这个方面，从自我觉解、自主行动的主观能动的角度看，雷锋有如下 4 个方面的做法值得我们学习。

一、自我规范：防错

缺点和错误是可以防范的，雷锋深知其中的道理。所以，他时常不忘进行自我规范，自我约束。1958年6月×日，在团山湖工作期间，他在日记中写有"保证克服一切困难，勤学苦练，早日学会技术"等"6项保证"。1959年8月26日，在弓长岭矿山工作期间，他在日记中给自己提出了"继续加强组织纪律性"等"11项要求"。1959年10月×日，仍然是弓长岭矿山工作期间，他在日记中给自己提出了"加强修养"等"4项保证"。1959年×月×日，他又在鞍钢化工总厂大会上的发言中给自己提出了"听党的话，服从组织调配"等"6项保证"。1960年1月8日，是他光荣地加入中国人民解放军队伍的这一他"永远不能忘记的日子"，也是他实现了自己从小就定下的"去当兵"的愿望的日子，他又给自己提出了"听党的话，服从命令听指挥，党指向哪里，我就冲向哪里"等"6项保证"。例子无须再举。从中，我们可以看到这么一个事实，那就是，每到一个工作节点或时间节点，雷锋总要给自己提出具体详尽的"保证"或"要求"。这些"保证"或"要求"，虽然是如他所说的"努力的方向和奋斗目标"，但实际上，更具有自我规范的性质，是他对自己提出标准和要求、防止出现错误的有力措施。如此高频率地给自己提出"保证"和"要求"以防止错误发生，古今中外，恐再无第二人。

不仅如此，他还在日常的工作和生活中，不断地告诫自己，警醒自己，以防止错误的发生。例如，1962年2月27

日，他在日记中说："雷锋呀，雷锋！我警告你牢记：千万不可以骄傲。你永远不能忘记，是党把你从虎口中拯救出来的，是党给了你一切……至于你能做一点事情，那是自己应尽的义务。你每一点微小的成绩和进步都要应该归于党，要记在党的账上。"1962 年 8 月 9 日、10 日，他还分别写下日记，告诫自己"虚心使人进步，骄傲使人落后"。十分明显，这是他为了防止发生骄傲自满的错误而给自己的警告。须知，对一个荣誉满身、年纪又轻的人来说，在取得成绩和进步之后，飘飘然而发生骄傲自满的错误是很容易也是很常见的。雷锋深刻地看到了这个问题及其危害性，所以才不断地告诫自己、警醒自己，严格地进行自我规范，以防止错误的发生。高标准、严要求，永远是防止错误发生的法宝。

二、自我检省：识错

"横看成岭侧成峰，远近高低各不同。不识庐山真面目，只缘身在此山中。"自身的错误，自己往往难以发现，需要他人的"指摘"，但是光靠他人的"指摘"是远远不够的，因为外因只有通过内因才能起作用。这就需要自我检省，不断查找自身的错误、缺点和不足。对此，雷锋勇敢地拿起自我批评的武器，不断地"拿自己开刀"，剖析自身存在的问题与错误。

1961 年 9 月 10 日，在《自我鉴定》中，雷锋谈了自己对学习的"要想工作好，就得学习好……人只有不断地努力学习，才不会迷失方向，做好工作，否则就会落后，甚至犯错误"的认识之后，说"现在我学习得很不够，决心继续努力，勤学、苦学、发愤学"，检视了自己在学习方面做得"很不够"的问题，也提出了解决这个问题的措施。这是一次在学习方面的自我检省。

1961年9月19日，在《入党转正申请书》中，他反省了以前存在的"干工作只是一个人单打鼓、独划船地干，不懂得发动群众，不懂得把个人的力量和集体的力量结合在一起""对整个阶级的命运和利益认识是不足的，至于怎样为本阶级的利益去斗争也搞不清楚"等问题，还专门用两个段落列举了"缺点"。他说："因工作的需要，经常外出汇报，在生活上形成了一种自由散漫的作风。比如，有时候不请假外出，礼节不够周到，军容有时不够整齐。因今年我大部分时间在外地作汇报，很少参加党的组织生活，也没有经常向组织汇报自己的思想工作和学习情况。对同志的帮助不够，没能经常进行谈心活动。工作缺少方法，有时抓住了这头却丢了那头，遇到具体问题，仅仅从大道理上做一些解释，究竟怎样解决，要达到什么为合适，自己心中没底。个性急躁，办事总想一口气得成。"并决心"以上缺点坚决克服"。总结起来说，这是一次较为全面的自我检省，有思想认识方面的，有生活作风方面的，有工作方式方面的，有工作方法方面的，有同志关系方面的，也有个人性格方面的，虽然话语不多，但句句恳切直接。

我们应该看到，在雷锋的做法中，这种旨在认识自我缺点和错误的自我检省，重点是查摆缺点和错误，还包括了找原因和定措施的环节。

三、自我调节：认错

是缺点就是缺点，是错误就是错误，绝不回避，绝不掩饰，雷锋总能以实事求是的态度、光明磊落的胸怀承认缺点和错误。

1960年11月26日，在"与战友谈改正错误"时，他说过"领导和同志们帮助你，是对你的关心和爱护呀，你应该很好地承认错误"，虽说是在告诫战友，但实际也是他自己对有错误就要"很好地承认错误"的正确认识。正因为有这种正确认识，所以，1961年9月10日，他的排长指出他"办事主观"的问题、办事欠缺"和群众商量"的问题、不"注意工作方法"的问题，还有"其他方面的小缺点"以及未能"抓紧时间努力学习"的问题，他都予以承认，并表示将排长的"好话"——"牢记心间，照着去做"。这是面对外来客观因素雷锋采取的直截了当的认错方式。不像当下某些人，一听到别人说自己的缺点或不足，就暴跳如雷，面红脖子粗地"怒目相对"，甚至"怀恨在心"。

最为可贵的是，雷锋能通过自我心理调节的方式，主动承认自己的缺点和错误。1962年3月24日，吃早饭时，他看到炊事班的饭盆里有很多锅巴，便随手拿了一块吃。一个炊事员对他说了"自觉点啊"的话，他听了，心里很难受，觉得吃一块锅巴没什么了不起，便赌气把那块锅巴放到饭盆里，走了出来。事后，他还是跑到炊事班，承认了自己拿锅巴吃不对，并检查了自己的缺点，使那个炊事员很感动并且为他点赞。原来，他心里难受、放回锅巴、走了出来之后，读到了毛主席的教导"因为我们是为人民服务的，所以，我们如果有缺点，就不怕别人批评指出。不管是什么人，谁向我们指出都行。只要你说得对，我们就改正"，而且念了十多遍，越念越感到自己不对，越念越感到毛主席的这些话好像是专门对他说的，越念越后悔不该和炊事员赌气，而且自己问自己："你多不虚心呀！人家批评重一点，你就受不了啦！"很明显，这是雷锋进行自我心理调节的认错方式。他对照毛主席的教导，思考自己的问题，发现了自己的错误，并且立即改正了错误，值得学习。

不管怎样，有了缺点和错误，就要勇于自我调节而认错，为改错提供思想基础和行动条件。

四、自我修正：改错

闻过思过，有错即改，这是雷锋的一贯做法。例如，关于纪律问题。1961年6月，他在与少先队员们讲纪律的时候谈到，他刚入伍的时候，有时不自觉地就违反了纪律。有那么一个星期日，他以为放了假就可以随便外出了，谁也没告诉，就上街照相去了，结果受到指导员的批评教育。在此过程中，他先很"难为情"地承认了没请假就外出的事实，后来"心里难过极了，哭了"，表示愿意改正错误。从那以后，他就"再没有违反组织纪律和各种制度"。

又如，关于方法问题，1961年9月10日的日记中他记载了这么一件事：有一天，他和两个战友出车到浑河农场拉菜，他看农场里的同志都已吃晚饭了，心想战友出了一天的车，比较累，再说午饭吃得早，也可能饿了，就和农场的管理员联系了一下，准备好了饭，叫他们两位吃。可是他们硬不吃，说天快黑了，车没有灯，要赶紧回队。他想回去也要吃饭，现在这里饭已准备好了，吃还不一样吗？再三劝他俩吃，最后他俩还是没有吃，也就和他俩一块儿拉菜归队了。事后战友反映到排长那里，说他"办事主观"，排长又当面给他指出"办事主观"。显然，这是思想方法出现的问题。1961 年 9 月 19 日，他在《入党转正申请书》中，也列举了"工作缺少方法"的"缺点"。他是怎么解决这个问题、改正这个缺点的呢？1961 年 12 月 2 日，他写在日记本上的"工作方法"中就有他的认识："我们做工作，定指标，提任务，都要照顾需要和可能两个方面，不仅看需不需要这样做，而且看能不能做到，需要做而且能做到的我们就坚决做，需要做但是做不到或暂时做不到的，就不做或暂时不做。"1962 年 2 月 1 日，他撰写的全班的工作总结中就有"采取互教互学的方法""采取包教保学的方法""采取（理论、图表、实物）三结合的方法"的总结。可见，方法方面存在的问题得到了改正。

还如，关于谦虚问题。1962 年春天，有人反映"在一些会议上，雷锋不注意听首长的讲话。在火车上以及空闲的时刻里，他翻弄自己照片的次数较多……"他有"骄傲自满"的表现和"自我陶醉"的表现。得知首长说的同志们的反映后，他从 2 月 27 日起，连续写下 7 篇日记，多次提及要"警惕骄傲自满"情绪。可见他的改错行为极富长期性。

防错、识错、认错、改错，是雷锋对缺点和错误采取的行之有效的措施，展现了雷锋"刀刃向内的自我革命精神"，为他成为"一个高尚的人，一个纯粹的人，一个有道德的人，一个脱离了低级趣味的人，一个有益于人民的人"提供了强大的支撑。我们应以雷锋为榜样，拥有"正视问题"的自觉，拿起"自我批评"的武器，拿出"刮骨疗毒"的勇气，强化"有错必改"的态度，采取"立行立改"的措施，切实做到"自我净化、自我完善、自我革新、自我提高"。

向雷锋同志学发言

　　工作中，往往要开会、要讨论，开会、讨论往往需要发言。同一切工作要求一样，发言也是要讲究质量的。现实情况是，有的人发言往往很精彩，有的人发言往往很一般，也有的人发言往往很糟糕。如何使自己拥有高质量的发言呢？措施有很多。在对雷锋发言稿做了一番研读之后，笔者觉得很有必要向雷锋同志学发言。

　　雷锋的发言（不含讲话）计有 11 篇，它们是：1956 年 7 月 15 日《在小学毕业典礼上的发言》，1959 年 9 月《在鞍钢授奖大会上的发言》，1959 年《在化工总厂大会上的发言》，1960 年 1 月 8 日《在工兵第十团欢迎新兵大会上的发言》，1960 年 11 月 8 日《在沈阳军区工程兵政治工作会议上的发言》，1960 年 11 月 27 日《在授奖大会上的发言》，1960 年 11 月《对同学们的希望》，1961 年 4 月 29 日《在沈阳军区工程兵部队第六届团代会上的发言提纲》，1961 年 8 月 5 日《在抚顺市第四届人民代表大会上的发言》，1961 年 10 月 10 日《在聘请校外辅导员大会上的发言》，1962 年 8 月 1 日《在望花区军烈属、复员退伍军人代表大会上的发言》。这些发言给我们的启示主要有以下 6 个方面。

一、准备要充分

打仗不能打无准备之仗，无准备之仗必定是败仗。发言也是如此，事先都要充分准备。这种准备涉及讲什么怎么讲、怎么开头怎么结尾、如何应对听众反应、如何处置突发情况、如何把握发言时间等方方面面，但最主要的是讲什么亦即发言内容的准备。

雷锋的发言，尽管有的是临时性的，有的是事先安排好的，但准备都是十分充分的。临时性的发言有临时性的准备，事先安排的发言有事先的准备。

他在小学毕业典礼上的发言是一个临时性的发言，当时学校老师事先并没有安排他发言，他受了毕业典礼会议气氛的感染，临时上台发言，结果成就了一个发言经典。他的临时准备实际是平时思想（对理想的追求）的积累，临时发言实际是平时思想积累的临时"爆发"。在他的思想认识里，党的需要就是他的需要，当个好农民、好工人、好战士等观念早已根深蒂固，"在心为志，发言为声"，他的临时发言的准备也就是无准备的准备了。从这个意义上讲，我们平时的思想"储备"便是最好的发言"准备"。

他在沈阳军区工程兵政治工作会议上的发言应该是一个事先准备的发言，我们现在所能见的是这个发言的提纲，这个提纲把所要讲的内容都列了出来，有的很简略，如"一、解放前（略）"，这个内容雷锋讲起来应该是很熟练的了，不需详列；有的很详细，如"二、解放后""三、入伍后""四、节约"这三个部分的内容一项一项、一条一条，一件事一件事，一个数据一个数据，列得十分详尽；最后的结束语虽然语言篇幅不长但也写得详详细细，可见其准备的充分程度。

二、对象要明确

毛泽东在《反对党八股》中说："看菜吃饭，量体裁衣。我们无论做什么事都要看情形办理，文章和演说也是这样。"表明无论做什么事都要看清对象。我们作发言是一定要明确对象的，也就是我们的发言是讲给谁听的，一定要明确。但是，有的同志往往忽略这个问题。例如，有同志在"新冠肺炎疫情防控教师座谈会"上，不顾"教师"这个听众对象，自说自话，大讲特讲机关干部在疫情防控时如何如何，搞得与会者莫名其妙，有的还昏昏欲睡。

雷锋的发言，对象总是十分明确的，要么是"亲爱的老师、同学们"，要么是"敬爱的党委和全体师傅以及青年朋友"，要么是"敬爱的首长和全体老大哥同志们"，要么是"敬爱的首长、亲爱的全体战友"，要么是"敬爱的上级党委、亲爱的全体人民代表"，等等，听众的身份十分确定。因此，他发言内容的"对象性"也特别强烈。例如，他在聘请校外辅导员大会上的发言，虽然称呼是"各位校领导，老师们，少年朋友们"，而实际的真正对象是"少年朋友们"，"各位校领导，老师们"只是礼节性称呼，所以他的发言内容如"永远保持红领巾的鲜红颜色，沿着党指引的道路前进，做无产阶级革命事业的接班人"等都是针对"少年朋友们"的。

我们还须明确，从发言者的角度看，听众是发言的信息接收者；从听众的角度看，发言者是发言的信息传播者。所以，发言者还得明确自己是"信息传播者"这个对象的对象，也就是要明确自己是以什么身份发言的，这样才能明确发言应该讲什么不该讲什么。在这个问题上，雷锋也是把握得非常准确的。例如，在抚顺市第四届人民代表大会上的发言等发言中，有"高兴的是""惭愧的是"这类内容，但在聘请校外辅导员大会上的发言等中却没有这类内容，这是因为在"人代会"上他是以"人大代表"的身份发言的，在"聘请会"上他是以"校外辅导员"的身份发言的，如果不顾发言身份，无论什么发言都要说一说"高兴的是""惭愧的是"之类的话，就是不看对象的表现。

三、态度要端正

态度决定一切，态度决定高度。做人有做人的态度，做事有做事的态度，发言也应有发言的态度。雷锋发言的态度最值得我们学习的是认真、谦逊和诚恳。

他的认真态度除了表现为发言前的认真准备外，还表现为发言内容的完备。例如，1960 年 11 月 27 日在授奖大会上的发言，这次授奖大会上，他被中共沈阳军区工程兵党委授予了"模范共青团员"的光荣称号，所以他在发言中，首先表达了"荣幸"和"惭愧"的心情，然后总结了自己在党的教育下取得的"一点点成绩"，表示成绩应归功于党和毛主席以及热情帮助过他的同志们，并表示贡献很不够、决心做出更大的成绩，最后提出了"听党的话，听毛主席的话，努力学习毛主席著作，做毛主席的好战士"等5项保证。从表达心情到看待成绩（含总结成绩、归功成绩、决心做出更多成绩）再到提出保证的发言内容看，雷锋考虑得十分周到，内容十分完备，非常贴合他"模范共青团员"荣誉称号和身份，如果没有认真的态度，则断然不可能有如此精彩的发言。

他的谦逊态度主要表现在发言内容上。他的很多发言都直接表达了谦逊的态度，总有"光荣应该归于教育我成长的党，应该归于热情帮助我进步的同志们""为党做的事太少了，比起各位代表，我差得太远了"之类的表述。有的则没有明说而是隐含在发言的内容之中，如在授奖大会上的发言中，他提出了"5项保证"，这"5项保证"是他针对自己看到自己"比起党"对他的"要求和期望是很不够的"提出来的，其中隐含着的谦逊态度是显而易见的。

他的诚恳态度主要表现在发言语气上，更表现在发言内容上。他的发言从无骄傲自满的自我陶醉，更无居高临下、盛气凌人的做派，总是诚诚恳恳，忠厚实在，让人一看就是"党的好儿子""人民的勤务员"的模范。例如，在聘请校外辅导员大会上的发言，他有一句话是"今后我们要多联系，常来常往，互相帮助"，其中的"我们"，可以说成"你们"，如果说成"你们"，就会给人"居高临下"的感觉，他说"我们"，包含了"少年朋友们"，也包含了他自己，表明了"多联系，常来常往，互相帮助"既是"少年朋友们"要做的也是他自己要做的，从而把自己与"少年朋友们"摆在了平等的位置，无论是语气还是内容，都体现了诚恳的态度。曾经听过某教师在毕业典礼上的发言，其中也有"多联系，常来常往"的句子，但它的前冠下的"主语"是"你们"，这么说好像没错到哪里去，但总给人以"隔着一层"的感觉，其实质是没有诚恳的态度，没有把自己和同学们融为一体。

四、情绪要饱满

发言，既要以深刻的思想启迪人，也要以饱满的情绪感染人，所谓以理服人、以情动人，应该在发言中得到充分体现。发言中，该热烈时热烈，该冷静时冷静，该坚毅时坚毅，该柔婉时柔婉，该侃侃而谈则慷慨激昂，该娓娓道来时舒缓平静，应为常态。笔者曾经听过某领导在一个经验交流会上的发言，他老人家的发言啊，两个多小时，事后有人评价是"声音细得如蚊子，节奏慢得如蜗牛，情绪静得如死水"，其效果，大家就可想而知了。

雷锋的发言，总是精神振奋，激情满怀，给人以无穷的感染力量。听过雷锋讲话或者发言录音的同志应该知道，他发言的语速是比较快的，音调也是比较高的，听起来有一种昂扬向上的感觉，说理时往往让人侧耳细听，动情处（如他述说苦难家史时）往往让人情不自禁。请看他在望花区军烈属、复员退伍军人代表大会上的发言中的最后一段"保证做到"的第三项内容："发扬勤俭建国，勤俭建军，勤俭持家，勤俭办一切事业的精神，永远保持艰苦朴素作风，厉行节约，反对浪费，爱护公物，树立坚定的共产主义理想，克服非无产阶级的思想意识。"这段文字，句法排比，句式简短，无论是听起来还是读起来，都能给人一种慷慨激昂、奋发向上的情绪感染。

《毛诗序》中说："诗者，志之所之也。在心为志，发言为诗。情动于中而形于言，言之不足故嗟叹之，嗟叹之不足故永歌之，永歌之不足，不知手之舞之，足之蹈之也。"我们发言，虽然不要像唱歌跳舞那样"手之舞之，足之蹈之"，但必须"情动于中而形于言"。发言谨记：以情动人者，最能动人。

要注重以情动人，更要注重对情绪的把控，不能让情绪放任自流。无论是热烈的、激昂的、欢畅的还是沉郁的、苦痛的、烦恼的，都要控制到位，所有的喜怒哀乐，都要拿捏到位，不能一发不收，无休无止，更不能矫揉造作，无病呻吟，否则就会适得其反。

五、主旨要突出

所谓主旨突出，是指发言时突出要说的、该说的，凡是要说的、该说的，就要充分地说、全面地说，凡是不要说的、不该说的，就一句话也不说、一个字也不说。

从雷锋《在小学毕业典礼上的发言》看，该发言第一句话"我们小学毕业了"，叙述了"小学毕业了"的实事，也暗含着激动的心情。第二句话"毕业以后，很多同学准备升入中学学习"，表明了同学们的未来取向。然后用"我呢，我决定留在农村广阔的天地里，当一个新式农民……用自己的鲜血和生命去保卫我们伟大的祖国"3句话，重点表明了自己做个好农民、好工人、好战士的理想，最后用两句话分别向同学们发出"在不同的岗位上竞赛"的热情倡议，向老师们提出看他的"实际行动"的热切愿望。整个发言篇幅简短，内容丰富，主旨分明，重点突出，逻辑清晰，激情迸发，非常贴合毕业典礼的现场需要，体现雷锋高超的发言水平。

从他的《在沈阳军区工程兵部队第六届团代会上的发言提纲》看，这次发言的主旨应该是介绍自己学习毛主席著作的情况，所以，这个提纲一共有两大部分，第一部分介绍了从什么时候开始学习毛主席著作的，是怎么学习毛主席著作的；第二部分介绍了今后学习毛主席著作的决心。第一部分又从"学习了毛主席著作后，战胜了和泥的困难（冬天）"等8个方面介绍了自己是怎么学习毛主席著作的；第二部分从"学习毛主席著作与改造自己的思想相结合，树立全心全意为人民服务的思想和辩证唯物主义世界观"等4个方面表示"要学习毛主席著作的立场、观点和方法"。所述内容十分集中，主旨十分突出，毫无东拉西扯、旁逸斜出。

从他的《在望花区军烈属、复员退伍军人代表大会上的发言》中可以看出，该会议的主要任务是："认真贯彻省市优抚会议精神，总结交流经验，改进工作，更好地调动全市军烈属、复员退伍军人在政治上和生产上的积极性，继承发扬革命优良传统，认清形势，努力生产，克服暂时困难，为支援前线、支援部队和社会主义建设事业做出更大的贡献。"所以，他的发言，重点围绕这个任务进行，重点内容是提出"坚决在党的领导下，鼓足干劲，力争上游，充分发挥生产积极性和创造性，在社会主义各项事业中做出优异成绩，争取更大光荣，用支援前线，支援解放军的实际行动来回答党和政府对我们无微不至的关怀"的"倡议"，作出了"（一）永远听党的话，努力学习马克思列宁主义和毛主席著作，牢固地树立起全心全意为人民服务的思想，保持蓬勃的革命朝气，钻研业务，提高本领，服从领导，遵守纪律，用百折不挠的意志，克服前进道路上的一切困难"等"三项保证"。这样一来，就突出了会议主题，也突出了发言的主旨，同时也体现了雷锋深厚的政治修养。

发言主旨的确定，一定要根据会议的议题或讨论的话题进行，不能自行其是，不能节外生枝。主旨的突出，一定要能对自己所掌握的材料或观点狠下一番去粗取精、去伪存真的功夫，努力做到删繁就简，有的放矢，要坚决杜绝东扯葫芦西扯瓢、高谈阔论不着边的现象。

六、语言要简明

关于讲话、发言的语言问题，雷锋在 1961 年 10 月 22 日的日记中说过这么一段话："有些人讲话爱啰唆，有时一句话或一件事反复地说，东扯葫芦西扯瓢，说来说去还是一个意思，时间用了不少，事情说得不多。俗话说：剩饭炒三次，狗都不爱吃。一句话老那么说，人家就不爱听。本来意思不多，却讲了不少，结果那一点精华被淹没在空话的海洋中了。这好像人们喝糖水，同样多的糖，如果掺水适当，则味道甘美，如果掺水过多，必然淡而无味。可见讲话的时间长，不一定效果就好，相反有时还会更坏。"这段话语中，雷锋批评了某些人讲话爱啰唆的现象，分析了这种现象的危害。我们的生活和工作中，有这种现象的也不乏其人。重温这段日记，有利于我们避免发言语言不简明的问题。

雷锋所有的发言（不含发言提纲）中，最长的当数《在抚顺市第四届人民代表大会上的发言》，连标点带文字只有1199字；最短的当数《在聘请校外辅导员大会上的发言》，仅仅131字。其他如《在鞍钢授奖大会上的发言》138字，《在小学毕业典礼上的发言》205字，《在授奖大会上的发言》532字，《在化工总厂大会上的发言》603字。这就表明，他的发言总是非常简短的，从无滔滔不绝的长篇大论。当然，我们在这里列举说明雷锋发言篇幅简短的特点，不是说越简短越好，而是说发言应该避免出现像雷锋批评过的那种"东扯葫芦西扯瓢，说来说去还是一个意思，时间用了不少，事情说得不多"的现象。

雷锋的发言，语言简明是一个十分显著的特点。例如，他在抚顺市第四届人民代表大会上的发言中有一段话是："在吃人的旧社会，我一家人都死在帝国主义、封建主义、官僚资本主义的手里。我的爸爸因被小日本鬼子抓去毒打成疾致死。我的哥哥给资本家做工，被机器轧伤致死。我那3岁的弟弟被活活饿死了。我的妈妈被可耻的地主奸污而死去。我7岁的时候，就成了一个无依无靠的孤儿。"这段话，一共6句124字，第1句是总述，说明他一家人的总体不幸，然后分说父亲、哥哥、弟弟、妈妈和自己的不幸，分说时一人一句话，用语十分精准，话语十分简洁，内容十分明了，让听众一听就知晓了他的苦难。在这里，他没有详细叙述每一个家人的不幸遭遇，而只做简括概述，这就是简明的。如果要详细叙述，那么就是啰唆的了。因为这是在"人民代表大会"上的发言，不是"诉说苦难家史会"上的发言，重点不是"诉苦"。我们向雷锋同志学发言，就要使语言简明，极力避免"啰唆"的问题。

除上述学习内容之外，我们还要在发言中做到条理分明、时间适当，能够机智处理发言过程中的突发变故。雷锋的发言，十分注重内在的逻辑联系，前贯后联紧密，起承转合清晰，因而条理清楚，让人一"耳"了然。又十分注重时间的把握，有话则长、无话则短，该长则长、该短则短。这是我们特别要学习的。有些人发言，不顾时间长短，只顾自说自话，犯了发言大忌，应该好好向雷锋同志学习。同时，还要善于机智应对突发事件。据说，雷锋 1960 年 1 月 8 日在工兵第十团欢迎新兵大会上发言时，因露天操场风大，原拟的发言稿被风吹乱了，他就临场发挥，作了即席发言，赢得了战友们的热烈掌声，也使战友们感到十分欢欣，收到了意想不到的效果。

向雷锋同志学过节

一年中有很多节日，春节、端午节、中秋节、重阳节，还有三八妇女节、五四青年节、六一儿童节、七一建党节、八一建军节、十一国庆节，等等。过节，成了我们生活的一项重要内容，且不同的人有不同的过法。我们倡导，过节，应像雷锋那样，开展多种活动，从而使每一个节日都过得健康而有意义。

一、开展总结活动

一年伊始，辞旧迎新，最宜总结过去，以图将来。每到这个时间节点，雷锋总要对自己过去的一年做出总结。

1961 年 1 月 1 日，元旦，他在日记中写道："1960 年已过去了……入伍一年来，我在党和首长的培养教导下，由于同志们的帮助，我学会了很多军事技术知识。刚入伍时什么也不懂，手拿着枪还心惊肉跳直怕走火。由于连、排首长把着我手教，我才学会了射击，投弹也是同样的取得了优秀的成绩。汽车理论和实际驾驶学习，每次测验也都是五分。从政治上也有很大的提高，特别是学习毛主席著作后，心里变得明亮了，思想和眼界变得更加开朗和远大了，干劲越来越足。由于政治觉悟的不断提高，我才能在工作和学习中做出一点点成绩。并于1960年11月8日加入了伟大的中国共产党。"在这里，他总结了自己在1960年取得的军事技术上的进步和政治觉悟上的提高。军事技术上的进步表现在射击、投弹、汽车驾驶等方面，政治上的进步体现在心里更明亮、思想和眼界更开朗和远大，干劲越来越足，特别是加入了党组织。

1962年1月1日，元旦，他在日记中写道："1961年已经胜利度过。回顾入伍两年来，在党和上级的耐心培养教育下，我不断地提高了阶级觉悟，懂得了热爱同志和集体，懂得了怎样做人，懂得了党的号召就是我们行动的指南。由于我在实际工作和行动中，做出了一点成绩，部队党委授予我'模范共青团员'和'节约标兵'的光荣称号，并给我记二等功一次，三等功二次，这使我内心十分激动。因为我所做的是每个共产党员应尽的义务，而且距离党和上级的要求还差得远，获得一些成绩也是党的教育和同志帮助的结果。"同样回顾了过去所取得的成绩：阶级觉悟提高了，工作业绩更加突出了。还特别说到自己所做的是应尽的义务，取得的成绩距离党和上级的要求还差得远，获得成绩也是党的教育和同志帮助的结果。

这种总结，不仅能给自己加油鼓劲，而且能使自己保持清醒头脑，对未来的工作十分有利。

二、开展规划活动

每到节日，雷锋往往要对未来做出规划或谋划。这些规划或谋划，有思想政治方面的，也有工作学习方面的，有的是概括性的，有的是具体的。

1961 年元旦那天，他在总结了过去一年的工作之后，紧接着写了"我要永远忠于党，保卫党的利益，为党的事业奋斗终生"的打算。1961 年 5 月 1 日，劳动节，他在日记的最后写道："我要永远听党的话，永不忘记过去，为了共产主义事业，要像王若飞同志那样，永生战斗！"1961 年 7 月 1 日，建党节，他在日记的最后写道："亲爱的党，我慈祥的母亲，我要永远做您的忠实儿子……为建设社会主义和实现共产主义而献出自己的全部力量，直至生命。"这些都是对人生未来的概括性描述。

1961 年元旦那天，他还在沈阳军区《前进报》上发表了题为《永远做毛主席的好战士》一文，文中说："今后，我要更好地为党工作，认真读毛主席的书，听毛主席的话，按毛主席的指示办事。我决心在新的一年中，更深入持续地把毛主席著作学下去。初步计划在 1961 年学完《毛泽东选集》第四卷中《抗日战争胜利后的时局和我们的方针》等 9 篇著作，还要重读一、二、三卷中的有关著作。在学习中，我要做到联系实际，活学活用，用毛主席的思想来改造自己，把毛主席的思想真正学到手，永远做毛主席的好战士！"这是对在新的一年学习毛主席著作的具体计划。1961 年 10 月 1 日，国庆节，他在日记的最后写道："我要以坚强的毅力，忘我地劳动，刻苦学习，做好工作，争取见到毛主席。"这是他给自己人生定下的一个具体目标。1962 年元旦那天，他也在总结了过去的工作之后，紧接着写了"在新的一年中，我决心继续努力，做各项工作中的红旗手，关心同志，关心集体，处处、事事、时时起模范带头作用……"的打算，给自己提出了具体的要求。1962 年 8 月 1 日，建军节，他在望花区军烈属、复员退伍军人代表大会上的发言中，提出了"（三）发扬勤俭建国，勤俭建军，勤俭持家，勤俭办一切事业的精神，永远保持艰苦朴素作风，厉行节约，反对浪费，爱护公物，树立坚定的共产主义思想，克服非无产阶级的思想意识"等"三项保证"。这些保证，具体表明了未来的工作重点。

所有这些，都充分说明，节日里，雷锋总是不忘给自己的人生做规划或谋划，以保证正确的政治方向、学习方向和工作方向。正因为如此，他的人生之路才走得坦荡无垠，精彩辉煌。

三、开展教育活动

这里说的"教育活动"是指"自我教育活动"。节日里，雷锋总是不忘进行自我教育。这种自我教育体现在：

一是教育自己不忘来时路。雷锋"永不忘过去"。1961 年 5 月 1 日，劳动节，他在日记中说："和千千万万受剥削受压迫的劳动人民一样，在旧社会里，我家也受尽了旧制度的折磨和凌辱……解放了，我才脱出苦海见青天！"是的，他从黑暗的旧社会走来，受尽了苦难和折磨，阶级仇、民族恨，始终不能忘记，只有这样，才能站稳无产阶级立场，才能保证共产主义的前进方向。1961年7月1日，建党节，他在日记中写道："每当朋友和同学及许多不相识的同志来信称赞我，羡慕我的进步的时候，我就感到很不安。我像一个学走路的孩子，党像母亲一样扶着我，领着我，教会我走路。我每成长一分，前进一步，这里面都渗透着党的亲切关怀和苦心栽培。"是的，是党让他"脱出苦海见青天"，使他走过了一条从苦难童年到幸福少年再到奋进青年的道路，这条路走到今天，他更加坚定了对党、对毛主席、对社会主义的热爱，对共产主义的信念。不忘来时路，是为了走好当今路、未来路，雷锋的这种自我教育，极富普遍的教育意义。

二是教育自己不忘党恩情。1961年5月4日，五四青年节，他在日记中说："党和毛主席救了我的命，是我慈祥的母亲。我为党做了些什么？当我想起党的恩情，恨不得立刻掏出自己的心。"1961年7月1日，建党节，他在日记中说："正好今天又是党建立四十周年的纪念日。今天，我有向党说不尽的话，感不尽的恩，表不完为党终生奋斗的决心。我，一个孤苦的穷孩子，今天成长为一个解放军战士、光荣的共产党员，并当选为抚顺市人民代表，这一切是我做梦也想不到的。可以肯定地说，没有共产党，就没有我。"翻身不忘共产党，幸福不忘毛主席。雷锋对党和毛主席的恩情念念不忘，所以每每写下感恩党和毛主席的话语。

三是教育自己不忘担责任。1961年5月4日，五四青年节，他在日记中说："当我想起我所经历的一切太平凡了的时候，我就时刻准备着：当党和人民需要我的时候，我愿意献出自己的一切。"1961 年 10 月 1 日，国庆节，他在日记中说："他要像松树那样，不怕风吹雨打、严寒冰雪，四季常青；我要像柳树一样，插到哪里都能活，紧紧与人民连在一起，在人民中生根、长大、结果，做人民最忠实的勤务员。"1962 年 2月 8 日，正月初四，他在日记的最后写道："我时时刻刻都要以她为榜样，经常对照自己和鞭策自己，把自己锻炼成为一个坚强的无产阶级革命战士。"1962 年 2 月 10 日，正月初六，他的日记就是一句话："我觉得一个革命者就应该把革命利益放在第一位，为党的事业贡献出自己的一切，这才是最幸福的。""要做人民最忠实的勤务员"，要"把自己锻炼成为一个坚强的无产阶级革命战士"，要"为党的事业贡献出一切"，这就是雷锋在节日里教育自己应该担负的责任。

四、开展学习活动

刻苦学习，时刻不忘给生命之灯加油的雷锋，除了平日里的学习之外，节日里更是如饥似渴地学习，并且写下学习心得，有的还立刻将所学内容付诸行动。

节日里，他学习毛主席著作。1961 年 2 月 16 日，大年初二，他没有去看剧，而是在家学习毛主席著作。他学习了毛主席的《反对自由主义》，还摘录了其中的"关心党和群众比关心个人为重，关心他人比关心自己为重"一句写在当天的日记中，日记中说："毛主席的这些话，深深地教育了我，使我的心豁然地明亮了。"他不仅心里豁然开朗了，而且把毛主席的教导付诸了行动。当天，他想起了在病院里的伤病员同志，在新年佳节的时候，很需要人去安慰，自己是人民的子弟兵，应该去好好慰问那些伤病员同志，于是，下午3点钟，他就拿着连部发的自己怎么也舍不得吃的1斤苹果，连同自己写好的一封慰问信送给了抚顺市望花区职工西部医院。

节日里，他学习英雄人物。1961年5月1日，劳动节，他大部分时间用于学习《王若飞在狱中》这篇文章。而且读了一遍又一遍，越看越爱看，越读越感动。读完之后深深感到，我们不应该忘记过去！1962年2月8日，大年初四，这一天文书同志从团里拿回来几本新书，其中《向秀丽》这本书把他吸引住了。他拿了这本书，一口气读完了10多页，越读越感到浑身是劲，越读越使他敬佩，越读越想读……他用了四个多小时，一字字一句句读完了这本书。读过之后，他觉得"提高了阶级觉悟，加深了对剥削阶级的仇恨，对劳动人民的热爱"，"懂得了热爱同志和集体，懂得了爱护国家的财产和人民的生命安全，要比爱护自己的生命为重"的道理。他表示："决心永远学习向秀丽同志坚定的阶级立场，敢于斗争的精神；学习她耐心帮助同志、处处为集体谋利益的精神；学习她对工作极端负责任；学习她对党对人民无限忠诚；学习她爱护国家财产胜过爱护自己生命的精神；学习她在紧急关头，挺身而出、英勇牺牲的精神……"

节日里，时间集中、充裕，最适合学习，学政治、学理论、学英雄、学技术，凡可学者、应学者，均可借此机会大学特学。这，就是雷锋的学习给我们的启示，我们不能把这么宝贵的时间白白浪费掉哦！

五、开展服务活动

为人民办实事，为群众做好事，大力开展为民服务活动，是雷锋过节的一个十分重要的内容和活动方式。

1961年2月15日，大年初一，全连的同志都高高兴兴地到和平俱乐部看剧去了，雷锋呢，为了贯彻和执行党中央八届九中全会"以粮为纲，国民经济以农业为基础的方针"的公报和决议精神，为了在春节期间给人民做一件好事，吃过早饭后，他就背着粪筐，拿着铁锹到处捡粪，大约捡了300斤粪，然后送给了抚顺望花区工农人民公社，并给公社党委和社员写了一封新春佳节的祝贺信，鼓舞大家在党和毛主席的英明领导下，发愤图强，艰苦奋斗，鼓足冲天的革命干劲，克服目前暂时的困难，为争取当年农业大丰收而奋斗。大年初一，到处捡粪，给人民公社积肥，支援农业生产，恐怕只有具有全心全意为人民服务思想和集体主义精神的雷锋才会这么做。

1961年2月17日，大年初三，春节假期的第四天。吃早饭的时候，听说大家都会去和平俱乐部看电影《昆仑铁骑》。他一边吃饭，一边想：春节五天假期过完了，19日就要开始冬训。为了响应党的号召，支援农业第一线，争取今年农业大丰收，他还是去多积点肥，支援人民公社。一是以实际行动支援农业，对社员们是一个鼓舞，同时也可以更密切军民关系；二是替居民搞卫生，因小孩在屋前屋后拉了很多大粪，看起来脏得很，去把大粪捡起来，给居民把地扫干净，这是一件一举两得的好事，既搞了卫生又积了肥。说干就干，他推着手推车，拿着铁锹和粪筐，走到了望花区北后屯捡粪。到了下午2点钟，他捡了满满一车粪，送给了望花区工农人民公社，使公社的负责同志大受感动。

1961年5月1日，劳动节，他感到特别高兴。为了纪念这个伟大的节日，他没有上街看热闹，而是把房前屋后、室内室外干干净净地打扫了一遍。还用了3小时，帮助炊事班洗菜、切菜、做饭。

1962年2月5日，又是大年初一，同志们都愉快地欢度新春佳节，有的打球，有的下棋，有的同志上街看电影，玩得够痛快……他和同志们打了两盘乒乓球，心里觉得有件什么事没做似的。想着，每逢过年过节是人们探家和走亲戚的好日子，这个时候也正是各种服务部门和运输部门最忙的时候，这些地方是很需要人帮忙的。于是，向副连长请了假，直奔抚顺车站。刚到，正好一列火车进站。他看到一位老太太很吃力地背着一个大包袱上火车，就急忙跑上前，接过那老太太的包袱，扶着那老太太安全地上了车，给她老人家找了个座位，才放了心。然后，又拿着扫帚打扫候车室，给旅客们倒开水……

节日里，雷锋做总结，谋未来，搞学习，促提高，做好事，既关注自己的成长进步，又关心人民群众的生产生活，彰显了"党的好儿子""人民的勤务员"的美好情怀和应有作为。在生产、生活水平日益提高的今天，如何度过每一个佳节？相信每一个人都能从雷锋身上找到应有的答案。祝愿每一个人的每一个节日都过得充实、愉快、健康而有意义。

向雷锋同志学赠言

赠言，往往言简意赅，语短情长，写作灵便，形式灵活，是一种抒表情志、增进友谊、传播正能量、提振精气神的极好文辞。

1958 年 3 月至 1962 年 2 月，雷锋至少给 27 个人留过 30 条赠言，他们是王佩玲、秦中华、易秀珍、赵盛治、王茂春、郅顺义、金光玉、王文阁、冯健、王良太、张玄、刘兴华、杨德志、刘成德、廖初江、周恒卿、刘胜利、崔娴维、任宝林、刘思乐、宋清梅、文淑珍、董滋仲、姚桂琴、李凤琴、谢桂香、于海琴等。他们中，有的是雷锋的同事和好友，如王佩玲、易秀珍等；有的是老英雄，如郅顺义；有的是学生，如金光玉等；有的是受到毛主席接见的劳动模范，如冯健；有的是战友，如刘兴华；有的是上级领导，如王良太；有的是战士，如王茂春、姚桂琴等；有的是与雷锋同时出席沈阳军区首届共青团代表大会的代表，如杨德志、刘成德等，可见雷锋赠言的对象是比较广泛的。下面我们对雷锋赠言做简要介绍，以便大家学习。

一、雷锋赠言的思想内容

从思想内容看，雷锋赠言大致可以分为以下 7 类：

一是叙言深厚友谊的。如，1958 年 11 月 1 日给好友秦中华的赠言："革命的朋友，伟大的友谊。"1960 年 12 月给沈阳部队舟桥某团政治处宣传干事赵盛治的赠言："让我们革命友谊之花，永远盛开。"雷锋所有的赠言中都满含着深厚的友谊，只是有的明说了，有的没有明说。

二是畅谈人生价值的。如，1962 年 2 月 24 日给同为沈阳军区首届共青团代表大会代表的任宝林的赠言："一个革命者活着，就应该把自己的毕生精力和整个生命为人类的解放事业——共产主义全部献出。"1962 年 2 月 26 日给沈阳军区通信总站长话连战士于海琴的赠言："我觉得，一个革命者应该把革命放在第一位，为党的事业贡献自己的一切，这才是最幸福的。"

三是致以崇高敬意的。如，1961 年 2 月 3 日给董存瑞的战友、战斗英雄郅顺义的赠言："赠给敬爱的老英雄，您是我永远学习的榜样，我请您多多教育，并使我不断前进。"1961 年 6 月 4 日给劳动模范冯健的赠言："冯健姐姐，我永远向你学习，为共产主义奋斗终身。"1962 年 2 月 22 日给同为沈阳军区首届共青团代表大会代表的周恒卿的赠言："你是优秀的共青团员，是我学习的好榜样。请你多多帮助我，让我们共同前进。"1962 年 2 月 26 日给我国第一位"三八号"渔船女船长、同为沈阳军区首届共青团代表大会代表文淑珍的赠言：

"你是党的优秀儿女，是毛泽东时代的英雄，是我永远学习的榜样。让我们更高地举起毛泽东思想红旗，为人类的解放事业——共产主义而共同奋斗吧。"这些赠言，先表达敬爱之意，然后表达求教之意或奋进之意。

四是表达坚定决心的。如，1961年11月2日给原沈阳军区工程兵政治部主任、少将王良太的赠言："我一定永远听党的话，听毛主席的话，听首长的话，永远忠于党，忠于人民，做毛主席的好战士。"1962年2月24日给同为沈阳军区首届共青团代表大会代表刘思乐的赠言："让我们携起手来，做一颗永不生锈的螺丝钉。"前者是表达对忠诚的决心，后者是表达爱岗敬业、不断修养的决心。

五是寄寓美好希望的。如，1961年5月25日给抚顺市朝鲜族学校少先队副大队长金光玉的赠言："希望你好好学习，好好工作，练好身体，永远做毛主席的好学生。"1961年5月给抚顺市望花区本溪路小学少先队中队长王文阁的赠言："愿你插上幻想的翅膀，去探索大自然的奥秘，长大成为一名科学家。"前者希望永远做毛主席的好学生，后者希望成为一名科学家。

六是阐述人生哲理的。如，1959年8月26日给同乡、同事易秀珍的赠言："船，能够乘风破浪才能前进；人，能够克服困难才能生存。"1962年2月26日给沈阳军区通信总站长话连战士姚桂琴的赠言："伟大的理想，产生伟大的毅力，愿你在保卫祖国的岗位上，创造出奇迹。"前者表明要克服困难才能生存、进步，后者表明要有远大的理想。

七是述说衷心祝愿的。雷锋的这类赠言数量最多。如，

1958 年 3 月 13 日给同事、好友王佩玲的赠言的最后一句："祝你成为一个真正的战士。"1960 年 12 月 15 日给战士王茂春的赠言："愿你做暴风雨中的松柏，不愿你做温室中的弱苗。"这类赠言基本上是祝愿有一个美好前程。

当然，上述内容有很多是综合在一起的，如，1958 年 11 月 1 日给秦中华的赠言："亲爱的同学，革命的战友，愿你跨上战马，高举战旗，在社会主义建设中让我们携手前进。"其中既有深厚的友谊，又有美好的祝愿；1962 年 2 月 24 日给同为沈阳军区首届共青团代表大会代表的崔娴维的赠言："你是优秀的共青团员，是我学习的好榜样。愿你的青春像鲜花一样，永远在祖国的土地上发散着芬芳。"其中既有敬仰，也有祝愿。有的在正式的赠言前对对象予以了赞美性定位，如给王佩玲的赠言前有"你是党的忠实儿女"，给杨德志、刘成德、周恒卿、崔娴维等人的赠言前有"你是优秀的共青团员"，给文淑珍的赠言前有"你是党的优秀儿女，是毛泽东时代的英雄，是我永远学习的榜样"等语句，让人有激情澎湃的心灵律动。

二、雷锋赠言的时代价值

雷锋赠言的时代价值主要表现为如下 4 个方面。

一是赤胆忠诚的政治价值。雷锋忠诚于党和人民，忠诚于社会主义事业，忠诚于共产主义理想信念，赠言中反复出现"一个革命者，就应该把自己的毕生精力和整个生命为人类解放事业——共产主义全部献出""党和人民给了我一切，我要把一切献给人民，献给党"等豪言壮语，行动中他全心全意为人民服务，展现了为党和人民的事业无私奉献的作为。新时代，我们只有赤胆忠诚，深刻领会"两个确立"的决定性意义，增强"四个意识"、坚定"四个自信"、做到"两个维护"，始终保持对党和人民、对社会主义祖国、对新时代中国特色社会主义伟大事业的赤胆忠心，才能做出有益于党和人民的业绩，完成党和人民赋予我们的使命和责任。

二是崇尚崇高的道德价值。雷锋一生崇尚崇高，敬慕英雄模范先进人物。他的赠言中，有对老英雄的敬慕，有对劳动模范的敬慕，更有对在不同的平凡岗位做出不平凡业绩的战友的敬慕，并把他们作为自己学习的"好榜样"，表明了追求先进、崇尚崇高的道德价值追求。当今时代，英雄辈出，他们为我们伟大的时代创造了无尽的精神财富和物质财富，我们也应该像雷锋那样，把崇尚英雄作为一种崇高的道德定位，始终做到心里敬英雄，行动学英雄，从而把党和人民的事业推向崇高的境界。

三是奋发有为的事业价值。雷锋的一生是奋发有为的一生。他的赠言中反复出现"愿你在保卫祖国的岗位上，创造出奇迹""祝你在学习战线上创造奇迹""让我们更高地举起毛泽东思想伟大红旗乘胜前进""希望你努力学习，好好劳动，练好身体，做毛主席的好学生"等金句名言，彰显了奋发进取的情怀。新时代是奋斗者的时代。幸福是奋斗出来的。唯奋斗者进，唯奋斗者强，唯奋斗者胜。我们唯有发扬为民服务孺子牛、创新发展拓荒牛、艰苦奋斗老黄牛精神，像雷锋那样，奋发图强，才能无愧于这崭新的时代。

四是立德树人的教育价值。赠言中，雷锋希望同事、好友能够"成为一个真正的战士""在平凡的工作上，锻炼成为一个真正的共产主义战士"，期盼战友"作暴风雨中的松柏""互相帮助，共同进步""做一颗永不生锈的'螺丝钉'"，激励青少年学生"永远做毛主席的好战士"，所有这些，客观上具有为党育人、为国育才的深刻内涵和积极作用。所以，雷锋赠言具有教育人、鼓舞人的价值。以雷锋为榜样，我们应该深刻地认识到，立德树人，不仅仅是教育部门的事、教师的事，还是我们每一个人的事。如果我们每一个人都能在自己的岗位上、生活中发挥相互帮助、相互影响、相互激励的教育作用，那么，我们的立德树人事业一定会更加朝气蓬勃，兴旺发达。

三、给人赠言应该注意的事项

　　给人赠言应该把握以下 4 个注意事项。

　　一是要注意看准对象。到什么山上唱什么歌，见什么田地栽什么花。给人赠言也要遵循这个规律，否则就是不得体的。雷锋的赠言极具针对性，不同的对象用不同性质的赠言，如，对青少年学生他用"希望"语气的话语，对英雄他用"敬仰"语气的话语，对战友、同事他用"平等"语气的话语，对首长他用"谦敬"语气的话语。如，他给首长王良太的赠言是："我一定永远听党的话，听毛主席的话，听首长的话，永远忠于党，忠于人民，做毛主席的好战士。"开头态度十分谦敬地表明"我一定"的决心，下面的话"永远听党的话……做毛主席的好战士"是雷锋常说的，但是这次他加了一句"听首长的话"，为何？因为王良太是首长，这就很有针对性。总之，要注重对方的年龄、身份乃至性格、愿望等个性差异，做到因人而异、因事而异。

二是要注意言简意赅。赠言不是写论文，大可不必长篇大论、滔滔不绝，而要以极少的文字表达丰富的内容。雷锋给刘成德的赠言当数他赠言中最长的了，也只有 92 个字（含标点）。最短的当数他给秦中华的赠言"革命的朋友，伟大的友谊"，只有 10 个字。他给张玄的赠言"希望你努力学习，好好劳动，练好身体，做毛主席的好学生"，从学习、劳动、锻炼三个方面指明了"做毛主席的好学生"的努力方向，简明扼要，干脆利落。

三是要注意积极向上。良言一句三冬暖。赠言中呈现的应该是积极乐观的人生态度，奋发向上的进取姿态，绝对不能出现低迷沉闷，甚至消极颓废的思想。强调真善美，摒弃假恶丑，这也是赠言必须遵循的规律，违背这个规律的赠言就是失败的赠言。无论是叙友谊、谈理想、表决心，还是致敬意、寄希望、说祝愿，所述内容都应能给人提供正能量，让人感到欢欣鼓舞。

四是要注意灵活多变。赠言篇幅可以自定，长短随意。所用语言可以是自创的金句也可以是引用的名言，可以是抽象性的也可以是形象性的，可以是散文化的也可以是诗意性的。像雷锋的"船，能够乘风破浪才能前进；人，能够克服困难才能生存"之类的赠言既是自创的也是形象性的，极富诗意性、哲理性。

最后，我们套用一句雷锋 1959 年 11 月给易秀珍的赠言赠给大家：生长在中国特色社会主义新时代，生活是多么幸福，前途是何等广阔，望您努力去追求它。

附录　走近雷锋

一路高歌向太阳

——雷锋生平事迹简介

　　雷锋是伟大的共产主义战士，是全国人民学习的好榜样。习近平总书记指出"雷锋精神是永恒的，是社会主义核心价值观的生动体现"，"雷锋精神，人人可学；奉献爱心，处处可为"。我们要学习雷锋同志、弘扬雷锋精神，必定要知晓雷锋、熟悉雷锋，这样才能解决"学什么"和"怎么学"的问题，才能收到应有的实效与长效。现将雷锋同志生平事迹简介如下。

一、苦生简家塘

　　1940年12月18日　出生在湖南省长沙县（今长沙市望城区）望岳乡（今雷锋镇）小山村简家塘的一户贫苦农民家庭，乳名庚伢子，正名雷正兴。

　　1943年年底　遭受爷爷雷新庭（约60岁）悲惨死去的伤痛。

　　1945年春　遭受父亲雷明亮（38岁）悲惨死去的伤痛。

　　1946年秋　遭受哥哥雷振德（13岁）悲惨死去的伤痛。

1946 年冬　遭受弟弟雷金满（约 2 岁）悲惨死去的伤痛。

1947 年 9 月 29 日（中秋节）　遭受母亲张圆满（37 岁）悲惨死去的伤痛。不幸沦为孤儿。

1947 年 9 月　有幸得到六叔祖父、六叔祖母一家收养。此后，有时跟着六叔祖父外出唱皮影戏谋生，有时则瞒着六叔祖母上山砍柴，外出讨饭，或摘野果充饥。

1948 年春　瞒着六叔祖母外出乞讨。

二、待晓暗夜里

1948 年 8 月　以乞讨为掩护，为地下党撒革命传单。

1949 年春　为减轻六叔祖父母的负担，外出讨饭，过着流浪生活。得过背花疮。后在六叔祖母的护理下，背花疮被治好。

1949 年 3 月　在地下党员彭德茂的指导下，四处张贴宣传革命道理的标语。

1949 年春夏之交　帮助地下党张贴"打倒蒋介石，解放全中国""共产党万岁""毛主席万岁"等标语。

1949 年初夏　在砍柴过程中遭地主婆刀砍，但他忍住伤痛，顽强搏斗。

三、翻身得解放

1949 年 8 月　长沙和平解放。安庆乡人民政府成立。担任儿童团团长。向路过的解放军连长要求当兵。

1950 年年初　在土改中分得 3.6 亩土地、房屋、粮食，还有床、蚊帐、锅、箱子等生活用品。

四、辗转读小学

1950 年下半年至 1952 年上半年　在龙回塘小学（原刘家祠堂）读书。开学第一天跟老师学写"毛主席万岁"。

1951 年春　响应党和政府号召，在"抗美援朝"捐献活动中捐出 200 元（旧币，相当于新币 2 角）钱。

1952 年下半年　在上车庙小学读书。

1953 年上半年至 1954 年上半年　在向家冲小学读书。听老师讲黄继光、邱少云、刘胡兰等英雄人物的故事。参加学校腰鼓队。

1954 年下半年　在清水塘完小读书。加入少先队，并留影。被选为中队委员。响应省政府号召，编草鞋送给整修南洞庭湖的民工。

1954 年秋　得到班级同学的赞扬："小小雷正兴，家里贫又穷。赶路几十里，早到第一名。学习他最好，活动他最行。大家学习他，争做好学生。"

1954 年初冬　到乡政府要求参军。

1955 年上半年至 1956 年 7 月　在荷叶坝完小（今长沙市雷锋学校）读书。当选为少先队大队队委，连任少先队大队旗手。

1955 年春　在农业合作化高潮中，把土改时分得的 3.6 亩土地全部入了社。

1955 年 5 月　与荷叶坝小学五年级、四年级师生合影。

1955 年　参加少先队荷叶坝小学中队在长沙市烈士公园队日活动并合影。

1955 年下半年　学说普通话；参加矿石收音机研制小组；参加乡里的扫盲运动，给安庆乡扫盲夜校当"小先生"，因教学表现突出，被评为望城县"模范群教"，第一次荣获县级奖励。

1955 年冬　抢救先天性癫痫病发作的落水同学。

1956 年 7 月　参加荷叶坝小学第一班毕业典礼并合影。

1956 年 7 月 15 日　在荷叶坝完小毕业。在毕业典礼上发言，立志做"好农民""好工人""好战士"。

五、奔忙县机关

1956 年 7 月至 9 月　在生产队担任秋征助理员，搞征收公粮工作。

1956 年 9 月　在望城县安庆乡当通讯员。

1956 年 11 月 17 日　到望城县委当公务员。后结识县委书记张兴玉。

1956 年至 1957 年间　参加望城县机关干部业余文化补习学校学习。能背诵《谁是最可爱的人》。爱看《钢铁是怎样炼成的》《青年近卫军》等书。数学成绩得了 92 分还不满足。后几次数学考试都得了 100 分。

1957 年 2 月 8 日　加入中国新民主主义青年团。

1957 年 2 月　入团后改名为雷峰。被评为"建设社会主义青年积极分子"，出席全县第一届建设社会主义青年积极分子大会。在小组讨论会上，提出"要努力工作，为社会主义多做贡献，争取早日加入中国共产党"。

1957 年 2 月　送赴北京参加全国首届农业劳动模范会议的张兴玉书记到长沙火车站，接受张兴玉书记关于"三大纪律八项注意"中"不拿群众一针一线""借东西要还"的纪律教育。

1957 年 2 月至 3 月间　向县委财贸部干事周绍铭学写日记。

1957 年上半年　向时任望城县统计科副科长胡庆云学习使用手摇式计算机。

1957 年 7 月 7 日　路过一同事家门，碰巧见同事即将生产却无人照顾，便将同事安顿好，又主动叫来机关医务室的医生，保证了母子平安。

1957 年秋　向时任县委组织部干事彭正元学习写日记。捐款 10 元给西塘农业社第九生产队社员刘少先家发展养猪业。

1957 年秋　听县委书记张兴玉讲"螺丝钉"蕴含的道理。

六、治理沩水河

1957 年 11 月中旬　到望城县治沩工程指挥部工作。任指挥部通讯员。

1957 年年末或 1958 年年初　跟彭正元说"想当作家"。

1958 年 1 月　响应共青团望城县委提出的捐建拖拉机站的号召，捐款 20 元，成为全县青少年捐款最多的个人。

1958年2月　治沩工程结束，得到一件治沩工程指挥部发的印有"治沩模范"四个字的绒衣（因当时预购作为奖品而印有"治沩模范"字样的绒衣有剩余）做纪念。和望城县治沩工地领导同志合影。

1958年起　一直坚持学习毛主席著作。

七、围垦团山湖

1958年2月26日　到国营望城县团山湖农场当职工。

1958年3月10日　开拖拉机试车成功，成为拖拉机手。

1958年3月16日　在《望城报》发表《我学会开拖拉机了》。

1958年春汛期间　顶风冒雨与团山湖农场职工一起抢运甘蔗种。

1958年5月中旬　一个暴风雨之夜，智勇带领50多人走出险区。

1958年5月底　被团山湖农场推选为"全县下放干部先进生产者"。

1958年6月6日　参加望城县下放干部总结表彰大会，并在会上发言。

1958年6月7日　写下以"……如果你是一滴水，你是否滋润了一寸土地"为开头的现在所见的他的第一则日记（其中的"你是否永远坚守着你生活的岗位上？"一句有语病，有的出版物将它改成了"你是否永远坚守在你生活的岗位上"。本书本着尊重事实的原则，保持其原貌，不作改动）。

1958 年 7 月至 8 月间　被调回县委机关工作一段时间。

1958 年 10 月　改名为雷锋。到五星人民公社当通讯员（国营团山湖农场撤销，五星人民公社成立）。与友人一起到韶山瞻仰毛泽东同志故居。

1958 年 10 月下旬　鞍钢、湘钢、武钢到望城招收工人。与友人一起到县招待所报名，要求去条件更为艰苦的鞍钢工作，得到组织批准。

1958 年 10 月 31 日　参与望城县委机关干部欢送张兴玉书记调离望城去岳阳工作并合影。

1958 年　和望城县委工作人员及家属合影。

1958 年 11 月 12 日　在望城客轮码头登船离开望城，赴辽宁省鞍山钢铁厂工作。

1958 年　完成作品有日记 3 则、《南来的燕子啊》等诗歌 9 首、《我学会开拖拉机了》等散文 3 篇、《茵茵》等小说 3 篇，此外还有讲话、书信、赠言等。

八、奋进在鞍钢

1958 年 11 月 13 日　去鞍钢途中，在武汉长江大桥前留影。

1958 年 11 月 14 日　去鞍钢途中，在天安门广场留影。

1958 年 11 月 15 日　到达鞍山钢铁厂。被分配到鞍钢化工总厂洗煤车间当推土机手。不久，出席鞍山市青年社会主义建设积极分子代表大会。

1958 年　捐款 10 元给同学谢迪安。

1959 年 1 月　参加鞍钢化工总厂门型吊车组师徒合影。

1959 年年初　主动担任鞍钢化工总厂职工业余文化补习班语文教师，并留影。

1959 年 2 月 24 日　学会了开推土机。

1959 年 2 月　所在洗煤车间吊车组被评为红旗组，并参加全组同志合影。

1959 年 3 月 28 日　拿到"冶金工业部鞍山钢铁公司安全操作允许证"，证书编号 4819 号，被"允许在 C–80 号推土机工作"。

1959 年 4 月　所在洗煤车间吊车组被评为红旗组，并参加全组同志合影。

1959 年 8 月 20 日　报名到鞍钢弓长岭矿山参加新建化工厂——焦化厂工作。

1959 年 9 月　出席鞍钢青年社会主义建设积极分子授奖大会并作发言。

1959 年 10 月 × 日　听一位从北京开积极分子代表大会回来的同志作报告。当晚，梦中见到毛主席。决心"听党的话，听毛主席的话，永远忠于党，忠于毛主席，好好地学习，顽强地工作，为党和人民的事业贡献自己的一切，做一个毫无利己之心的人"，争取真正见到毛主席。

1959 年 10 月 25 日　写下含有"青春啊！永远是美好的。可是真正的青春，只属于这些永远力争上游的人，永远忘我劳动的人，永远谦虚的人"等内容的日记。

1959 年 11 月 2 日　决心向劳动模范张秀云学习。

1959 年 11 月 14 日晚　抢护建筑焦炉的工地上散放着的

7200袋水泥。

1959年12月3日　听关于征兵的报告，并写下入伍申请书和决心书。

1959年12月4日　到车间报名参军。

1959年12月7日　到弓长岭矿区参加先进生产者、红旗手以及工段以上的干部大会，并被选为主席团成员。

1959年12月9日　在弓长岭矿区的矿报发表《我决心应召》，表达参军的决心。

1959年12月　身着褐色皮夹克、蓝色毛料裤和黑皮鞋，在鞍山照相馆拍下一幅照片。收到辽阳市人民武装部发的《入伍通知书》。

1959年　给同事刘大兴、张建文分别捐款30元、20元。

1959年　主要作品有日记15则、《诉苦会》等诗歌5首、《我学会开推土机了》等文章2篇，以及《在工厂大会上的讲话》等讲话2篇。

1958年11月至1960年1月　在鞍钢，3次被评为先进工作者，5次被评为红旗手，18次被评为标兵，荣获"青年社会主义建设积极分子"称号。

九、奋战在军营

1960年1月2日　新兵换装集中待发，雷锋因无政审表，难以批准入伍，辽阳市兵役局余新元政委送雷锋到新兵大队当"便衣通讯员"。

1960年1月7日　当晚，接兵参谋戴明章通过长途电话向工兵团团长吴海山请示，雷锋虽无政审表，但是个优秀青年，能否先带到部队。经同意，出发前8小时，雷锋穿上军装。

1960年1月8日　入伍后来到营口新兵连。作为新兵代表在工程兵十团欢迎新战友大会上发言。写下"听党的话，服从命令听指挥，党指向哪里，我就冲向哪里"等"入伍六条"保证。

1960年1月18日　抄录并修改姚筱舟创作的诗歌《唱支山歌给党听》。作曲家朱践耳看到后，随即谱曲。从此，这首歌曲唱遍全国。

1960年春节　留影。一张照片题字为"在部队成长的我"，一张照片题字为"奔驰在前线"。

1960年2月15日　写下决心向白求恩学习的日记。

1960年3月　新兵训练结束，被分配到运输连当汽车驾驶员。不久，被抽调参加团里战士业余演出队。

1960年3月10日　写下决心向黄继光学习的日记。

1960年3月×日　写下含有"力量从团结来，智慧从劳动来。行动从思想来，荣誉从集体来"等内容的日记。

1960年4月　随演出队到抚顺，为施工部队和驻地群众演出。从演出队回到运输连后，被分配到新兵训练排学习开车。

1960年5月　从新兵排调到二排四班，开13号军用卡车。

1960年7月8日　被7343部队记三等功一次。

1960年7月12日　被授予上等兵军衔。

1960 年 8 月　参加上寺水库抗洪抢险。带病连续奋战七昼夜。被记三等功一次。将平时节省下来的 200 元钱分别捐给抚顺市望花区和平人民公社与辽阳灾区。

1960 年 9 月　被团党委树为全团艰苦奋斗"节约标兵"。

1960 年 10 月 1 日　被 7343 部队记二等功一次。

1960 年 10 月 10 日　应聘担任抚顺市望花区建设街小学校外辅导员。

1960 年 10 月 21 日　自己饿肚子，把盒饭送给没带饭的战友吃。

1960 年 11 月 5 日　在沈阳师范学院讲话。

1960 年 11 月 6 日　回到原来工作过的工厂——弓长岭焦化厂参观现代化的机器生产，看望曾经一起工作过的领导和同志。

1960 年 11 月 8 日　入党申请被运输连支部党员大会通过，光荣加入中国共产党。写下含有"为了党和人民的事业，就是入火海进刀山，我甘心情愿，头断骨粉，身红心赤，永远不变"誓言的日记。出席沈阳军区工程兵政治工作会议，并在会上发言。

1960 年 11 月 9 日　被工程兵十团党委批准为中国共产党党员。

1960 年 11 月 14 日　到安东 ×× 部队作报告。写下决心向聂耳学习的日记。

1960 年 11 月 18 日　与战友们合影。

1960 年 11 月 23 日　被沈阳军区工程兵党委授予"模范共青团员"荣誉称号。

1960年11月26日　先进事迹得到沈阳军区《前进报》宣传。学雷锋活动拉开序幕。

1960年11月27日　参加授奖大会。荣立二等功一次。

1960年11月　1959年8月30日　至1960年11月15日所写日记有15篇在《前进报》发表。应邀到驻地小学作报告，标题为《对同学们的希望》。

1960年12月18日　写下决心向方志敏学习的日记。

1960年12月　在《前进报》发表《解放后我有了家，我的母亲就是党》。去吉林部队作报告，途经长春时在长春人民广场苏军烈士纪念塔前留影。

1960年　分别给战友周述明、王大修，朋友谢连英，亲友彭耀文捐款10元、10元（外加粮票8斤）、3元、10元。作报告《从一个孤儿成长为一名解放军战士》。

1960年　主要作品有日记28则、《一辈子学习毛主席著作》等文章3篇、《忆苦思甜》等讲话8篇、《力量从团结来》等诗歌10首、《敢想敢做的人》等散文4篇。

1961年年初　撰写《亲爱的青年朋友们》。

1961年1月5日　在辽宁省实验学校讲话。

1961年2月2日　到兄弟部队作报告。下车时，见到一位因没戴手套手冻得厉害的老太太，就脱下自己的手套送给了她。

1961年2月3日　应邀到海城驻军作忆苦思甜报告，与全国战斗英雄、董存瑞战友郅顺义亲切交谈。决心向董存瑞、郅顺义学习。

1961年2月15日（农历大年初一）　背着粪筐，拿着铁锹到外地捡粪 300 来斤，连同一封祝贺信送给了工农人民公社。

1961 年 2 月 16 日　以一封慰问信和 1 斤苹果，慰问西部医院全体休养员同志。

1961 年 4 月　出席沈阳军区工程兵第六届共产主义青年团代表会议，并在会上发言。应聘兼任望花区本溪路小学校外大队辅导员及该校五〇四中队校外辅导员。

1961 年 4 月 23 日　从沈阳到旅顺，给海军部队作报告，在列车上当了"一名义务服务员"，并被旅客推选为"旅客安全代表"。

1961 年 4 月 27 日　从旅顺回沈阳，在列车上为一位患病的老大爷解决了旅途困难。

1961 年 4 月 29 日　参加沈阳军区工程兵部队第六届团代会，并作发言。

1961 年 4 月　专程到坦克三师向沈阳军区学习毛主席著作标兵廖初江学习，受到热烈欢迎。

1961 年 5 月 1 日　写下决心向王若飞学习的日记。与当时的司务长蔡云合影（雷锋当时经常帮厨）。

1961 年 5 月 2 日　写下决心向郑春满学习的日记。

1961 年 5 月 3 日　看到一位同志做了一件损公利己的事，立即进行了批评和制止。

1961 年 5 月　作为沈阳军区工程兵第十团唯一候选人，当选为辽宁省抚顺市第四届人民代表大会代表。

1961 年 5 月 7 日　与即将调离运输连的两位战友合影留念。

1961 年 5 月 14 日　被提拔为运输连四班副班长。

1961 年 5 月 26 日　抚顺市选举委员会发给雷锋当选为抚顺市第四届人民代表大会代表的《当选证书》。

1961 年 6 月 30 日　做梦见到了毛主席。决心"为建设社会主义和实现共产主义而献出自己的全部力量，直至生命"。

1961 年 8 月 3 日至 7 日　出席抚顺市第四届人民代表大会第一次会议。会议期间，为同为人大代表的 6 位六七十岁的老太太服务。5 日，作大会发言。7 日，将市委负责同志送给自己的代表全市人民心意的一份礼物（1 斤苹果）转送给了住在卫生连的伤病员同志。

1961 年 8 月　被提拔为运输连四班班长。

1961 年 9 月 11 日　写下含有"人民的困难，就是我的困难。帮助人民克服困难，贡献自己的一点力量，是我应尽的责任。我是主人，是广大劳苦大众当中的一员，我能帮助人民克服一点困难，是最幸福的"等内容的日记。

1961 年 10 月 10 日　在抚顺市望花区建设街小学聘请校外辅导员大会上发言。

1961 年 10 月 12 日　把自己的一本新日记本送给了没有日记本、手中无钱买日记本的战友。

1961 年 10 月 13 日　帮战友洗了一条衬裤和一双臭袜子。

1961 年 10 月 14 日　组织大家学习，帮助落后同志；照顾一位生病的战友。

1961 年 10 月 15 日（星期日）　为战友洗褥单、补被子，协助炊事班洗白菜 600 多斤，打扫了室内外卫生，还做了一些零碎事。

1961 年 10 月 17 日　见厕所粪池满了，便立即动手把大粪淘了出来，牺牲了一上午的休息时间，将厕所弄得很干净。

1961 年 10 月 19 日　写下含有"一块好好的木板，上面一个眼也没有，但钉子为什么能钉进去呢？这就是靠压力硬挤进去的、硬钻进去的。由此看来，钉子有两个长处：一个是挤劲，一个是钻劲。我们在学习上，也要提倡这种'钉子'精神，善于挤和善于钻"等内容的日记。

1961 年 10 月 20 日　被 7343 部队记三等功一次，奖状上写有"雷锋同志在国防施工中成绩优异"等字样。写下日记："人的生命是有限的，可是，为人民服务是无限的，我要把有限的生命，投入到无限的为人民服务之中去……"

1961 年 11 月 27 日　组织全班同志冒雨收堆放在车场中的玉米 2000 多斤，使玉米免遭损失。

1961 年 12 月 20 日　拆掉自己的棉帽衬布洗干净，夜里趁战友睡熟之后，用棉帽衬布将战友被电瓶水烧坏的新棉裤补好。

1961 年 12 月 30 日　为母亲生病、着急回家缺钱的一个战友送上 10 元津贴费和 1 斤饼干，用于他回家看望母亲。

1961 年　给战友乔安山捐款 10 元。

1961 年　主要作品有日记 63 则、《怎样对待困难》等文章 5 篇、《在聘请校外辅导员大会上的发言》等讲话 4 篇、《给战友的信》等书信 4 篇、《永远做毛主席的好战士》等散文 3 篇。

1962 年 1 月 13 日　写下决心向电影《洪湖赤卫队》中的韩英学习的日记。

1962 年 1 月 16 日　冒着极度寒冷，在冰天雪地里苦战 8 个多小时保养汽车。

1962 年 1 月 27 日　晋升为中士军衔。

1962 年 2 月 5 日（农历大年初一）　到抚顺火车站帮旅客做服务工作，打扫候车室卫生。

1962 年 2 月 8 日　写下决心向向秀丽学习的日记。

1962 年 2 月 10 日　写下含有"我觉得一个革命者就应该把革命利益放在第一位，为党的事业贡献出自己的一切，这才是最幸福的"等内容的日记。

1962 年 2 月 14 日　当选为党代会代表，出席中国共产党工程兵十团代表会议。写下"坚决听党的话，一辈子跟着党走"等"三个保证"。

1962 年 2 月 19 日　作为特邀代表，出席沈阳军区首届共产主义青年团代表会议，被选为主席团成员，在大会发言。被授予"毛主席的好战士"称号。写下决不辜负党和人民的期望的"四个决心"，其中一个决心是："我要密切联系群众，相信群众，虚心向群众学习，团结带领群众一同前进，永不自满，永不骄傲，永远谦虚谨慎，紧紧地与群众团结在一起，共同为党的伟大事业而奋斗。"

1962 年 2 月 23 日　受到团中央表扬，奖状上写有"雷锋同志在担任中国少年先锋队辅导员的工作中积极负责成绩显著特予表扬"字样。

1962 年 2 月　在辽宁省暨沈阳市青年联欢会上讲话。

1962 年 3 月　离开连队到下石碑山单独执行运输任务，工作很积极，政治责任心强，任务完成得很出色，安全行车四千多公里没发生事故，同时还给人民群众做了很多的好事。

1962年3月24日　向被自己耍过态度的炊事员道歉。

1962年3月×日　写下含有"不经风雨，长不成大树；不受百炼，难以成钢。迎着困难前进，这也是我们革命青年成长的必经之路"等内容的日记。

1962年4月3日　去团里开会的路上，脱下自己的棉裤送给一个衣服很单薄、冻得打哆嗦的十来岁的小孩。

1962年4月×日　去长春机要学校作报告。列车上为一位老太太倒开水，送面包给她吃；帮服务员扫车厢、擦车厢，给旅客倒开水，帮炊事员卖饭。

1962年4月16日　写下决心向龙均爵学习的日记。

1962年5月2日　送遇到大雨、艰难行走的母子三人回家，再冒着风雨摸黑回到驻地。

1962年5月6日（星期日）　上午义务修路200米，下午向老乡学犁地。

1962年5月8日　响应勤俭节约的号召，少领一套军服、一双胶鞋和其他用品。

1962年5月28日　接到共青团抚顺市委发出的参加抚顺市召开的表扬奖励少先队辅导员大会的通知。通知说，雷锋被评为抚顺市优秀大队辅导员。

1962年6月22日　饿着肚子，经过两个多小时的"急行车"，把一个重病号及时送到了卫生连。

1962年6月28日　写下含有"我认为个人和集体的关系，正像细胞和人的整个身体的关系一样"等内容的日记。

1962年6月29日　遇到一个形迹可疑的"磨剪刀"的

人，对那人进行盘问，并向部队首长报告情况，在村民协助下，将那人扭送到公安机关。后来，那人被查明是反动分子。写下共青团抚顺市委表彰少先队优秀辅导员大会的发言提纲《做个优秀校外辅导员》。

1962 年 6 月 30 日　载有雷锋事迹的《解放军画报》（1962 年第 6 期），被毛泽东主席翻阅。

1962 年 7 月 29 日　对误解他谈情说爱的反映表示宽容，并表示要正确对待别人的意见，做到"有则改之，无则加勉"。

1962 年 8 月 1 日　出席抚顺市望花区军烈属、复员退伍军人代表大会，并在会上发言。

1962 年 8 月 5 日（星期日）　上午保养汽车，下午送首长工作。

1962 年 8 月 6 日　写下含有"我们吃饭是为了活着，可活着不是为了吃饭。我活着是为了全心全意为人民服务，是为人类的解放事业——共产主义而斗争"等内容的日记。

1962 年 8 月 8 日　替轧死一只鸭子的副司机向老乡道歉，赔钱 2 元。

1962 年 8 月 10 日　写下最后一篇日记。日记末段是："今后，我要更加热爱人民和尊敬人民，永远做群众的小学生，做人民的勤务员。"

1962 年　给战友乔安山捐款 20 元。

1962 年　主要作品有日记 54 则、《精通业务，熟练技术》等文章 2 篇、《做个优秀的校外辅导员》等讲话 3 篇、书信6 篇。

1960 年至 1962 年　写有"工作就是斗争，为着解决困难，对困难的回答就是斗争，对斗争的回答就是胜利""坚决执行党的路线、政策，才能坚持正确的方向，做好工作""外因是条件，内因做决定。要想求进步，主观多努力"等学习毛主席著作的书眉笔记数十则。

十、殉职于岗位

1962 年 8 月 15 日　上午 8 点多钟，在指挥战友倒车时，被被车挂倒的一根晒衣木杆击中头部，负重伤。经抚顺市望花区西部医院抢救无效，于 12 时 5 分不幸牺牲，年仅 22 岁。

十一、永远在人间

1962 年 8 月 17 日　"公祭雷锋同志大会"在望花区政府礼堂举行。灵柩被安葬在戈布烈士公墓。墓碑上写着："中国人民解放军三三一七部队班长；抚顺市人民代表雷锋烈士之墓；一九六二年八月十七日。"

1963 年 1 月 7 日　中华人民共和国国防部批准命名雷锋生前所在三三一七部队运输连四班为"雷锋班"。

1963 年 2 月 22 日　毛泽东同志题词"向雷锋同志学习"。此后，党和国家领导人纷纷为雷锋题词，雷锋成为党和国家领导人题词最多的士兵。

1963 年 3 月 2 日　《中国青年》杂志第五、六期合集首次刊登毛泽东同志为雷锋的题词，集中宣传报道了雷锋事迹和雷锋精神。

1963 年 3 月 5 日 《人民日报》《解放军报》《光明日报》《中国青年报》等都在头版头条刊登了毛泽东同志为雷锋题词手迹，并且发表了学雷锋的文章。后来，3 月 5 日被定为毛泽东同志"向雷锋同志学习"题词发表纪念日，亦即现在常说的"学雷锋纪念日"。从此，轰轰烈烈的学雷锋活动经久不衰。

1964 年 4 月 雷锋灵柩迁至望花区望花公园，雷锋纪念馆同地建成。

赞曰：伟哉雷锋，功高德崇。生于望城，苦乐相从；卒于望花，热血殷红。立南赴北，务农做工；迈入军营，奋勇直冲。爱党爱国，心系大众；刻苦钻研，学以致用；艰苦朴素，奋斗无穷；乐于助人，播撒春风；忠于职守，创业建功。嘉言懿行，千古传颂；道德典范，万民尊同！今日神州，齐心筑梦；高扬旗帜，富强繁荣。湘水举觞，麓山鸣钟；鲜花一簇，寄情万种：风范长存，大哉雷锋！

雷锋：望城18年

雷锋 1940 年 12 月 18 日生于望城，1958 年 11 月 12 日离开望城去鞍钢，在望城生活、学习、工作了 18 年。这 18 年，占据了雷锋 22 岁生命的 80% 多的时间。其中，解放前，在旧社会苦苦挣扎了 9 年；解放后，在新社会幸福生活了 9 年。新社会的 9 年中，他在小学读书 6 年，在乡村、县委机关工作了 1 年多，在治沩工程指挥部和团山湖农场工作了 1 年多。这 18 年，是雷锋从苦难童年到幸福少年、再到奋进青年的 18 年，是雷锋生活由苦变甜、学习不断进步、工作能力和思想觉悟不断提高的 18 年，是雷锋精神萌发甚至凝成的 18 年。

一、望城 18 年，雷锋经历了苦乐年华

雷锋在望城的 18 年，以雷锋家乡解放的 1949 年为界，前后各占 9 年，且以前"苦"后"乐"为鲜明标志。

前 9 年，他生活在暗无天日的黑暗社会，受尽了地主、资本家和地方恶势力的欺压、剥削。政治上，处于当时社会最

底层的泥潭中，毫无政治权利可言；经济上，一贫如洗，上无片瓦遮身、下无立锥之地立身，有时要靠乞讨为生；文化上，从来就没有学文化的条件和机会，更不要说"进学堂，求知识"。家庭生活中，3岁时，祖父悲惨死去；5岁时，父亲悲惨死去；6岁时，哥哥、弟弟先后悲惨死去；7岁时，母亲悲惨死去，从此沦为孤儿。虽幸被六叔祖家收养，但也未能摆脱穷苦到极点的命运，能够生存下来，可以算是"老天的眷顾"。这个"老天"，当然是中国共产党帮助穷苦百姓打出来的"晴朗的天"。

后9年，他生活在欣欣向荣的崭新时代。政治上，他获得了彻底的翻身解放，能够扬眉吐气地生活在社会主义的土地上，加入了少先队和共青团；经济上，获得了强有力的保障，土改时获得了土地、房屋、家具还有其他财物，后来工作时还有薪金，生活得到足够的保障；文化上，在人民政府的关怀下，他从1950年夏到1956年7月上了6年小学，完成了小学学业，以后还参加了望城县机关干部业余文化补习班学习，还读到了《毛泽东选集》和许多红色书籍；工作上，当上了公务员和拖拉机手，一切都获得了彻底的保障。

雷锋说，他在旧社会遭受了和广大劳动人民一样的深重苦难，在新社会感受到了党和毛主席带来的无比幸福。我们可以清晰地看到，正是这种从"苦难"到"幸福"的人生经历，奠定了他爱党爱国爱社会主义、全心全意为人民服务的情感与思想基础。

二、望城 18 年，雷锋孕育了爱憎情怀

周恩来在为学习雷锋的题词中说，要向雷锋同志学习"憎爱分明的阶级立场"。雷锋在 1960 年 10 月 21 日的日记中告诫自己要牢牢记住这段名言："对待同志要像春天般的温暖，对待工作要像夏天一样的火热，对待个人主义要像秋风扫落叶一样，对待敌人要像严冬一样残酷无情。"可见，雷锋的爱憎情感是强烈的，立场是坚定的。这种爱憎分明的情怀之所以产生，就是因为有从旧社会到新社会的人生感触和从苦难生活到幸福生活的人生感悟的孕育。

无须多言，读一读雷锋《做毛主席的好战士》一文，我们对此就会有深切的体会。该文中，他自述家史说：他出生在一个贫苦的农民家庭。父亲给地主做长工，后来被日本鬼子折磨死了。哥哥给资本家做工，手指被机器轧断，脑袋被撞伤，无钱医治，不久也死了。母亲领着他抱着弟弟去讨饭，后来弟弟就活活被饿死了。母亲为了照顾他，不得不出去给地主做工，结果被奸污而死去。7 岁的他，孤孤单单，无依无靠，过上了流浪的生活，凄苦难言。1949 年夏天，解放了，乡长彭德茂把他送到人民医院，治好了全身的疮疖。过年的时候，还给他换上了新衣服、给他压岁钱。他感动得流下了热泪，叫乡长为自己的救命恩人。乡长告诉他：毛主席、共产党、解放军才是我们的救命恩人；现在，他可以为自己的父母兄弟报仇了。他对此发表感想说：他是从阶级敌人、民族敌人的压榨下挣扎过来的，是在阶级友爱的革命大家庭里成长起来的。

想想过去，看看现在，他知道恨谁、爱谁……知道把自己的青春献给祖国的伟大事业是他一生的最大光荣。

怨有头恨有绪，情有根爱有源。雷锋的爱憎情怀就是在这新旧社会两重天地、两种境遇的对比中孕育而生、蓬勃而长。

三、望城 18 年，雷锋奠定了文化基础

雷锋说，干革命不学习毛主席著作不行。我们说，学习毛主席著作、干革命工作没有文化基础不行。雷锋之所以能成为雷锋，基础性的因素之一，便是他在望城奠定了文化基础。

党把雷锋从苦海中救了出来时，一下就给了他开启新生活大门的三把"钥匙"，第一把是政治"钥匙"，使他从被奴役、被欺凌者翻身成为国家的主人，而且担任了儿童团团长；第二把是经济"钥匙"，使他破天荒拥有了土地所有权；第三把是文化"钥匙"，解放后的第二年就送他上学，学习文化科学知识。

在望城的 18 年中，雷锋有 6 年是在学校度过的，先后在龙回塘小学（1950 年下半年入校）、上车庙小学（1952年下半年入校）、向家冲小学（1953 年上半年入校）、清水塘完小（1954 年下半年入校）、荷叶坝完小（1955 年上半年入校），低年级时即学习周会、国语、算术、唱游、常识、图画、手工等 7 门课程。求学过程可以用"不怕困难，勤俭自助，刻苦攻读，尊敬老师，友爱同学"来概括。在此过程中，他加了少先队，在荷叶坝完小时还全票当选为少先队大队队委。学习结

果可以用"品学兼优"来概括,在清水塘完小时就有班级墙报刊登的同学编的顺口溜夸他"学习他最好,活动他最行"。

他的文化基础到底扎实不扎实、牢固不牢固,我们无法做量化分析。但是,我们从他1956年7月15日在小学毕业典礼上的发言就可以窥一斑而知全豹,那就是:出类拔萃,非同寻常。这次发言,是即兴发言,事先没有任何准备,但主题十分突出,层次十分鲜明,语言十分简洁,情感十分饱满,既表达了自己"做个好农民""做个好工人""做个好战士"的宏大理想,又赋予了同学们热情的鼓励,足见功力不浅。显然,他后来看问题、想问题、写日记、写诗文所表现出来的思想高度、思维广度以及非同一般的语言表达能力,就是以此为基础的。

特别值得强调的是,在望城,雷锋就开始了毛主席著作的学习。他先是读《为人民服务》《纪念白求恩》等著作的单行本,后来又读了《毛泽东选集》第一、二、三卷(雷锋应该是望城最早读到"毛选"的人之一,当时,"毛选"的发行量不大,只发到县委书记一级,一个县也只有那么一两套,很多干部都难得一见,雷锋能读到"毛选",是县委张兴玉书记"特许"借读的),理论水平和思想觉悟得到了极大的提高。

四、望城18年,雷锋锻炼了工作本领

1949年约6月至8月间,按照中共地下党组织的部署,在彭德茂等人的具体指挥下,他和小伙伴以行乞为掩护,在长沙河东大西门码头等多处地方,或单独或合作,秘密传递、张

贴或散发革命传单或标语，彰显了机智和勇敢。

1956 年上半年在荷叶坝完小就读时，他响应学校向七一献礼的号召，积极参与到学校组织的研制矿石收音机的献礼项目中，在没有图纸资料、没有零配件的"一张白纸"的情况下，经过参观学习和老师指导，最终研制出了一台矿石收音机，表现出了勇于创新的本领。

在望城县委机关工作时，县委书记张兴玉同志发现雷锋以为镇压了欺压他的地主也就给他报了仇了、不懂得什么是阶级的仇恨，对"仇恨"还停留在感性认识的阶段，就对他进行"阶级教育"，使他懂得了"只有消灭阶级压迫和阶级剥削，才能报阶级的仇，才能使所有的劳动人民获得解放"的道理，提高了理性认识的能力。

还是在望城县委机关工作时，雷锋在周绍铭同志的启发下对写日记产生了浓厚的兴趣，于是向周绍铭"拜师学艺"；同时，他又听说县委组织部干部彭正元善于写日记，于是，他又向彭正元"拜师学艺"，进而，他懂得了"写日记既可提高自己的文化与写作水平，又可锻炼提高分析事物的能力"的道理，也明确了日记的写作要求，学会了写好日记的方法。从这里，我们可以看到，"雷锋日记"的"风行"，原来是有"童子功"的。

1958 年 2 月下旬，雷锋到了团山湖农场，学习驾驶拖拉机。他虚心向师傅学习，勤学苦练，很快就于 3 月 10 日试驾成功。但他并没满足，而是继续学习，钻研技术知识，把握了机器的结构原理、部件名称与性能、驾驶规则等，最终完全掌握驾驶本领，成了优秀拖拉机手。

从上述事例可以看出，在望城，雷锋得到了各种本领的锻炼。就驾驶本领而言，如果没有开拖拉机的历练，那么后来他在鞍钢开推土机、在部队开汽车，恐怕一切都得"从零开始"。

五、望城18年，雷锋迈进了文学殿堂

或许是受到火热生活的感召，或许是受到身边"作家"的熏陶，或许是潜藏于心中的文学种子的萌动，在望城，雷锋产生了"当作家"的梦想，而且以实际行动追寻着这个梦想，脚步铿锵地迈进了文学殿堂。

他广泛地阅读。读过的作品有《毛泽东选集》《钢铁是怎样炼成的》《把一切献给党》《不朽的战士》《鲁迅小说选集》《青年近卫军》《绞刑架下的报告》《董存瑞》《黄继光》《刘胡兰》等，难以确记。他不仅阅读文本，而且发表自己读后的心得，例如，1958年6月20日，他写了一则日记，记录了读《沉浮》以后的心得体会，对书中人物进行了评判，并表达了自己的鲜明态度。这种阅读活动，不仅给他提供了丰富的思想和精神营养，而且给他的写作提供了十分有益的无穷的滋养。

他认真地写作。他的写作活动主要集中在1958年于团山湖工作期间。作品有：日记3则，即1958年6月7日、1958年6月20日、1958年6月×日日记；诗歌9首，即《南来的燕子啊》《歌颂领袖毛泽东》《台湾》《啄木鸟》《党救了我》《以革命的名义》《人定胜天》《排渍忙》《我的感想》；小说3篇，即《茵茵》《小说短章》《一个孤儿》；散文3篇，即《诗歌札

记》《我学会开拖拉机了》《决心书》。此外还有赠言、书信等。

这些作品，有的彰明正确的价值观，有的展现新农村的崭新面貌，有的歌颂领袖毛泽东，有的表达自己的志向，有的赞美劳动场景，有的表达深厚的友谊，内容较为丰富。就思想性和艺术性而言，最为值得称道的有 1958 年 6 月 7 日日记《你带来了什么》（常人所称的"雷锋七问"）和《南来的燕子啊》《歌颂领袖毛泽东》等。这些作品，紧跟时代步伐，紧贴劳动生活，反映了时代的脉搏，表达了人民的声音，达到了较高的文学高度。

六、望城 18 年，雷锋树立了远大理想

著名诗人流沙河有诗说，"理想是石，敲出星星之火；理想是火，点燃熄灭的灯；理想是灯，照亮夜行的路；理想是路，引你走到黎明"，表明了理想之于人的极端重要意义。雷锋是一个有理想的人，在望城，业已树立了自己的理想，并且朝着理想奋进。这个理想的表达，从现在我们能见到的书面记载看，集中表达的应该有 3 次。

他第一次集中表达自己的理想，是在 1949 年 8 月欢迎解放军的时候。当时，有个连队在简家塘附近宿营。他跟着彭德茂大叔帮助解放军队伍安顿下来后，几经周折，找到连长说，要跟着连长去"当兵"，因为他太小，还不到 9 岁，自然没有得到同意（当然，要当兵也不可能一说就可能满足心愿的）。显然，这是一种情感理想，因为解放军来了，他翻身解放了，他要去当兵，当属情感倾向所致。

他第二次集中表达自己的理想，是 1956 年 7 月 15 日在小学毕业典礼上发言的时候。那次毕业典礼，本来没有安排雷锋在会上发言，但他自行走上主席台，作了简明扼要、激情飞扬的发言，表达了"决心做个好农民""做个好工人""做个好战士"的理想。显然，这是一种关于职业的理想，都是为着"祖国需要"而定下的理想。正是在这个理想的引领下，他后来果然成了好农民、好工人、好战士。

他第三次集中表达自己的理想，是在 1958 年 6 月 7 日的日记中。他说："……如果你是一滴水，你是否滋润了一寸土地？如果你是一线阳光，你是否照亮了一分黑暗？如果你是一颗粮食，你是否哺育了有用的生命？如果你是一颗最小的螺丝钉，你是否永远坚守着你生活的岗位上？如果你要告诉我们什么思想，你是否在日夜宣扬那最美丽的理想？你既然活着，你又是否为未来的人类的生活付出你的劳动，使世界一天天变得美丽？我想问你，为未来带来了什么？在生活的仓库里，我们不应该只是个无穷尽的支付者。"显然，这是一种关于人生价值取向的理想，那就是，人生的价值追求在于尽职尽责、坚守岗位，为未来、为人类而无限奉献。

这三次表达之间，在内容深度上、思想高度上，有层层递进、步步登高的特征，表明了雷锋对理想的认识不断扩大、不断升华。有理想就会有奇迹。雷锋最终在向着理想迈进的征途中实现了理想的目标。

七、望城18年，雷锋领悟了革命道理

在望城，通过上级领导的培养教育，通过政治理论学习，通过自己的生活工作实践，雷锋逐步领悟了许多革命道理。

例如，1957年秋的某一天，17岁的雷锋陪县委书记张兴玉下乡，路上看到一颗螺丝钉，不经意就把它踢走了。张兴玉书记捡起了这颗螺丝钉，把它装进了自己的口袋。过了几天，雷锋要去县农机厂送文件，张书记把那颗螺丝钉交给雷锋，对他说："把它送到工厂去吧！咱们国家底子薄，要搞社会主义建设，就得勤俭奋斗啊！"又说："一颗螺丝钉，别看东西小，机器上缺了它可不行呀！我们每一个同志，不也都是革命这个机器上的一颗螺丝钉吗？就像你这个公务员，虽然职务不高，我们的工作少了你也不行啊！"这使雷锋懂得了要艰苦奋斗、勤俭建国的道理，也使雷锋懂得了无论岗位如何、职务高低都是为了革命事业的道理。以此为基础，"螺丝钉"的内涵不断得到丰富，"螺丝钉精神"也因此形成。

又如，1958年6月，18岁的雷锋在上述被常人称为"雷锋七问"的日记中说，要"为未来的人类的生活付出自己的劳动，使世界一天天变得美丽"。这应该是他学习了马克思的有关著作之后悟到的道理。1835年8月，17岁的马克思在《青年在选择职业时的考虑》一文中，说"历史把那些专为公共谋利益而自己变得高尚的人称为伟大人物；经常赞美那些为大多数人带来幸福的人是最幸福的人"，说要选择"最能为人类而工作的职业"，还说"我们的幸福将属于千百万人"。雷锋日

记中表达的愿望和马克思文章的观点在实质上是完全一致的。正因有这种感悟，雷锋后来还有"我能帮助人民克服一点困难，是最幸福的""我觉得自己活着，就是为了使别人过得更美好""决心把自己锻炼成为一个名副其实的共产党员，为人类做出贡献"等思想表达，这就表明，为"人类谋幸福"的革命道理已经深入雷锋的思想骨髓。

在望城，雷锋领悟到的革命道理远远不止上述两项，其他如理论联系实际、爱岗敬业、毫不利己专门利人、又红又专、"只有好好学习，才能将来更好地为人民服务"等，都是他在望城时牢牢掌握的革命道理。

八、望城18年，雷锋培养了高尚品质

在望城，雷锋继承中华民族优良传统美德，发扬我党的优良传统和作风，培养了艰苦奋斗、谦虚谨慎、闻过即改、乐于助人、团结友爱、勤学好问、吃苦耐劳、敢于斗争、不惧艰险、乐观进取、扶贫帮困等许许多多的高贵品质。

我们知道，"乐于助人"是雷锋精神的重要特征之一。但是，我们还应该知晓，雷锋的"乐于助人"不是到了工厂、到了部队才有的，而是从小到大一以贯之的。举例说吧，1955年5月15日，荷叶坝完小组织学生到长沙市参观，回校的路上，有个同学脚痛难忍，老师只得背着他走。雷锋看到老师背得很辛苦，就不顾自己的劳累，争着背那同学。雷锋个子不高，那个同学块头不比他小，雷锋背得满头大汗，还是不放弃，和老师轮换时，总是要背着多走一段路，以减轻老师的负

担。荷叶坝完小东边有一条流向东南的小河，河上有一座小桥，学生上学必须经过这座小桥，每逢刮风下雨时，桥下河水流动迅猛，一些小同学感到害怕，不敢过桥，老师必须接送。看到这些，每逢刮风下雨时，雷锋总要早早到校，然后到河边去接小同学，或牵或背，帮助同学安全过桥。

再说他的"不惧艰险"吧！1958年4月底到5月中旬，大雨不止。团山湖农场抗洪抢险任务十分艰巨。雷锋不畏艰险，哪里有险情他就出现在哪里。有一天，洪水猛涨，眼看堆放在河滩上的甘蔗种株有被洪水吞没的危险。下午4点多钟，雷锋主动配合场长带领人员转运甘蔗种株。天快黑了，人手不够，他又建议调动其他工区的人员来支援，并主动担任送通知的任务。随后，他摸黑渡水过河，很快就将两公里之外的其他工区的40多名职工调来参战。之后，在洪水越涨越高逼近甘蔗种株堆时，雷锋又带头站在风浪口与参战的人员排成人墙顶住风浪。最终，圆满完成了突击转运甘蔗种株的任务。

诸如此类的事例不胜枚举。从上述事例中我们应该可以看到，雷锋高贵品质的养成总是存在于日常的、细小的事情之中的。

九、望城18年，雷锋开启了服务人生

雷锋是全心全意为人民服务的楷模，他的一生是全心全意为人民服务的一生。这种全心全意为人民服务的人生就是在望城开启的。

还是举例来说吧！先说一个帮人拉车的故事。当年雷锋

就读的龙回塘小学正处在黄花岭上国家粮仓的旁边。1952 年仲秋时节，农民都要推着土车送公粮到粮仓。一个星期天，雷锋主动帮助农民把送粮的土车拖上岭，然后又下来拖第二辆，就这样一辆一辆地拖，直到不见送粮的车子了，他才回家。还有一次，雷锋和同学在上学的路上碰到一位老人推着土板车，车上装了很多货物，上坡的时候，老人非常吃力，累得汗流浃背。见此情景，雷锋急忙跑上前去，帮助老人拖拉，同学也跟着帮忙，直到帮老人将车拉到岭上，他们才一溜小跑赶往学校。

再说一个"小学生"当"小先生"的故事吧！1955 年，国家实行扫盲政策，要求农村扫盲。当时的安庆乡缺少扫盲教师，正在上小学六年级的雷锋，想到自己能进学堂是多亏了党和毛主席，现在乡里办夜校缺老师，自己就应该帮乡里解决难题，用自己所学的知识为扫盲出力，于是，主动找到乡长，请求到夜校为乡亲们上课，并约了一个同学一起去。他们一个教语文，一个教算术和珠算。雷锋教语文，没有教材，他就将农村常用字、俗话编成顺口溜，教学员识字。年底，在县里的夜校检查评比中，安庆乡的夜校名列榜首，雷锋也因此被评为望城县"模范群教"，第一次获得县级奖励。

最后说一个把方便让给别人的故事吧！雷锋在县委工作时，县委机关仅有一家床位不多的小招待所。雷锋的床铺开在招待所的传达室里。来客人多床位不够时，他经常主动把自己的床铺让给客人。1957 年冬的一个夜晚，天气寒冷，约八点时，两位来自黑龙江到望城搞调查的同志来到招待所要求住宿，但没有床位了，两位客人急得不得了又冷得不得了。外出执行任务回来的雷锋了解了情况后，当即毫不犹豫地让两位客人睡自己的床铺，还把自己值夜班用的棉大衣加盖在被子上。他自己则睡到了食堂边的长木板凳上，过了一夜。

诸如此类的小故事还有很多很多。从这些故事中，我们可以看到，雷锋的心里总是装着别人，每当遇到别人有困难时，他总能伸出热情的手。正如他后来在日记中说的，是一滴水就要滋润土地，是阳光就要照亮黑暗，对待同志要像春天般的温暖，自己活着就是为了使别人过得更美好。

综上所述，我们可以说，望城18年，雷锋走过了一段"平凡"的路，也走过了一段"伟大"的路。他的事迹是平凡得不能再平凡的平凡事，但是其中蕴含的精神却能撼人心灵，以一种伟大的姿态屹立于世。望城养育了雷锋，雷锋精神照亮了望城，也照亮了大江南北、照亮了世界。雷锋是属于中国的，也是属于世界的，但首先是属于望城的。雷锋永远年轻，雷锋精神永远年轻！

雷锋：那些"永远不能忘记的日子"

　　人的一生，总有一些"永远不能忘记的日子"。有的人，"永远不能忘记的日子"是自己的生日或者父母、孩子的生日；有的人，"永远不能忘记的日子"是自己的恋情表白日或者结婚纪念日；当然，有的人，"永远不能忘记的日子"可能是建党纪念日、建军纪念日或者建国纪念日，或者是其他什么日子。不过，我们可以断定，没有人的"永远不能忘记的日子"会与雷锋的"永远不能忘记的日子"相类同，也没有谁的"永远不能忘记的日子"会像雷锋的"永远不能忘记的日子"那么特别。那么，雷锋有哪些"永远不能忘记的日子"呢？在那些"永远不能忘记的日子"里，雷锋又在想些什么或者做些什么呢？

　　从雷锋的日记或文章中，我们可以看到，他的"永远不能忘记的日子"分别是：

　　　　1958 年 3 月 10 日："学会开拖拉机了"；
　　　　1959 年 2 月 24 日："学会开推土机了"；

1960 年 1 月 8 日："光荣地参加了中国人民解放军"；

1960 年 11 月 8 日："光荣地加入了伟大的中国共产党"；

1960 年 11 月 21 日："在沈阳工程兵部队见到了上级首长"；

1961 年 8 月 3 日、8 月 5 日："光荣地参加了抚顺市第四届人民代表大会第一次会议"；

1962 年 2 月 19 日："光荣地参加了沈阳部队首届团代会并当选为主席团成员"。

这些日子，为什么会成为雷锋"永远不能忘记的日子"，或者说这些日子有什么特别之处呢？仔细分析，我们不难发现，这些日子是他在农业、工业建设中学会了新型劳动工具使用技术的日子，是他在部队受到部队首长亲切关怀的日子，是他能当家作主、行使人民权力的日子，是他的政治热忱得以彰显、政治舞台不断扩大的日子。再概括一点说就是，这些日子，是雷锋的理想得以实现的日子、生产力得以解放的日子、政治地位得以提高的日子。

雷锋有远大的共产主义理想，有宏大的人生理想，有具体的职业理想，更有明确的政治理想。人生理想上，他要"日夜宣扬那最美丽的理想"，他要"为未来的人类生活"付出劳动，"使世界一天天变得美丽"，他不愿做"生活的仓库里"的"无穷尽的支付者"，他"要把自己最可爱的青春献给我们的祖国，做一个真正的共产主义战士""为祖国人民过幸福生活而奋斗到底"。职业理想上，他曾决心"做个好农民，争取驾起拖拉机，耕耘祖国大地，建设社会主义新农村""做个好工人，为我国的社会主义工业化建设出把力""做个好战士，用自己的鲜血和生命去保卫我们伟大的祖国"。政治理想上，他"自从由鞍山转到弓长岭以来，自己就抱定决心：一定要很好地工作、学习，争取加入中国共产党"。于是，当上农民"学会开拖拉机"的日子、当上工人"学会开推土机"的日子、"光荣地参加了中国人民解放军"的日子和"光荣地加入了伟大的中国共产党"的日子，亦即梦想成真的日子，就理所当然被他"定义"为"永远不能忘记的日子"。

众所周知，生产力是具有劳动能力的人和生产资料相结合而形成的改造自然的能力，生产力有三个要素，即劳动者、劳动工具和劳动对象。劳动工具的革新与进步必然会解放生产力。雷锋当年所处的时代和环境条件之下，劳动工具往往是比较原始和落后的简单工具，比如，耕地用的往往是锄头和犁耙，使用的力量要么是人力要么是畜力，劳动者渴望拥有、使用现代的、先进的、效率极高的机械化工具，比如，耕地使用拖拉机（而不人锄畜犁）、推土使用推土机（而不用锄挖筐装、不用肩扛手提），使劳动力从落后的生产工具中解脱出来。现在，雷锋的劳动拥有了拖拉机、推土机等劳动工具，劳动工具由"农耕时代"（锄头、犁耙为代表）进入到"工业时代"（拖拉机、推土机为代表），他自然有"心情是何等激动啊"等激动不已的感叹，从而把"学会开拖拉机了"和"学会开推土机了"的日子"定义"为"永远不能忘记的日子"。这正如当年人们走路由靠双脚到靠自行车、缝衣缝裤由靠双手到靠缝纫机，劳动工具的改变与提质总是能让人欣喜若狂、经久难忘。从某个意义上说，雷锋将"学会开拖拉机了"和"学会开推土机了"的日子"定义"为"永远不能忘记的日子"，记录的不是简单地掌握了新型劳动工具使用技术的日子，而是劳动工具变革实现质的飞跃进入到新时代、生产力得以解放的日子，这样的日子当然是"永远不能忘记"的。

雷锋"出身于贫苦家庭，在旧社会过着缺医少吃的""受奴役、被欺凌"的生活，是"受苦受罪的穷苦孤儿""受尽了折磨和痛苦"，处在社会的凄苦底层、生活的黑暗深渊，毫无做人的尊严，更遑论政治地位的高低和政治待遇的丰简。是救命恩人毛主席、共产党、解放军拯救了他，他说他"是从阶级敌人、民族敌人的压榨下挣扎过来的，是在阶级友爱的革命大家庭里成长起来的"。没妈的孩子像根草，翻身的日子苦变甜。从政治上看，解放后的雷锋成为堂堂正正的农民、意气风发的工人、英姿飒爽的战士，成为光荣的少先队队员、共青团团员、中国共产党党员、人民代表大会代表、党代会代表、团代会主席团成员，还获得了很多很多政治荣誉和光荣称号，他自然在取得政治进步的时间节点总是感到"心里有说不出的高兴和感激"，自然会将参军、入党、参加人民代表大会等重要时间"定义"为"永远不能忘记的日子"。

在那些"永远不能忘记的日子"里，雷锋始终不忘表达感激之情。例如，1960年1月8日，他光荣地参加了中国人民解放军，他描写自己的心情是"真感到万分地高兴和喜悦""恨不得把我的心掏出来献给党才好"。1960年11月21日，"在沈阳工程兵部见到了上级首长"，他说"在这最幸福的时刻，我高兴得连话也说不出来，只是流出了激动的热泪"。1961 年 8 月 5 日，"光荣地参加了抚顺市第四届人民代表大会第一次会议"，他说"心里有说不出的高兴和感激"。这种喜悦、激动和感激之情的表达，绝对不是故作姿态，更不是无病呻吟，而是有着极其深厚的思想感情基础。他认为，今天的幸福是党培养的结果，他说他"深刻地认识到，只有在党和毛主席的正确领导下，才有我们穷人的天下，才有劳苦大众当家做主的权利，才有我们今天幸福的新生活……我们的党是英明的、伟大的、正确的"。这种"喝水不忘挖井人，翻身不忘共产党"的感恩之情的表达，彰显的是亿万中国人民的共同心声。

在那些"永远不能忘记的日子"里，雷锋始终不忘表达谦敬之情。例如，1962 年 2 月 19 日，他"光荣地参加了沈阳部队首届团代会并当选为主席团成员"，在当天的日记中，他是这么说的："我这次参加团代会，既感到高兴，又感到惭愧。高兴的是：有党和毛主席的好领导，全军共青团工作取得了巨大的成就；惭愧的是：我为党和人民做的工作太少了，比起其他的代表，我差得太远了。"正因为如此，所以他常怀"谦虚谨慎、不骄不躁"之心，要"永不自满，永不骄傲，永远谦虚谨慎""处处以整体利益为重，全心全意为革命工作……在平凡细小的工作当中，干出不平凡的业绩"。

在那些"永远不能忘记的日子"里，雷锋始终不忘表达奋进之情。在上述关于"永远不能忘记的日子"的日记或文章中，雷锋写得最多的是自己的决心，表达了不断奋进的激情。例如，在学会了开拖拉机、推土机之后，他说他"一定要以实际行动，来报答党对我的亲切关怀和照顾。一定努力钻研，勤学苦练，克服一切困难，忘我地工作，争取做优秀的拖拉机手、推土机手"。在"光荣地参加了中国人民解放军"的当天，他写下了"听党的话、服从命令听指挥，党指向哪里，我就冲向哪里"等"六项保证"；在"光荣地参加了沈阳部队首届团代会并当选为主席团成员"的当天，他写下"我要积极肯干，做到说干就干，干就干好，脚踏实地、实事求是地干，千方百计地干，事事拣重担子挑，顺利时干得欢，受挫折时也要干得欢，扎扎实实地干，一定要把事情办好"等"四个努力方向"。总之，他总是在不断地鞭策自己奋进、奋进、再奋进。

至此，我们可以说，雷锋那些"永远不能忘记的日子"不仅是雷锋的理想得以实现的日子、生产力得以解放的日子、政治地位得以提高的日子，而且是雷锋表达爱党爱国情怀的日子、坚定理想信念的日子、鞭策自己奋发图强的日子。这样的日子，也应该成为我们每一个人都"永远不能忘记的日子"。我们要学习雷锋同志，《一颗红心献给党》，永远《跟着党走》《永远做毛主席的好战士》《永远做群众的小学生》《做一个有益于人民的人》。

后记　我与"雷锋叔叔"有关的一些事

　　小时候，小学老师教导我们要学习英雄。老师给我们讲过的英雄有刘胡兰、狼牙山五壮士、戴碧蓉、董存瑞、黄继光、邱少云、杨根思、张思德、白求恩、保尔·柯察金、王杰、欧阳海、草原英雄小姐妹、罗盛教、麦贤得、方志敏、向秀丽等。其中，讲得最多的就是"雷锋叔叔"，并要我们"学雷锋，做好事"。于是，我们就"学雷锋，做好事"。

　　有那么一天，下午，没事，想起雷锋曾经帮人推车、拉车的故事，心想，看看什么人需要推车的不，如果有，就帮助人家推车。于是，我就去"做好事"，跑到屋后不远的马路边去等。结果，等了两三个小时，天都快黑了，也未见有要推的车路过。"好事"没做成，倒是披了一身的灰尘回家了，因为那时的马路是砂石铺成的，每每有汽车经过，就会有卷起的沙尘暴般的沙尘扑面而来。

　　还有那么一天，星期天，上午，酷热，与同学一起打猪草，到了一个人迹罕至的山塘塘埂上。看那塘里的水，幽清幽清的，风一吹，涟漪沦沦，消暑解热再没有比这水更好的了。同学说，爬澡（方言，意思是下塘或者下河游泳、洗澡）不？

热死了。我说，我不会爬，怕。他说，不会爬？学。我说，老师讲了，不能爬澡。他说，爬！老师又没看见。我说，不爬，怕老师骂。他笑一声，把衣服一剐（方言，意思是动作十分迅速、干脆、彻底），扑通一声，跳进了塘里。我坐在塘埂上，看着他爬澡……突然，只见他双手胡乱地拍打着水面，脑壳在水中一浮一沉，口里还喊着"救命"，拼命地挣扎。我吓得要命，想着要救命，就什么也没顾，扑通一声跳进塘里去救他。结果是，就像秤砣掉进水里，一下就被水淹没了，脚也踩不到塘底，心里那个恐惧啊，无言以说。恐惧中，我在水里一顿脚撩手舞，好不容易才露出了头，出了口气。又是一顿脚撩手舞，脚终于能踩到塘底的淤泥了。我有"塘底是斜坡的，越靠近塘埂水越深"的常识，于是拼命朝塘尾方向脚撩手舞。最后，脚能踏实地踩着塘底了，终于松了一口气，站在那里，一动都不敢动。惊魂甫定，抬头找同学的位置。结果是，他坐在塘埂上，双手叉腰，冲我哈哈大笑！原来，他的"挣扎"是装的！气得我呀……第二天上学，老师罚我站了两节课的时间，理由是：严重破坏纪律，爬澡，差点被水搵死了……

当然也有"学雷锋"学成功的时候。比如，初中时，家里常常要我拿鸡蛋到城里去卖。去卖鸡蛋的路上，碰着有需要帮忙推的车，我就把装鸡蛋的篮子放在人家的车上，然后帮人家推车；或者是，碰着那挑着百十斤担子送"公粮"的同路人，我就主动帮他挑一阵子。卖完鸡蛋回来的路上，碰到那到城里"挑大粪"回家积肥的，我也会帮着给他挑一段路。比如，高中时，我们寄宿，在学校食堂吃饭（那时的搞法是，学生自己带米交给食堂，食堂负责给学生煮饭，菜都由学生自己带。我们带的菜都是在家里炒好的，一带往往就要吃三五天），有的同学住得离校远，带的菜不够吃时，我就把自己的菜分给同学吃。也有那一心"学习"陈景润的同学，衣服丢在寝室未洗，我就给无声无息地洗了。有个同学成绩不是很好，对考大学没有信心，对前途很是悲观，上课有点"乱弹琴"，境况与他大致相同的我，倒常常"开导"他说，不管怎样，我们要上好每一节、每一天课，功夫是不负有心人的，前途是靠今天创造的。最后，他考上了大学，我也考上了大学，只是他考上的那个大学比我考上的要好得多。大学时，有一年，学校所在的城里遭遇了洪水，水退后，满街都是淤泥，我和同学们就利用星期天和其他的休息时间到街上搞义务劳动，除淤泥，扫街道，干劲十足。有那么一天，一同学"不幸"了，主事者在学校食堂大餐厅组织开追悼会，可能是事出太急，追悼会快要开始的时候他们才想起"没有鞭炮"，因为追悼会有一道程序是"鸣炮"，而且追悼会上必须鸣炮。他们在议论纷纷的时候，我恰好从他们身边经过，当即，二话没说，我跟他们讲我去买鞭炮。于是，撒丫子跑步去街上买鞭炮，来回跑了好几公里，累得汗流浃背。结果是，"鸣炮"的程序没有丝毫耽误；结果是，我因没有及时"收汗"，受了寒，病了好几天……

后来，参加工作了，且一直从事教育工作。"雷锋叔叔"这个词是我工作中用得最多的词汇。工作中，总是不忘"雷锋叔叔"的所言所行。有那么一年，我有幸作为市直单位的代表参加一个市级的语文课堂教学比赛（要知道，那时，如果能在这类比赛中取得好名次，也就意味着可能给自己迎来一片更加美好的工作天地），参赛的选手都是市直单位和市辖县、区选送的佼佼者，竞争十分激烈。决赛当天，快要开赛时，在备课室，一位来自偏远县区的、陌生的老师看起来有点不对头——声音嘶哑着，应该是喉咙有问题。一问，才知道，他急需"胖大海"。而他的授课时间在我的前一节，需要备课，根本没有时间去买，而且他根本不熟悉市里药店的分布情况（手机？那时不知为何物，更不要说导航、定位什么的）。当时，我也没顾太多，就主动提出去给他买，然后一路奔跑，找了好几个药店才把"胖大海"买了回来，气喘吁吁的。结果是，他的名次非常好，我的名次一般好。

当然，作为一名"教师"，我力求使自己能像雷锋那样爱岗敬业，干一行爱一行、专一行精一行，全心全意为学生服务。我也像我的老师一样号召学生"学雷锋，做好事"，曾经带过的一个班级两次获得市级"学雷锋先进集体"称号，一名学生获得市级"学雷锋标兵"称号。也曾自编、自导、自演（与人合作）过一个关于雷锋的相声——《雷锋事迹知多少》，不仅在校内演出过，还在市级的文艺展演活动中演出过，可惜的是，多次"搬家"后，那个本子"不知后事如何"了。作为一名学校"领导"，我更是大力组织开展"向雷锋同志学习"的活动，制定过学校《学雷锋工作规程》等规章制度，组织过"开学第一课——参观雷锋纪念馆""雷锋事迹展""立足岗位学雷锋"等学雷锋活动；在升旗仪式等场合作过《学习雷锋精神，追求自我完善》《采取切实行动，推动学雷锋活动常态化》《用雷锋精神点亮我们的生命境界》等专题讲话；在县级、省级德育工作会议上做过《立足雷锋家乡，促进学校发展》等经验介绍；所在学校还曾被评为望城区"学雷锋先进集体"，1名教师被评为望城区"'雷锋式'好党员"。作为一名"作家"，我曾应邀采写过《雷锋馆人学雷锋，雷锋精神代代传——来自湖南雷锋纪念馆的"学雷锋"优秀事迹报告》《用心演绎雷锋家乡的雷锋之歌——记望城区雷锋艺术团"学雷锋"优秀事迹》《学习雷锋，群星闪烁》等学雷锋先进集体和个人的事迹材料，被上级部门采用；并且幸得湖南雷锋纪念馆领导和同志们的厚爱，曾经为纪念馆的建设献出了一点点力量。作为一名"名师工作室首席名师"，我曾组织开展"望城地方文化研究"，辟专题研究"雷锋精神"，成果见诸中国当代文学研究会校园文学委员会等单位组织的"校园文学与语文校本课程教材开发研究"成果《望城地方文化视点》一书和有关刊物。

　　请读者诸君不要误会。我在这里有意无意、或详或略地列举我与"雷锋叔叔"有关的一些事，绝对不是要说明自己学雷锋取得了什么成绩、做出了什么贡献，而是想说明，"雷锋叔叔"这个文字符号一经出现在我生活、学习、工作的"词典"里就从来没有离开过我，而且不断地撞击着我的心扉，使我从感性的认识（尽管这种认识有时"感性"得令人发笑）跨升到理性的认识（尽管这种认识还缺乏应有的理论高度和实践深度）。我不断地被雷锋的事迹感动着，不断地被学雷锋活动中涌现出来的优秀人物感动着，不断地被革命领袖关于学习雷锋的号召感奋着。直到近期，写下《像雷锋那样》这本书，算是在自己的"词典"里为"雷锋叔叔"写下一个注满深情的"！"。我们这一辈人，不可能没有与"雷锋叔叔"相关的事，也不可能没有与"雷锋叔叔"相关的记忆，所以，上述我与

"雷锋叔叔"有关的一些事有"立此存照"的意思。

写到这里，我想起了雷锋1962年4月3日的日记："昨天下了一场大雪，今天显得格外地寒冷。吃过早饭，我到团里开会，在路上遇到一个十来岁的小孩，他穿的衣服很单薄，冻得打哆嗦。我看了心里过不去，立即脱下自己的棉裤，送给了他，这时我心里真感到有说不出的高兴。"不必多言，我深信，聪明而厚道的读者一定会深切地理解我为什么单单在这个时候又一次想起这则不被常人提及的"雷锋日记"来。

伟大的雷锋是平凡的，平凡的雷锋是伟大的。"雷锋叔叔"不仅是一个生命符号，更是一个引领我们奋斗新时代的生命价值符号。"雷锋叔叔"必定永远年经！学雷锋事迹，播雷锋精神，做雷锋传人，应该成为我们的自觉行动和新时代的社会风尚。愿千万个雷锋再成长！

本书的写作参阅了陈广生、冯健等许多领导、专家、作家、学者的著作，他们对"雷锋叔叔"作了全面、深刻而精彩的呈现与诠释，谨向他们致敬！本书的写作得到了长沙市望城区雷锋精神研究会刘宏伟，湖南雷锋纪念馆余旭阳，长沙市望城区第一中学刘宇、朱凌云、姚宇、姚攀，北京中联擎天文化交流中心陈鸣等领导、同事和朋友的大力支持，他们的所作所为颇具"雷锋叔叔"的风范，谨向他们致谢！